LA CÔTE D'IVOIRE

KARTHALA sur internet : http://www.karthala.com

Photo de couverture : © Martel Olivier/Hoa-Qui/Eyedea Illustration.

© Éditions KARTHALA, 2009
ISBN : 978-2-8111-0196-1

Philippe David

La Côte d'Ivoire

Nouvelle édition revue et augmentée

Éditions KARTHALA
22-24, boulevard Arago
75013 PARIS

REMERCIEMENTS

À Sidonie Atiapo, à toute l'équipe de *Marchés tropicaux* et à la librairie Anibwè (Paris-2ᵉ).

PROLOGUE

Surprenant et même incompréhensible à ses débuts, explicité ensuite de mille manières plus ou moins convaincantes par des observateurs de qualités diverses, le drame que subit la Côte d'Ivoire depuis bientôt dix ans fait qu'il est bien difficile de raconter de nouveau ce pays, pour la troisième fois[1]. L'ami étranger qui se réjouissait autrefois – comme moi-même entre 1970 et 1999 – de trouver partout, d'Aboisso à Tabou, de Treichville à Ferkéssédougou et d'Odienné à Bonoua, une certaine aisance en même temps qu'une précieuse amitié, éprouve aujourd'hui beaucoup de peine à découvrir, dans l'âme de ce pays, tant de pans inquiétants, tant de mauvais replis, tant de funestes éclats. En outre, ses convulsions ne font-elles pas redouter que des crises aussi graves ne surviennent dans les nations voisines, tout aussi jeunes et fragiles, et, de surcroît, moins riches pour la plupart ? À l'aune de ce qui a pu se passer ici, Cotonou, Lomé, Niamey, Bamako, Lagos, Ouagadougou ou Douala n'auraient-elles pas, elles aussi, bien des raisons de s'embraser ?

Mais, au moment d'entamer ce troisième récit, plus de vingt ans après le premier, je veux d'abord revenir aux origines pour conserver toujours, chemin faisant, l'espoir que les délices et les vertus d'autrefois vont très bientôt revivre pour le bonheur des Ivoiriens et de tous ceux qui leur conservent confiance et amitié.

---

1. 1re édition en 1986, réédition en 2000.

Quelques points de repère
Appellation contrôlée, tourisme et turbulences

Moins avisée peut-être que sa voisine orientale, la Gold Coast devenue Ghana trois ans plus tôt, la Côte d'Ivoire avait choisi à l'indépendance, en 1960, de conserver le double nom commun français trop facilement traduisible que l'histoire coloniale lui avait attribué. Elle s'était condamnée ainsi à perdre son appellation officielle chaque fois qu'elle s'aventurait hors des limites de la francophonie, contrainte en somme de se traduire pour se faire situer et reconnaître, devenant tour à tour, selon les lieux et les circonstances, Ivory Coast, Elfenbeinküste (à Berlin), Costa de Marfim (à Rio), Costa d'Avorio (à Rome), Bereg Slonovoï Kosti (à Moscou), Sahel el Aaj (au Caire), Pantai Gading (à Djakarta), Norsuunluuraniko (à Helsinki) et j'ai oublié quoi à Bangkok. De plus en plus irrité par cet état de choses, le président Houphouët-Boigny obtint finalement des Nations unies, à la fin des années 1980, que le nom de son pays soit désormais intouchable et intraduisible. Depuis lors, son drapeau tricolore orange-blanc-vert flotte bien à Manhattan selon l'ordre alphabétique, entre ceux du Costa Rica et de la Croatie.

Et si d'aventure vous tombez, au hasard de vos lectures, sur un texte anglais, américain, ghanéen ou nigérian qui persiste à la nommer Ivory Coast, sachez que le journaliste, le diplomate ou le fonctionnaire qui se permet encore pareille incongruité n'a – en principe – plus le droit pour lui.

Ceci dit, presque cinquante ans après l'indépendance, la Côte d'Ivoire doit bien être, sinon traduite, du moins expliquée à qui ne la connaît pas. Compte tenu des épreuves qu'elle traverse encore, ce n'est certes pas chose facile. Tout au long de ce livre, il faut désormais, phrase après phrase, s'interroger sur la valeur des temps verbaux utilisés, substituer à des présents solides ou prometteurs des imparfaits désabusés ou des passés qui ne sont hélas pas simples, avant de risquer quelques futurs incertains.

Pourtant, la Côte d'Ivoire était – et redeviendra peut-être – un pays à merveilles, original par maints aspects, et qui, depuis l'indépendance, se moquait presque de faire connaître ses vertus cachées. Bien sûr, tous les pays sont uniques. Les plus voisins, les plus semblables vus de loin, n'ont jamais tout à fait la même composition biochimique, historique ou culturelle. Déjà, à l'intérieur d'un même ensemble national, toutes les provinces ne se ressemblent pas. En Afrique de l'Ouest, la Gambie n'est pas le Sénégal, ni le Togo le Bénin, et la Côte d'Ivoire d'avant la tourmente n'était semblable qu'à elle-même, tranquillement et sans complexe. Elle avait beau être passée, comme une douzaine d'autres pays du continent, par le moule de la colonisation française pendant trois générations – tout juste la vie d'un homme – et se situer de surcroît sur les mêmes longitudes que la France, elle ne se comparait vraiment à aucun d'eux, sauf peut-être par les formes extérieures de l'État et de l'administration. Elle demeurait surtout, en dépit des graves turbulences économiques apparues à la fin des années 1980, plus riche, plus prospère que la plupart de ses voisins d'Afrique occidentale, et cela compte. Il fut un temps – est-il même achevé ? – où cette situation assez privilégiée dérangeait jusqu'à certains milieux français qui auraient dû plutôt s'en réjouir. Qu'on le veuille ou non, la Côte d'Ivoire moderne n'avait-elle pas été enfantée par un système colonial somme toute plus fécond que destructeur ? Enfantement honteux et illégitime aux yeux de certains, indiscutablement douloureux ici et là (on y reviendra), mais les grandes confrontations historiques les plus fécondes n'ont-elles pas plus souvent relevé du viol que du rendez-vous galant ?

À Dakar en 1970, il avait suffi d'une Quinzaine économique ivoirienne particulièrement séduisante pour que les Sénégalais, impressionnés par les performances de leurs voisins – cousins un peu rivaux – cessent de dire « *mann dall li !* » ou « *astafouroullaye !* » pour exprimer leur admiration : pendant quelques mois, on ne disait plus que « *Kodiwaar ! Hoouphoouët-Booooigny !* » en traînant longuement sur les syllabes.

Quelques mois plus tard, je m'envolais moi-même vers Abidjan pour la première fois. Dans les réunions internationales, pendant longtemps et quand on voulait croire encore aux lendemains chantants de Sékou Touré, de Nkrumah ou de Modibo Keïta, les interventions des Ivoiriens suscitaient l'étonnement et l'intérêt. Les autres délégués confessaient à la pause-café leur ignorance ou leurs préjugés à l'encontre d'un pays qui ne prenait guère la peine de se faire connaître. Pourtant, tous ces immigrés « allogènes » maliens, voltaïques (futurs burkinabé), libériens et ghanéens qui avaient déjà choisi par centaines de milliers de venir s'installer en pays baoulé, bété, dan ou guéré (nous les y retrouverons pour le meilleur ou pour le pire) savaient bien, eux, que la Côte d'Ivoire était plutôt bonne à vivre.

C'est comme ça ! La Côte d'Ivoire ne venait pas aux autres, elle les a laissés et même fait venir. Et pendant très longtemps, sa politique fut la bonne. Elle ne donnait et ne se donnait qu'à ceux qui se dérangeaient pour lui faire visite. Et quand ils venaient – j'en témoigne à mon tour trente-neuf ans après – *akwabaa !* bienvenue !, ils n'étaient pas déçus. En général et autrefois...

Juillet 1970. Pour la première fois, l'Afrique opulente et verte des tropiques humides se substitue sous mon regard émerveillé à celle, blonde, rousse, famélique, de toutes mes pérégrinations sahéliennes antérieures. Forêts, plantations, verdure sauvage ou au contraire très ordonnée : des bataillons élancés d'hévéas, l'océan moucheté des palmiers à huile ou encore, au royaume des ananas, l'ondulation des champs épousant fidèlement les courbes de niveaux du paysage, des touffes de forêt sombre (peut-être vierge encore ?), les bosselures des collines chauves d'Aghien et de Bingerville... des noms qui ne chantent pas encore à mon souvenir, mais j'ai déjà entraperçu par le hublot quelques délicieux recoins de Polynésie africaine sur la lagune scintillante et même le palais, baroque et fantôme, des gouverneurs de la vieille époque.

À vous aussi, bienvenue ! *akwabaa !* Température au sol : 27/28 °C, une fausse bonne surprise, humidité maximale poisseuse, parfois désagréable. Mais il y a tant à faire, tant à voir, que vous n'y penserez bientôt plus.

Pendant plusieurs décennies sans troubles, la Côte d'Ivoire a fait – on y reviendra – un effort spectaculaire d'équipement et de modernisation qui avait aussi bénéficié à son essor touristique. Certes, on n'était pas parvenu ici non plus à intégrer harmonieusement le tourisme – trop industriel – aux réalités humaines. Pays, paysages et populations confondus ont parfois été jetés pêle-mêle en pâture à la curiosité superficielle de vacanciers nantis. Poussés par le gouvernement à se trouver chacun et chacune une gamme complète d'attraits touristiques, départements et sous-préfectures avaient tendance à les inventer sur le papier, baptisant « potentialités » des cérémonies hypothétiques plus ou moins secrètes interdites aux étrangers, des excursions inorganisables ou des sites inaccessibles. Il y eut quand même une époque heureuse où l'on trouvait dans chaque ville déjà électrifiée un magasin d'alimentation, une station d'essence, un petit restaurant, souvent béninois ou sénégalais, avec ses bancs branlants sous les palmes et sa toile cirée fleurie, et, pour loger, sinon un hôtel privé ou d'État, en tout cas un campement digne de ce nom où l'on était souvent invité à préciser, sans fausse honte, si l'on venait « pour la nuit ou pour un moment ». Le choix des lieux et des prix était infini entre les plages vierges de l'Ouest sans aucune infrastructure et quelques réceptifs cinq étoiles au luxe insultant, et l'on circulait sans contrainte d'un bout à l'autre du pays. Toutefois, l'État et les investisseurs, nationaux ou étrangers, n'avaient, d'une façon générale, jamais penché en faveur d'un tourisme modeste et déconcentré, lequel, géré partout où cela aurait été possible par les collectivités locales (municipalités, villages, petits propriétaires), aurait mieux pu harmoniser le flux touristique avec les sites et les valeurs à découvrir, facilitant ainsi l'ébauche d'un dialogue des cultures.

Non seulement le tourisme se portait déjà mal à la fin des années 1990, mais on peut se demander s'il n'est pas indécent d'en parler encore dans un pays affligé d'une crise globale sans précédent et de surcroît tranché en deux par une guerre provisoirement figée. Déjà la conjoncture générale des années 1980 avait été dure dans le domaine touristique, fatale en tout cas à sept grands hôtels, parfois tout neufs (comme le magnifique Sebroko d'Abidjan qu'on voulait même transformer en hôpital). On s'était repris à espérer en 1992, à échafauder des plans mirifiques pour passer de 20 à 45 milliards de recettes et de 217 000 touristes à 400 000 en 1995, et même 500 000 en l'an 2000, en jouant aussi sur les liaisons « charters » inaugurées à la fin de 1994 par Nouvelles Frontières puis d'autres compagnies. Rien n'y a fait.

L'Office ivoirien du tourisme et de l'hôtellerie (OITH), créé à la fin de 1992 mais trimballé d'un ministère à l'autre et réduit à la portion congrue, n'avait plus de politique. Il n'avait d'ailleurs jamais pu faire ses choix ni fixer ses priorités entre tourisme balnéaire, tourisme de congrès, tourisme religieux et tourisme de découverte géographique et culturelle, ce dernier étant probablement le plus prometteur. Le visa a été imposé aux Français à compter du 1er février 1993, en réplique – ne l'oublions pas – aux mesures prises par la France envers les Africains francophones. La chaîne des hôtels d'État a été démantelée par les privatisations. Le manque de réceptifs moyens était toujours aussi criant. Les agences de voyages existantes, amorphes, attendaient tout de l'État et n'étaient guère plus que des billetteries sans imagination ni circuits. On avait annoncé une remontée à 274 000 visiteurs en 1997, mais composée pour moitié d'hommes d'affaires. « 1998 – Année du tourisme » est demeuré un slogan creux. À la différence de ses partenaires du Conseil de l'Entente (Togo, Bénin, Niger et Burkina Faso) géographiquement contigus et capables de proposer aux Européens des circuits inter-États et, bientôt, un visa unique, la Côte d'Ivoire n'offrait aucun programme combiné avec ses cinq voisins, même pas avec les deux (Mali et Burkina Faso) de même langue officielle et de même monnaie. L'effort de remise en état de quelques sites et monuments d'intérêt historique (à Grand-Bassam par exemple) demeurait très limité. En fait, le flux des touristes de loisirs, même complaisamment décompté, ne dépassait pas 200 000 unités par an. La Côte d'Ivoire, presque absente aujourd'hui des catalogues des voyagistes, stagnait donc loin derrière les deux premières destinations touristiques d'Afrique noire (Afrique du Sud et Kenya) et les deux premières d'Afrique de l'Ouest (Ghana et Sénégal). En octobre 2004, en dépit de la crise et des pertes immenses subies par les grands hôtels endommagés ou désertés, les responsables du tourisme, toujours en place, lancés dans un recensement général du parc hôtelier, disaient miser désormais sur une clientèle « locale », c'est-à-dire essentiellement africaine en provenance des pays voisins, et l'OITH s'appelle « Côte d'Ivoire Tourisme » depuis la fin de 2006.

Quoi qu'il en soit, la Côte d'Ivoire réserve de magnifiques surprises pour récompenser de préférence le visiteur intelligent, voyageur de bonne foi et de bonne curiosité, lorsqu'il pourra de nouveau un jour visiter à sa guise un pays rendu à la paix et à la sérénité... *Akwabaa* encore ! Notre randonnée dans l'ensemble du pays (chapitres 6 et 7) en révélera quelques-unes. Mais, qui que vous soyez, il faudra vous armer de patience, de bonne humeur et surtout de conversation. Car, dans chacun de ces innombrables villages ou quartiers qui terminent leur nom, selon le pays ethnique, en -kro, -pleu, -dougou, -kaha, -fla, -lilié ou -guhé, tout arrivant se verra d'emblée sollicité de dire « la nouvelle ». Et « la nouvelle », c'est le prix que le voyageur, connu ou inconnu, devra symboliquement payer pour le droit de « pauser » à la halte et de souffler un peu à l'ombre des manguiers ou des caïcédrats : venant d'ailleurs, il sait forcément des choses qui ne peuvent venir qu'avec lui et qu'on ne sait donc pas encore là où il arrive.

Mais avant cela, nous aurons beaucoup d'évocations plus graves et plus tristes à donner de ce pays présenté d'emblée comme souriant et magnifique. Ironie du sort en effet : nous en étions encore à dire que les Ivoiriens sont friands des nouvelles que leur apportent les étrangers, proches ou lointains, alors que, depuis les tristes journées de Noël 1999, ce sont eux qui ont désormais des nouvelles à donner au monde ! Et quelles nouvelles ! À cette date, monument de stabilité politique et de relative prospérité économique depuis quarante ans, la Côte d'Ivoire, un des rares pays du continent africain à n'avoir jamais connu de coup d'État tenté ou réussi, a brusquement changé de catégorie et s'est offert, en guise de réveillon, un régime de salut public assez bien accueilli. On trouvera plus loin le récit résumé de ces journées un peu folles qu'on n'attendait pas, qu'on n'osait espérer et dont nous savons maintenant qu'elles n'ont pas tenu leur promesse de régénération, prolongées au contraire pendant huit ans par les sanglantes turbulences qui viennent enfin de s'achever.

LES PRINCIPALES VILLES DE CÔTE D'IVOIRE

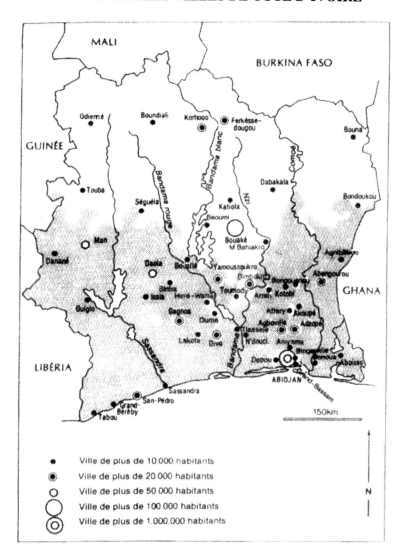

1

Au royaume d'Assinie
Les peuples et leur histoire

Godo godo... il y a longtemps, très longtemps... « au début du monde », dit la tradition nzima, Nyamian créa sept tribus qui regroupaient tous les habitants de la Terre. Les unes après les autres, ces tribus quittèrent Aboléè, le lieu de la création, et descendirent sur la Terre dans d'immenses cuvettes de bronze, des *aiiwoa*, fixées au ciel par des câbles... Pourquoi pas, après tout ? C'est le point de vue des Nzima qui sont autant ivoiriens que ghanéens d'ailleurs. Il y en a bien d'autres. Les révélations des archéologues sont encore modestes en Côte d'Ivoire et, sur ce point, ne nous ont encore rien confirmé d'un passé trop lointain.

Ce qui est sûr, c'est qu'il est difficile d'évoquer, surtout rapidement, l'histoire d'un pays délimité par des frontières qui ne signifient pas grand-chose pour l'âme et le passé de ses peuples, sinon qu'elles témoignent d'une période de faiblesse historique qui bouscula momentanément leurs destins pour mieux les transformer malgré eux. Il nous faut donc considérer une région plus vaste que le territoire national actuel, d'autant que les nations traditionnelles de Côte d'Ivoire ne semblent s'être stabilisées que depuis peu de temps, après des siècles de migrations enchevêtrées et encore mal connues.

LES PEUPLES IVOIRIENS
DANS L'OUEST AFRICAIN

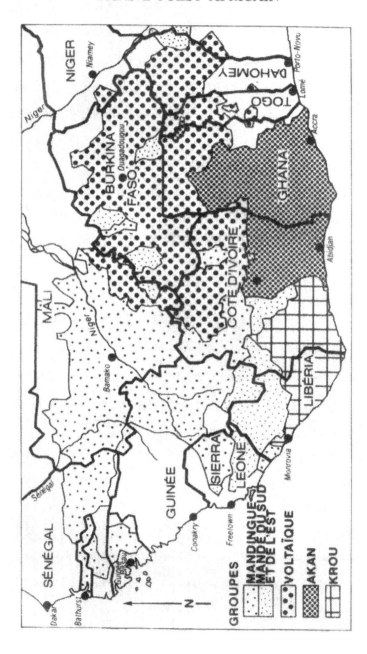

Les peuples de Côte d'Ivoire

Que de commentaires plus ou moins railleurs, plus ou moins méchants, n'a-t-on pas faits, avant comme depuis l'indépendance, sur la multiplicité des ethnies ivoiriennes ! Le président Houphouët-Boigny lui-même parfois... Pensez donc ! 60 tribus, 60 langues, si ce n'est pas 80, un fouillis à ne pas s'y retrouver, jalousies, guerres tribales, sac de nœuds, panier de crabes ! Vite une épaisse couche de francophonie sur fond de parti unique pour cimenter tout ça ! Après tout, le choix officiel n'était peut-être pas si absurde, l'unité nationale n'étant pas forcément donnée d'un coup de baguette magique par les bonnes fées de l'indépendance. De fait, cinquante ans plus tard, il serait bien audacieux, insupportable même, d'essayer de soutenir que les différences ont été gommées alors que le vilain vent de l'identité « ivoiritaire » a déclenché sur tout le pays l'ouragan de la haine et de la violence. On y reviendra. Tout en énumérant encore fidèlement les 60 ethnies classiques du pays, une curieuse plaquette ethnolinguistique parue en 1999 prend quand même le soin de les regrouper sous quatre grands ensembles[1]. Il y a donc déjà des gens qui commençaient à s'y retrouver et, comme eux, on a fort envie de prendre le contre-pied d'idées trop vite reçues et de plaider, car c'est possible, la simplicité et la clarification.

En réalité donc, ce sont quatre grands ensembles ethniques, cinq à la rigueur, qui se partagent l'espace ivoirien sur quatre quarts inégaux, comme des plages aux limites parfois sinueuses et chevauchantes.

Dans le quart sud-est, les Kwa, tous peuples de la grande famille Akan, arrivés de l'est, donc du Ghana actuel, cousins des Ashanti et des Fanti qui y sont restés, seraient venus en plusieurs migrations étalées sur environ un demi-siècle, entre 1690 et 1740 ; les Baoulé, installés les derniers au cœur de la

---

1. *Ethnies d'Afrique, la Côte d'Ivoire*. Les expressions du PARLE (Programme africain pour la réunion linguistique des ethnies) n° 1, 3ᵉ édition, en collaboration avec les secrétaires chargés des ethnies, de la langue des BEG (Bureaux exécutifs respectifs des gouvernorats), NEI, Abidjan, 1999. Un curieux document...

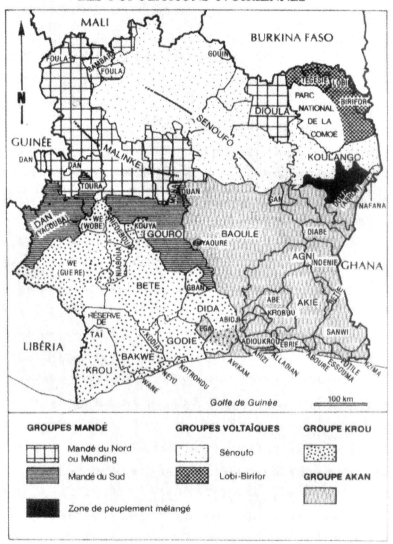

Côte d'Ivoire actuelle, précédés à l'est et au sud-est par les Abron et les Anyi ; et tous les petits peuples qu'on appelle Lagunaires ou Akan méridionaux, d'origine plus diverse, mais en majorité venus eux aussi de l'est s'installer de part et d'autre d'Abidjan sur le littoral. Akan d'origine ou assimilés, ils portent presque tous un ethnonyme qui commence par la lettre A : Adioukrou et Abidji (les seuls venus par l'ouest), puis Attié, Abbey, Avikam, Alladian, Ébrié, Abouré, Ehotilé et Nzima, dits aussi Appoloniens, et encore trois ou quatre autres ; au total, voici déjà 17 ethnies regroupées sur 60.

Dans le quart sud-ouest, débordant sur la Guinée et le Liberia, le groupe Krou, composé des Krou proprement dits, des Bakwé, des Godié, des Wé (Guéré et Wobé), des Bété et de leurs cousins Dida. Sauf les Krou sur la côte, tous sont nettement forestiers, souvent fractionnés en de multiples petites communautés répugnant aux chefferies de trop grande dimension et longtemps isolés du monde extérieur (sauf encore une fois les côtiers et certains septentrionaux touchés par les routes commerciales de la noix de kola). Au total : encore 16 ethnies dans ce second ensemble.

Le quart nord-ouest et le centre-nord autour de Kong marquent les avancées extrêmes du monde malinké/manding centré avant tout sur le Mali actuel et la moyenne Guinée. Outre des Mandinka/Malinké proprement dits, audacieux et organisateurs, se sont installés des Mandé méridionaux qui ont pour noms : Dan (appelés à tort Yakouba), Toura, Gban (qualifiés par leurs ennemis de Gagou) et Gouro (plus exactement Koueni) ; soit 13 ethnies encore regroupées ou regroupables.

Enfin, dans le dernier quart du pays, tout autour d'enclaves malinké témoignant, comme les Dioula de Kong, de leur vaste expansion autrefois, se sont fixées les ethnies du groupe voltaïque, liées à celles de Haute-Volta (devenue Burkina Faso). D'abord la plus ancienne et la plus stable peut-être des grandes ethnies ivoiriennes : les Sénoufo, agriculteurs solides et paisibles, qui débordent aussi sur le Mali et le Burkina. S'y ajoutent, dans l'angle nord-est, à la jonction de trois frontières, les Koulango (qui furent d'abord Dagomba) venus de l'est et les Lobi, trop longtemps marginalisés. 14 ethnies encore, le compte y est.

Cette réduction de 60 ethnies à quatre grandes unités n'est pas abusive. Elle ne signifie pas, à l'intérieur de chacune, unité totale, similitude absolue et intercompréhension aisée. Un bon atlas linguistique apportera les détails souhaités. Mais nous tenons là un fil d'Ariane précieux pour la connaissance d'un pays pluriethnique qui n'était déjà pas simple et que les événements de ces dernières années viennent de compliquer encore. Mais, quand même, contrairement à la politique, mieux vaut ici clamer les ressemblances qu'exalter les oppositions. Bien sûr, les relations ont souvent été de mauvais voisinage par le passé. Plusieurs noms de peuples recueillis au début de la période coloniale n'étaient à la vérité que ceux, injurieux ou déformés, que leur attribuaient leurs voisins. Les Yakouba sont plus exactement des Dan ; les Tchaman ou Kyaman n'étaient Ébrié que pour les Abouré et, à force de crier « fous le camp ! » à leurs voisins sudistes du groupe Krou, les Gouro (du groupe mandé du sud) en ont fait des Gagou, et ce vilain nom leur est resté. Imagine-t-on l'Europe décrite comme la juxtaposition de Frenchies, de Rital s, d'Espingouins, de Boches et de Polaques ?

Retenons qu'aucune des frontières actuelles ne coïncide vraiment avec les limites de ces quatre grands ensembles qui débordent donc tous sur les pays limitrophes. Mais hâtons-nous de faire remarquer que si une telle situation suscite bien des tracas aux douaniers et aujourd'hui aux nouveaux gouvernants d'Abidjan, elle n'est pas sans avantages pour les populations elles-mêmes. Et Houphouët, qui se souciait peu de choquer par ses propos quand il estimait devoir les tenir, avait même fini par s'écrier en octobre 1985, au VIIIe congrès de son parti : « Non ! les Européens n'ont pas balkanisé les peuples d'Afrique ! Ils les ont au contraire rassemblés. »

Constatons aussi que la plupart de ces peuples ivoiriens – sauf les Sénoufo et les Mandé du sud – ne semblent pas s'être fixés depuis très longtemps aux places qu'ils occupent aujourd'hui. Du coup, ici comme ailleurs en Afrique, on a du mal à admettre, si tous sont venus d'ailleurs, l'existence pendant si longtemps d'un grand vide central, même si l'on sait les régions forestières peu propices à la survie de vastes groupes humains.

En fait, l'archéologie, encore toute neuve en Côte d'Ivoire, commence à nous donner, après quarante ans d'un bilan encore maigre, les preuves d'une occupation peut-être très extensive mais certaine, ici au paléolithique, là au néolithique, et plus encore à l'âge des métaux. La métallurgie du fer, d'alliages cuivreux et de l'or est attestée un peu partout. Les débris-de-cuisine jalonnent les rivages de toute la région lagunaire. Mais il reste à savoir qui étaient, ici et là, ces hommes d'autrefois, disparus ou absorbés par les nouveaux venus. Il n'en subsiste aujourd'hui que quelques noms étranges et mythiques pour désigner des fantômes toujours inconnus. L'un des mystères les plus récents est posé par les étranges pierres dites de Gohitafla, découvertes en pays gouro, à l'ouest du lac de Kossou : des visages mégalithiques allongés, sans corps, attribués pour l'instant à de mystérieux Hwan éliminés par l'arrivée des Gouro et répartis, faute de mieux, en trois ou quatre catégories amusantes : les « Yeux-bouche sans nez », les « Nez-bouche sans yeux », les « Lèvres lippues » (sic) et les « Narines en creux ».

Secouées fréquemment par les grandes migrations ou les frissons politico-militaires qui ont si facilement affecté les vastes espaces soudano-sahéliens, les régions du Nord ont eu une histoire plus agitée, en tout cas mieux connue, que les chefferies du Sud, même organisées en petits royaumes comme ceux des Akan, et à plus forte raison que les mini-sociétés forestières du Centre et du Sud-Ouest. Il reste tant à découvrir !

Au Nord, le monde manding en expansion a toujours été remuant. Arrivant dès le XVe siècle du Mali actuel (dont ils portent le nom), les Malinké/Mandinka, ou Manding, se sont progressivement installés aux dépens de leurs voisins, notamment autour de Kong, avec Sékou Ouattara (1705), et plus tard d'Odienné, avec les Bambara Diarrasouba puis Vakaba Touré, fondateur après 1848 du royaume du Kabadougou. Partout ou presque, les Manding ont apporté l'islam, une bonne organisation militaire et le dynamisme commercial : la classe marchande et aventurière des « Dioula » fit rapidement, sous ce nom, de la langue manding la langue véhiculaire et commerciale de toute la région, ouvrant des routes de négoce nord-sud florissantes, parcourues par des caravanes de noix de kola, d'ivoire, de poudre d'or, d'esclaves et d'armes à feu. Autour de Séguéla, le Woro-dougou est littéralement le « pays-de-la-kola ». Les Dioula malinké ont été, sont encore, les relais indispensables entre le Sahel et une partie de la forêt, ce qui incite à s'interroger d'ailleurs sur le réel degré d'isolement des forestiers eux-mêmes.

Paysans bien enracinés, excellents artisans mais trop pacifiques et bousculés d'un côté par les Malinké, de l'autre par les Abron et les Baoulé, les Sénoufo ont dû progressivement se recroqueviller sur un territoire rétréci dont Korhogo est aujourd'hui la capitale. Nous les y retrouverons plus tard.

Sous la conduite de Bounkani, les Dagomba sont arrivés au début du XVIIe siècle, franchissant d'est en ouest la Volta noire, imposant aux Lorhon trouvés sur place le nom de Koulango et fondant à leur profit vers 1600 le petit royaume de Bouna. Ils y ont accueilli à la fin du XVIIIe siècle les pacifiques Lobi venus du nord, puis eurent à subir les attaques victorieuses des Abron, leurs voisins Akan du sud. Comme il avait déjà détruit Kong, Samory Touré vint régler leur compte aux uns et aux autres.

Avec les Abron, on aborde un monde riche, rayonnant, aux institutions hautes en couleurs, qui est aussi celui des Ashanti du Ghana, des Anyi et des Baoulé de Côte d'Ivoire. La civilisation akan communique à tous les peuples qui en sont issus le prestige d'une longue histoire littéralement couverte d'or. Fuyant des impôts trop lourds et une coexistence toujours plus difficile avec les Ashanti, les Abron, résultant de la fusion des Brong avec les Akwamou, furent les premiers, vers 1690, à quitter le Ghana actuel pour chercher des contrées plus tranquilles. Refoulant ou subjuguant les Sénoufo Nafana et les Dagomba-Koulango-Lobi, ils fondèrent autour de Zanzan puis de Bondoukou le royaume de Gyaman, vassalisé de nouveau par les Ashanti après 1740. Toutefois, ce petit royaume islamisé et bien organisé allait impressionner à la fin du XIXe siècle tous ses visiteurs européens.

De tous les Akan ivoiriens, ce sont les Baoulé qui firent, après 1720 et en deux grandes vagues, le plus long trajet. Leur poids politique est énorme dans la Côte d'Ivoire d'aujourd'hui, et certains épisodes de leur histoire, même mythique, sont largement connus. Ainsi la légende de la reine Abla Pokou : parvenue sur les rives de la Comoé en furie, à l'ouest d'Abengourou, elle n'hésita pas, sur les conseils de son devin, à sacrifier son enfant nouveau-né pour assurer à son peuple le passage du fleuve.

« La mère effrayée serra son enfant sur son cœur. Mais la mère était aussi reine et, droite au bord de l'abîme, elle leva l'enfant souriant au-dessus de sa tête et le lança dans l'eau... Alors, des hippopotames, d'énormes hippopotames, se plaçant les uns à la suite des autres formèrent un pont et sur ce pont miraculeux le peuple en fuite passa. Et la reine Pokou passa la dernière et trouva sur la rive son peuple à genoux, mais la reine était aussi mère et elle put dire seulement : *ba ouli !*, ce qui veut dire : l'enfant est mort ! Et le peuple garda le nom de Baoulé[2]. »

On remarquera que chez les Akan en général, donc les Baoulé, la femme a su autrefois diriger, commander et décider. On peut même se demander si la reine Pokou n'a pas justement su profiter de son geste héroïque pour se faire donner par les siens des pouvoirs politiques étendus. Matriarcat traditionnel, code civil moderne... du tintouin pour les juristes. En tout cas, si elle n'est plus vraiment en mesure de diriger aujourd'hui sa société, la femme baoulé conserve néanmoins une position sociale, exceptionnelle même en Afrique non musulmane, et le droit traditionnel akan régit la dévolution des biens et du pouvoir d'oncle maternel à neveu. On en devine déjà les incidences économiques et politiques.

Parmi les Anyi de l'Est et du Sud-Est, tous venus du Denkyira (au Ghana) et répartis entre les petites principautés du Ndényé, du Bettié, du Moronou et du Sanwi, il faut faire une place spéciale à cette dernière. Les Sanwi, ou Anyi Brafé, progressaient eux aussi d'est en ouest à partir du Ghana actuel lorsqu'ils décidèrent un jour de se fixer, figeant tout à coup sur le terrain leur ordre de marche tout militaire : l'avant-garde à Adaou, l'arrière-garde à Maféré et le roi au centre sous un arbre *krinja*, à Krinja-bo, qui devint donc la capitale d'un mini-royaume original et cabochard dont nous reparlerons bientôt.

---

2. Bernard Dadié, *Légendes africaines*. Il existe bien sûr des variantes : au lieu d'hippopotames, c'est un grand arbre qui se serait courbé en travers du fleuve. Le même mythe se retrouve chez les Anyi Ndényé, pour qui c'est Nana Adjoka Kpanhi qui aurait sacrifié son neveu à la même Comoé. Les Dan, bien loin de là, ont eu eux aussi affaire autrefois avec les hippopotames.

Par l'intermédiaire des Malinké, l'islam a touché presque tous les peuples du Nord, plus ou moins profondément, tandis que le Sud demeurait essentiellement animiste jusqu'à l'arrivée des Blancs. Les sources orales et écrites de l'histoire qui existent dans les sociétés manding, bien structurées, font au contraire défaut dans les ethnies méridionales dont la mémoire collective, faute de griots-historiens-généalogistes, ne remonte parfois pas au-delà de deux ou trois générations. La longue et difficile résurgence de l'histoire africaine précoloniale et même coloniale bute parfois sur le néant, l'indifférence absolue de certaines communautés envers leur passé.

Chez les Anyi Ndényé, l'histoire est si imprégnée de religion qu'elle ne s'en distingue guère. Elle appartient aux ancêtres. Le droit d'évoquer l'histoire n'est pas reconnu au premier venu. Celui qui y est habilité ne peut pénétrer dans le monde de l'histoire qu'après avoir offert aux ancêtres les libations d'usage. On considère aussi l'histoire comme un capital précieux dans lequel tout un chacun n'a pas l'autorisation de venir puiser. Il n'est donc pas toujours facile, pour les chercheurs actuels, même ivoiriens, d'en savoir davantage sur la dynamique complexe des migrations et sur la vie des générations disparues.

La colonisation française

On en apprend un peu plus quand apparaissent sur les rivages du golfe de Guinée les Européens avec leur précieuse, irremplaçable manie de tout écrire, dessiner et comptabiliser, ne serait-ce que pour leur commerce, même quand ces informations sont douteuses, exagérées ou déformées. Bons calculateurs dans l'ensemble, voyageurs intrépides, explorateurs audacieux et infatigables, ils étaient souvent moins doués pour le dessin et les langues étrangères...

Sur les côtes ivoiriennes, à la différence de bien d'autres de cette région, il n'y eut pas de bousculade ni de réelle compétition commerciale ou militaire entre les nations d'Europe. Les Portugais, comme partout, passent les premiers, accrochant des noms de chez eux à quelques repères ou escales d'une côte franchement inhospitalière : cap Palmas, San Pedro, Sassandra (le jour de la Sant'Andrea) et Fresco, puis l'océan efface vite leur sillage. Les Anglais s'attardent un peu plus, commencent à recruter des équipages chez les Krou (devenus « *crewmen* » et qui en firent vite leur spécialité) et viennent trafiquer de poivre, d'esclaves et d'ivoire avec les Alladian du roi Jack ou les Neyo de Sassandra. Mais on est toujours sur la « Côte des Malgens » (ou Mauvaises Gens) et tous se précipitent de préférence sur la Côte-de-l'Or/Gold Coast qui porte tout de même un nom plus alléchant. Portugais, Hollandais, Anglais, Brandebourgeois et Danois s'y installent, parfois à portée de canon les uns des autres. Pendant ce temps, la Côte qui voulait aussi être d'Or et ne sera que des Dents – c'est-à-dire d'Ivoire – n'est plutôt pour personne. Très peu touchée par la traite négrière, elle échoit finalement aux Français à qui on ne la dispute guère (encore que les Anglais de Bristol continuent d'apparaître de temps à autre à Jackville) et qui, au lendemain de la guerre de 1870, sont toujours prêts à échanger leur mauvais bout de Côte d'Ivoire contre... la Gambie.

Premier point d'impact colonial des Français : Assinie. Cinq capucins de Rennes (ou de Saint-Malo) y débarquent dès 1637 ! Aventure sans lendemain, la quinine restant à découvrir ! Une nouvelle mission touche terre cinquante ans plus tard et l'on amène à la cour de Louis XIV deux jeunes indigènes nommés Anniaba et Banga, dont on ne saura jamais s'ils étaient princes ou esclaves dans leur pays. Prince en tout cas, Anniaba le devient presque : baptisé à Saint-Sulpice, capitaine de cavalerie, grassement pensionné, il jongle avec les menus plaisirs et l'argent, tant qu'il lui en reste. Au royaume d'Assinie où il rentre en 1701, il n'y a pas de place pour lui et il n'a d'ailleurs plus longtemps à vivre. Les Français qui l'ont ramené se réinstallent sans grande détermination, les Hollandais leur cherchent noise, et l'abandon de 1704 va être suivi, dans l'histoire des relations franco-ivoiriennes, d'un quasi-vide de 140 ans.

En juillet 1843, Louis-Philippe régnant, le lieutenant de vaisseau Fleuriot de Langle, qui patrouillait dans les parages avec sa petite force navale anti-négriers, pénètre dans la lagune Aby. De même qu'il a, l'année d'avant, traité avec Atékéblé, dit Peter, roi de Bassam, il signe avec le « roi » du Sanwi, qui lui a délégué son neveu, un traité de protectorat que le neveu, devenu roi à son tour sous le nom d'Amon Ndoufou II, fait confirmer l'année suivante. Les Français construisent un blockhaus baptisé Fort Joinville sur la pointe de Mafia et commencent à s'installer plus durablement qu'au siècle précédent. Un commerçant rochelais, Verdier, y ouvre, en 1863, une « factorerie », que deux de ses agents, particulièrement actifs, vont faire prospérer après la guerre de 1870 : Brétignère, qui est aussi docteur en droit, s'installe à Elima en 1881. Il fait simultanément œuvre de pionnier dans plusieurs domaines, commençant l'exploitation forestière, surveillant l'école confiée en 1887 à l'instituteur Jeand'heur, s'intéressant à la prospection de l'or et, surtout, créant à partir de plants venus du Liberia la première plantation de caféiers du pays. Treich-Laplène, qui le relaie à Elima jusqu'en 1890, se voit confier des missions d'exploration et d'administration si réussies qu'il laissera son nom au quartier indigène de Treichville, créé dans les années 1930 en face d'Abidjan-Plateau.

La coexistence des Français et des Sanwi, doyens des colonisés de Côte d'Ivoire, est assez harmonieuse. Chaque camp y trouve son intérêt. Et pendant ce temps, à Krinjabo, de roi en roi (Amon Ndouffou meurt en 1886), on se transmet précieusement les traités de 1843-1844 au cas où – sait-on jamais ? – on aurait à les réexhiber un jour...

De son côté, doyenne des escales coloniales sur la côte, Assinie, qui est encore le troisième port en 1907, va chuter dans les années 1920 et disparaître définitivement, en 1942, engloutie par un raz-de-marée.

Entre-temps, l'histoire a déjà rebondi, mais plus à l'ouest : à Bliéron, Tabou, Dréwin, Sassandra, Fresco, Grand-Lahou, Jackville et surtout à Dabou et à Bassam, où militaires et administrateurs s'installent progressivement à la suite des commerçants et des marins. Dès 1844 et pendant une quinzaine d'années, la maison Régis aîné de Marseille est venue commercer avec les gens de Bassam, de Lahou, de Fresco et de Béréby. À la suite de quelques escarmouches en 1853 avec les Bouboury tout au fond de la lagune de Dabou, Faidherbe, encore tout jeune capitaine, vient y construire un de ses fameux forts, abandonné en 1870, puis réoccupé en 1892. L'installation à Grand-Bassam est la plus sérieuse, mais les relations des Français ne sont pas des plus faciles avec les Ébrié qui tiennent la plus belle et la plus intéressante des lagunes, celle sur laquelle vont se concentrer les convoitises de la colonisation. Le commerce s'y implante solidement entre océan et lagune, sur une bande de sable séduisante mais malsaine, ourlée de cocotiers, à proximité de l'indispensable wharf. Les navires restent au large, en rade foraine, et l'atterrissage des petites embarcations qui ont à franchir les rouleaux violents de la « barre » pour faire le va-et-vient constitue jour après jour un exploit aussi malaisé que dangereux. La « Résidence de France » se transfère d'Assinie à Bassam en 1890 et, trois ans plus tard, le 10 mars 1893, la Côte d'Ivoire devient une colonie française distincte dont Binger va être le premier gouverneur. Une colonie bien fragile pendant une vingtaine d'années encore, et même à certaines périodes très menacée, mais qui parviendra cependant à étendre, ici en douceur, là par la force, son emprise, cousant ensemble des morceaux bien disparates obligés désormais de vivre dans la paix forcée des Français.

Presque partout dans les régions de l'intérieur, l'exploration civile ou militaire précède la conquête. Les Français traitent, au moins à titre provisoire, avec ceux qui s'y prêtent... et cassent ceux qui résistent. Traités inégaux, combats inégaux. Binger (futur gouverneur), Quiquerez, Thomann, Clozel, Treich-Laplène, Monteil, Marchand (qui sera plus tard à Fachoda), d'Espagnat, Nebout, Houdaille, Hostains et d'Olonne, Eysséric et d'autres encore ont sillonné le pays, non sans difficultés multiples, servis parfois par des interprètes et guides ivoiriens de qualité, tel Louis Anno, hachant péniblement leur progression à travers une nature difficile et des populations pour le moins inquiètes. Marchand, qui est le premier à entrer en pays baoulé, y gagne le surnom de « Kpakibo » (Fend-la-forêt). Remontant ou redescendant les principales rivières – Comoé, Bandama, Sassandra – les explorateurs en contournent les nombreux rapides, et l'espace ivoirien initial finit par s'annexer, en 1899, les lointaines savanes du Nord, détachées du Soudan. Mais un adversaire, déjà ancien et de qualité, continue de bloquer là-haut les visées françaises : Samory, dont le nom, un siècle après, demeure glorieux pour les uns, odieux pour les autres. Malinké de Haute-Guinée, jeune colporteur devenu chef militaire et religieux, l'almamy Samory Touré s'est créé un empire personnel immense mais fluctuant, qui a dérivé d'ouest en est au gré de ses bonnes puis mauvaises fortunes. À partir de 1893, il est plutôt centré sur la Haute-Côte d'Ivoire et le nord du Ghana actuel, dévastant notamment Kong – qui ne s'en remettra jamais – et Bondoukou. Accueilli en frère par la plupart des Malinké musulmans mais combattu par les autres populations, Samory finit par épuiser toutes ses possibilités de négociations avec les Français qui le pratiquent depuis longtemps et sont bien décidés à lui régler son compte. Affaibli, harcelé, il est rejoint aux confins de la Guinée et de la Côte d'Ivoire à l'issue d'une longue traque en septembre 1898, se rend sans résistance et mourra, déporté au Gabon, deux ans plus tard[3].

Soulagés, les Français renforcent leur implantation politique et militaire. Mais, par poches, les populations continuent de s'opposer à la conquête ou s'insurgent après quelques années d'apparente soumission. La force est du côté des Blancs qui finissent toujours par l'emporter. Certains petits peuples forestiers ou lagunaires se révèlent particulièrement coriaces : les Anyi de l'Indénié en 1894-1895, les Ngban et les Warébo du Baoulé en 1899, les Baoulé de Toumodi, les Tepo du Cavally, les Gouro, les Boubouri encore, le pays dida et le pays wobé (1912-1913), les Abbey d'Agboville qui coupent la voie ferrée et tuent quelques Blancs (1910), les Attié (1913)... longue et triste litanie de la résistance. Il faut des colonnes répressives parfois impitoyables – et même une fois un train blindé ! – pour en venir à bout. Maints officiers, qui par ailleurs se feront tuer bravement en 1914-1918, gagnent pour l'instant leurs galons ici, au retour d'expéditions peu dangereuses dans l'ensemble, qui ont incendié les villages, étripé le bétail et coupé quelques têtes pour l'exemple... Qu'on ne s'y trompe pas ! Le souvenir en est encore un peu partout dans la mémoire des arrière-petits-fils des pacifiés...

---

3. Une thèse gigantesque de l'historien Yves Person, aujourd'hui disparu, donne de ce personnage, partiellement ivoirien et en tout cas assez exceptionnel, un portrait certainement plus véridique que les images d'Épinal patriotiques et outrancières de l'époque.

Au gouverneur Clozel (1902-1908), partisan de la pénétration pacifique, qui pratique la « méthode du calme » et privilégie les palabres, succède Angoulvant (1908-1916), moustache épaisse, lunettes pince-nez, du style « à-nous-deux-mes-gaillards », qui, n'ayant pas le cœur à tergiverser, inaugure allègrement « la manière forte ». En 1915, alors que la Grande Guerre fait déjà rage en Europe, la pacification est considérée comme à peu près achevée, sauf du côté des Lobi et des Guéré. La Côte d'Ivoire, depuis 1912, est découpée en seize « cercles » confiés progressivement aux administrateurs quand s'achève la tâche des militaires. De tous les noms de ceux-là, souvent éphémères et sans relief, retenons au moins celui d'un homme de cœur doublé d'un savant de qualité : Maurice Delafosse (1870-1926) qui commanda avec intelligence divers postes de la Côte d'Ivoire centrale entre 1894 et 1909, laissant au pays deux fils métis[4] qui serviront avec honneur leur patrie ivoirienne, et à la science une œuvre historique, ethnographique et linguistique considérable.

Au lendemain de la guerre, l'emprise coloniale, vieille de plus de trente ans déjà sur la Côte, est désormais solide et la « mise en valeur » n'a pas attendu tout ce temps pour commencer. Un chemin de fer sud-nord qui devrait aboutir un jour sur le Moyen-Niger influence déjà largement le destin de la colonie. Parti de la lagune d'Abidjan dans les premiers jours de 1904, le rail atteint Agboville en 1907, Bouaké au P.K. 316 en 1912, Tafiré en 1928 et Bobo-Dioulasso en 1933, à 796 km de la côte. Dès l'adoption des conclusions des missions Houdaille et Crosson-Duplessis concernant son tracé et le percement envisagé du cordon littoral de Port-Bouët, il était devenu évident que le nouvel emplacement choisi risquait fort d'éclipser à terme les vieux établissements existants.

Entre 1899 et 1904, la population européenne de Grand-Bassam, depuis 1890 capitale active mais insalubre, est terriblement mise à mal par plusieurs épidémies de peste et de fièvre jaune. Son wharf et ses factoreries sous les cocotiers vont rester en place pendant quelques décennies encore, mais les protesta-

---

4. Henri (1903-1971) et Jean Delafosse (1906-1962).

tions du commerce sont vaines : le gouverneur Roberdeau et ses services, traversant la lagune, vont s'installer en novembre 1900 sur des pentes mieux exposées, à proximité d'un village ébrié au nom propitiatoire d'Akoué-Santey. Cet embryon de « ville-sanatorium » créée de toutes pièces va bientôt s'appeler Bingerville en l'honneur du premier gouverneur de la colonie, et ses maisons de bois préfabriquées viennent du Havre. À cette époque, seuls quelques villages traditionnels (dont on reparlera) occupent la presqu'île qui portera plus tard Abidjan. Dix ans après, il n'en sera plus de même : c'est Abidjan que le destin favorise désormais. La compétition ainsi engagée sera fatale aussi à Bingerville qui perdra à son tour son titre de capitale.

Les autres escales de la Côte, mal commodes, exposées à une barre permanente qu'il faut franchir en canots et à grands risques comme à Bassam, vont toutes décliner plus ou moins vite. De certaines, déjà citées plus haut, on retrouve à peine les noms sur les cartes modernes.

L'activité missionnaire se manifeste elle aussi en Côte d'Ivoire, mais ici – si l'on excepte les tentatives sans lendemain des XVIIe et XVIIIe siècles – en dernier lieu, après l'implantation militaire et administrative, à la différence par exemple de la Gold Coast, du Togo et du Dahomey. Appelés par le gouverneur Binger en 1895, les pères des Missions africaines de Lyon (s.m.a.) ont débarqué à Bassam et, rejoints trois ans plus tard par les sœurs N.D. des Apôtres, ont ouvert dans le Sud leurs premières paroisses. La préfecture apostolique de Côte d'Ivoire connaît des débuts difficiles : les religieux paient d'abord un très lourd tribut aux fièvres, aux épidémies et aux accidents ; de son côté, la République laïque leur retire bientôt son soutien matériel et fait fermer leurs écoles à la rentrée de 1905, en application ici aussi de la loi de séparation. En outre, les gens du pays ne sont pas spécialement prêts à recevoir la bonne parole et ceux qui viennent la semer n'usent guère à leur endroit d'un vocabulaire particulièrement charitable. Le père Gorju, premier historien missionnaire de cette région, décrit les « instincts les plus grossiers » de ces populations vivant « dans la fange... au niveau de la brute », adeptes du « fétichisme le plus dégradant ». Il faut dire que les sacrifices humains qui ont encore cours çà et là suscitent son indignation et celle de ses pairs. Malgré tout, la pénétration chrétienne, quantitativement très faible encore – 7 paroisses en 1900, 2 000 baptisés en tout en 1904 –, va faire opiniâtrement son chemin. La préfecture apostolique de Korhogo sera détachée du Sud en 1911, et le premier prêtre ivoirien, René Kouassi, ordonné en 1934. L'effectif des chrétiens atteindra 26 000 âmes en 1940, prélude à une Église ivoirienne aujourd'hui épanouie et solide.

Le protestantisme, de son côté, a fait son apparition en 1890 à Bassam avec l'installation des missionnaires wesleyens de Londres. Nous rencontrerons plus tard les Églises chrétiennes dérivées et leurs nombreuses versions.

Au début du siècle, la Côte d'Ivoire, intégrée à la Fédération aofienne (AOF/Afrique-occidentale française, créée en 1895), est encore bien loin de la France, à trois semaines au moins par bateau. La colonie s'efforce dès 1900 de se faire connaître dans toutes les expositions organisées en métropole, mais rares sont, en sens inverse, les visiteurs officiels qui prennent la peine d'un si long périple : le député Le Hérissé, membre actif du Conseil supérieur des Colonies, à la fin de 1902, le gouverneur général de Dakar de temps en temps. Et puis, en 1908, un ministre des Colonies plus audacieux (ou plus désœuvré) que les autres décide de faire lui aussi son « voyage à la Côte d'Afrique » : M. le ministre, un petit barbu jovial et bordelais qui s'appelle Milliès-Lacroix, n'est pas demeuré particulièrement célèbre mais il arrive de Guinée et continuera vers le Dahomey après une visite de trois jours bien remplie. Débarqué à Port-Bouët, avant-port d'Abidjan, il est reçu à Bingerville et à Abidjan, s'offre 82 km de chemin de fer jusqu'au chantier de pointe « sous une tente merveilleusement décorée au milieu d'une futaie splendide... », assiste au banquet offert par les commerçants de Bassam qui essaient encore de plaider pour leur avenir, et rembarque avec sa suite, comme il a débarqué, quatre par quatre en « nacelle », qu'on appelle aussi « panier », une vilaine caisse de bois accrochée à un treuil qui la dépose en contrebas du wharf dans la chaloupe de liaison avec le croiseur qui attend au large. Épisode mineur, certes, mais d'autant plus pittoresque que 46 cartes postales signées du photographe dakarois Fortier nous en ont laissé un remarquable témoignage en images.

À propos... avis aux cartophiles, historiens, architectes, géographes et à bien d'autres encore : 3 000 cartes postales racontent et montrent, à qui sait les retrouver, la Côte d'Ivoire coloniale d'entre 1900 et 1920. Que de surprises !

Vers l'indépendance

Soumise à la paix française, la Côte d'Ivoire travaille donc à sa « mise en valeur », qui est un peu le commencement du développement, mais plutôt de force que de gré. Albert Londres sera là aussi pour le constater : portage, corvées urbaines et rurales, plantations, chantiers publics, jardins du commandant, entretien des ponts, des radiers et des routes : il faut des hommes, de la main-d'œuvre volontaire ou non. C'est le « travail forcé », impôt payé en prestations-travail. Comme les colonnes punitives de la « manière forte », il va laisser des traces douloureuses dans les consciences. Pardonner n'empêche pas de se souvenir. Car, quand ce n'est pas la force pure, c'est tout un système colonial qui contraint, à des degrés divers, des populations qui ont d'autres besoins et d'autres rythmes, à se plier au moins de loin à ses exigences, à s'adapter à ses fantaisies ou à ses objectifs, ne serait-ce qu'en faisant semblant, pour avoir la paix entre deux tournées de recrutement militaire ou deux visites du commandant et de ses garde-cercles. Ceci dit, il faut bien reconnaître que le commerce colonial a aussi ses séductions, l'argent ses pièges, la modernité ses appâts ! Çà et là, à l'occasion, on finit par hocher la tête au coin des places à palabres villageoises : les Blancs sont trop forts ! Et c'est parfois, quand même, un hommage...

Petit à petit, le monde rural reçoit des autorités un embryon de législation organisatrice et protectrice des produits, des prix et des systèmes de commercialisation, mais en définitive, c'est le paysannat ivoirien lui-même qui va se donner, contre l'ordre établi, sa propre structuration. Excédés par la discrimination raciale et politique que fait régner le Syndicat agricole de Côte d'Ivoire créé en 1937 par les planteurs européens, les planteurs autochtones les plus aisés et les plus progressistes, qui avaient naïvement cru pouvoir y adhérer, sont mûrs pour la sécession.

Ils vont trouver un meneur décidé en la personne de Félix Houphouët-Boigny, qui, après quinze ans de médecine de brousse, est devenu en 1940, par héritage et engagement politique à la fois, l'un des leurs et des plus prospères.

Imagine-t-on quelle dose d'audace il leur faut à l'époque pour aller chercher eux-mêmes en Haute-Côte d'Ivoire la main-d'œuvre voltaïque que les planteurs blancs leur refusent, et pour fonder, même avec l'appui du gouverneur Latrille, un syndicat indigène forcément rival de celui qui existe déjà et croit pouvoir les étouffer rapidement ? Pourtant, ils ont cette audace, ramènent du pays mossi les hommes dont ils ont besoin et fondent, le 10 juillet 1944, le Syndicat agricole africain (SAA). L'épreuve de force ainsi engagée va aboutir, en seize ans seulement, et non sans quelques rebondissements, à l'indépendance totale. La Côte d'Ivoire indépendante continue de révérer les noms de ses pères fondateurs : Gabriel Dadié, Kassi, Joseph Anoma, Kouamé Nguessan, Lamine Touré, Laubhouet, Diaby et Brou, tous, sauf erreur, décédés aujourd'hui.

Les colons de Côte d'Ivoire avec l'industriel Jean Rose à leur tête, durcis encore pendant quatre ans par le régime de Vichy, demeurent si obstinément racistes dans leur ensemble que la France libérée a du mal à leur réimposer, en même temps que ses hommes, la législation républicaine. À partir de 1944 cependant, les partis de gauche, et notamment le PCF, envoient des fonctionnaires, des enseignants, des cadres militants qui ouvrent des cercles de discussion, comme le GEC (Groupe d'études communistes) vite africanisé. Encouragé, le SAA se transforme en comité électoral, Houphouët et ses amis se lancent dans la bataille des municipales d'Abidjan. Déjouant les manœuvres administratives, Houphouët lui-même est élu député des indigènes (il y a alors deux « collèges » électoraux) à l'Assemblée constituante en octobre-novembre 1945. Le voici pour quinze ans, sauf les entractes, directement associé aux décisions coloniales de la IVe et de la Ve République, dont il finira par connaître les rouages beaucoup mieux que la plupart des politiciens de la métropole. Il en profitera d'abord pour faire voter en 1946 la loi qui porte son nom et qui abolit le travail forcé dans les territoires d'outre-mer. Rentré au pays en héros, il devient désormais pour tous Houphouët le Bélier, Houphouët-Boigny.

C'est en avril 1946 également que les planteurs du SAA et une première génération de jeunes fonctionnaires patriotes ivoiriens, mais aussi sénégalais, soudanais et voltaïques[5], fondent à Treichville le Parti démocratique de Côte d'Ivoire (PDCI). Les nouveaux venus s'appellent Jean-Baptiste Mockey, Mathieu Ekra, Doudou Guèye, Fily Dabo Sissoko, Jacques Aka, Ouezzin Coulibaly, Germain Coffi-Gadeau... Auguste Denise devient le secrétaire général du nouveau parti dont Houphouët est président d'honneur.

Au grand rendez-vous de l'Afrique progressiste de Bamako, en octobre suivant, qui voit la fondation du Rassemblement démocratique africain (RDA) dans l'ensemble des huit territoires de la Fédération, Houphouët est élu par acclamations président du nouveau parti fédéral dont le PDCI devient membre affilié sous le nom désormais conservé de PDCI-RDA. Les forces conservatrices se rebiffent, tentent de briser ou tout au moins de ralentir cette marche en avant. Provocations, agents doubles, algarades avec d'autres partis « collaborateurs » des autorités... Le pouvoir colonial passe à l'attaque en 1949. Le 6 février, 21 dirigeants du PDCI, considérés comme agitateurs marxistes (puisque leur parti entretient de bonnes relations avec le PCF et ses agents en Côte d'Ivoire), sont arrêtés, sous prétexte d'échauffourée à la sortie d'une réunion politique dans un cinéma de Treichville. Huit d'entre eux sont jugés à Grand-Bassam à l'issue d'un retentissant procès et condamnés à la prison... Image d'Épinal ivoirienne : pour tenter d'arracher aux Français la libération de leurs militants frères ou époux, les femmes du parti, Marie Koré en tête, se regroupent à Abidjan pour une marche de trente kilomètres sur la prison de Bassam, qu'elles atteignent presque quand elles sont refoulées par les forces de l'ordre (24 décembre 1949). À partir d'octobre, la répression se généralise : la troupe tire à Dimbokro, à Bouaflé, à Séguéla, à Odienné, ratisse et brûle les villages[6]. Houphouët, protégé par son immunité parlementaire, sème ses poursuivants et refuse, le 26 janvier 1950 à Yamoussoukro,

---

5. Supprimée en 1932, la Haute-Volta sera reconstituée au début de 1947.
6. Un jeune routard, Vogel, qui se trouve à passer par là, s'efforce innocemment de filmer ce qu'il voit : son film, rescapé comme son auteur de mille ennuis, s'appelle *Afrique 50*.

d'obtempérer au petit magistrat qui lui court après avec un mandat d'arrêt. Il est devenu intouchable et la guerre a peut-être été évitée de justesse ce jour-là.

Cependant – et cette décision capitale demeure controversée jusqu'à maintenant dans certains milieux – il accepte de désapparenter le PDCI du Parti communiste afin de limiter la casse et de convaincre ses tourmenteurs de la loyauté de son combat dans le cadre des institutions républicaines. Les prisonniers de Bassam sont relâchés en 1952 et Bernard Dadié écrira plus tard ce qu'ils ont vécu. Devenu compagnon de route de l'UDSR, le PDCI s'y fait de solides amis (François Mitterrand par exemple) ainsi que dans les partis centristes.

Le RDA triomphe un peu partout aux législatives de 1956. La France a cessé – semble-t-il – d'avoir peur de la décolonisation. L'Afrique, pour lui demander sa liberté dans l'amitié, fait entendre sa voix, à la fois au Palais-Bourbon de Paris, au Grand Conseil de l'AOF à Dakar et à l'Assemblée territoriale d'Abidjan. Houphouët, toujours député, devient ministre sans interruption de février 1956 à mai 1959, sous six gouvernements et deux Républiques. Aucun des futurs dirigeants africains, même le Sénégalais Senghor, ne pourra se prévaloir d'une expérience politique française aussi complète et aussi longue. La loi-cadre de 1956 apporte l'autonomie à la Côte d'Ivoire, en même temps qu'à quatorze autres territoires africains et malgache. Le gouverneur d'Abidjan a Auguste Denise comme vice-président du Conseil de gouvernement, embryon d'équipe ministérielle mis en place en avril 1957. De Gaulle passe par Abidjan à la veille du référendum de septembre 1958 et la Côte d'Ivoire vote oui pour la Communauté à 99 %.

Néanmoins, c'est le temps du chacun pour soi : combattant avec vigueur les thèses fédéralistes de Léopold Sedar-Senghor pour ne plus avoir à partager ses richesses avec ses partenaires de l'AOF, Houphouët provoque de façon décisive l'éclatement de cet ensemble fédéral dont il est permis encore de regretter la disparition. La République (autonome) est proclamée à Abidjan le 4 décembre 1958. Elle se donne une première Constitution en mars 1959 et un Premier ministre, Houphouët lui-même, le 30 avril. Dans son fameux discours d'Adzopé, au cours d'une tournée triomphale dans la « boucle du cacao » en mai, celui-ci confirme les options libérales de sa politique, offre une « compétition loyale » aux États qui en ont pris d'autres (notamment le Ghana de Nkrumah) et proclame qu'il n'a pour but que « le bonheur de l'homme » :

> « Je n'ai cessé de le répéter à nos amis français : dans mes rapports avec la France (...). Je veux respecter les intérêts en présence et la dignité de chacun de nous. Si je n'ai pas une âme d'esclave, je n'ai pas non plus une âme d'aventurier, une âme de maître-chanteur. C'est en frère, en frère cadet mais qui sait que demain il apportera sa contribution décisive dans le développement du patrimoine commun, que je m'adresse aux Français en leur rappelant l'adage agni : "Nourris ton enfant jusqu'à ce qu'il ait poussé ses dents, afin qu'il te nourrisse quand tu auras perdu les tiennes." »

Égoïste mais très clairvoyante, la Côte d'Ivoire obtient l'adhésion à une souple « Entente » de trois de ses voisins francophones, la Haute-Volta, le Niger et le Dahomey, dont Houphouët, doyen d'âge et doyen politique incontesté, devient officieusement le chef de file. Le 25 mai 1959, le nouveau Conseil de l'Entente, aux accents de *La Marseillaise*, décide à Abidjan la création d'un Fonds de solidarité et d'une Union douanière. On cherche un adjectif neuf pour la nouvelle République et sa nationalité : on essaie « éburnéen » qui ne plaît guère et l'on garde « ivoirien ». Le nouveau drapeau, tricolore orange-blanc-vert, fait son apparition pour le premier anniversaire de la République. Enfin, un peu déçus de constater qu'ils ne sont pas mieux traités par la France que d'autres moins fidèles et plus exigeants, les quatre de l'Entente demandent le 3 juin 1960 au général de Gaulle l'indépendance sans accord préalable. Principe acquis, signature en juillet des accords de transfert.

Le 7 août 1960, à la fin d'une tournée d'allégresse qui a semé tous les deux jours les indépendances en chaîne à Cotonou (le 1er août), à Niamey (le 3) et à Ouagadougou (le 5), la Côte d'Ivoire fête de 101 coups de canon son accession à la souveraineté internationale... Houphouët, radieux, promet solennellement que « l'Afrique sera la terre de la réconciliation des peuples ». En décembre suivant, il sera élu président de la République à la quasi-unanimité. Point d'orgue. Sous la bannière du PDCI-RDA triomphant, le temps de la responsabilité et du développement commence. Depuis Dimbokro, Séguéla et Odienné il y a plus de dix ans, pas une goutte de sang n'a été versée. Et quand ils considéreront le bilan des métamorphoses subies en moins d'un siècle, Ivoiriens et Français, somme toute, pourront légitimement se dire fiers du chemin parcouru :

> « Ainsi donc avec le XXe siècle était né officiellement notre pays (...) une forêt impénétrable (...) un littoral sans rade et dont tout accès est rendu impossible par une houle incessante (...) ce pays ingrat, Cendrillon de la colonisation (...) les rares alphabétisés se compta[ie]nt sur les doigts de la main (...). L'on verra se mettre en place une véritable nouvelle administration (...). Le territoire était tout entier sous l'emprise de toutes les grandes endémies tropicales (...) ni hôpital ni dispensaire. Mais très vite, les médecins militaires vont mettre sur pied un réseau de dispensaires, d'ambulances et d'unités de soins, des programmes de vaccination (...) et des campagnes de dépistage systématique (...). Travail intense de fourmis (...). Le pays avait jusque-là vécu de cueillette, de chasse et de pêche pour l'essentiel (...) la colonisation fait adopter la culture du café et du cacao (...) le pays les adoptera au point de faire de ces produits les instruments de son émancipation (...). [Il] avait trouvé là une des clefs de la richesse (...).
> Telle était la Côte d'Ivoire ! Un pays sans atout particulier, au climat rude et malsain mais avec des hommes pleins de ressources. Contre toute attente, c'est ce pays qui sonnera la charge contre le formidable édifice de la colonisation française en Afrique noire (...). Le chemin tortueux n'a jamais déformé le bassin[7]... »

---

7. Discours du président Émile Brou le 6 octobre 1999 pour l'ouverture de la deuxième session ordinaire de l'Assemblée nationale. J'y étais.

2

Le « Vieux » en son Conseil

F. Houphouët-Boigny et la Côte d'Ivoire

Août 1960. Le goût de la liberté, la joie de tout un peuple... Non ! pas tout à fait. Car c'est alors que le mini-royaume du Sanwi – qui les avait soigneusement tenus à l'abri – ressort les traités de 1843-1844. Indépendante la Côte d'Ivoire ? Peut-être, mais pas nous ! La France a traité avec notre ancêtre il y a plus d'un siècle, nous avons toujours eu avec elle des relations particulières, bien avant le reste d'un pays qui d'ailleurs n'existait même pas. Nous aurons notre indépendance privée ! On croit d'abord à une galéjade tropicale mais le petit roi s'entête. Nkrumah, qui veut exporter sa révolution chez tous ses voisins, s'empresse de prendre fait et cause pour son lointain cousin.

Il faut sévir et briser net la sécession avant que l'affaire n'atteigne – qui sait ? – La Haye ou les Nations unies. Abidjan fait arrêter tous les dirigeants sanwi et gardera, même après la chute de Nkrumah en 1966, un œil attentif sur cette région cabocharde, fière encore aujourd'hui de son exploit.

À ce détail près, la Côte d'Ivoire, à partir de 1960, s'incarne plus que jamais en son président Houphouët-Boigny. Il faut bien qu'on parle un peu de lui, car cette vérité fondamentale s'est imposée à tous ceux qui sont passés ou qui ont vécu en Côte d'Ivoire au cours des trois décennies suivantes, même s'ils s'en moquaient, même s'ils n'ont pas eu l'occasion d'approcher cet homme aujourd'hui controversé mais exceptionnel qui fit si longtemps honneur, avec quelques autres, à l'Afrique contemporaine.

Médecin, planteur, président

Né le 18 octobre 1905 à Yamoussoukro – nous dit sa biographie officielle – le petit Dia Houphouët, baptisé Félix quand il devint chrétien à l'âge de dix ans, prit plus tard pour patronyme Boigny, le Bélier, un nom symbolique traditionnel repris de son vivant par toutes sortes d'initiatives ou institutions nationales, comme l'express Abidjan-Ouagadougou ou le premier gisement de pétrole découvert au large de Bassam.

Écolier en plusieurs étapes, étudiant à l'École normale fédérale William-Ponty (installée alors sur l'île de Gorée au large de Dakar), il en sort en 1925 « médecin africain » formé en trois ans. Il exerce pendant quinze ans dans divers postes de l'intérieur, à Guiglo, Abengourou, Dimbokro et Toumodi, tandis que s'affirme sa personnalité rectiligne et contestataire ou – comme on disait alors – « sénégalaise ». En 1940, en même temps que de la chefferie du canton des Akoué autour de Yamoussoukro, il hérite des vastes plantations de son oncle maternel en vertu du droit successoral baoulé.

Vingt ans de responsabilités politiques locales, fédérales à Dakar et nationales à Paris, avaient fait de lui en 1960 un leader incontesté, jeune encore, qui connaissait parfaitement tous les détours du sérail républicain des IVe et Ve Républiques, ami de de Gaulle et de Mitterrand, mais aussi sage africain respecté, forcément un peu rival de Senghor le Sénégalais. Houphouët, qui avait fait serment de ne jamais verser le sang et surtout pas le sang humain à la suite d'un accident de chasse qui l'aurait autrefois choqué, cumulait toutes les responsabilités nationales depuis de longues années. Il fut révéré désormais comme « le père de la nation ». Chef d'un modeste canton baoulé de 50 000 âmes, il était devenu pour tous, et sans nuance péjorative (au contraire !), « le Vieux », chef d'une nation de 5 millions d'habitants et chef de file de surcroît des États de l'Entente, sans changer pour autant de personnalité, avec la même aisance, gratifié des mêmes marques de respect coutumières qui s'étaient simplement dilatées à la dimension d'un pays tout entier.

En effet, du village à la chefferie de canton et de celle-ci à l'État, il n'y avait en Côte d'Ivoire qu'une différence de magnitude. Sous les formes et les nomenclatures d'un droit et d'une administration de type français fonctionnait un système de pouvoir essentiellement africain, une démocratie originale plutôt musclée, au moins jusqu'en 1980, et qui, une fois la libre palabre close et l'accord obtenu, ne tolérait guère les contestataires à retardement, un système qui, même s'il n'est plus vraiment le même depuis 1993, mérite certainement d'être encore évoqué.

Tous les cinq ans, à la veille de l'élection présidentielle, le congrès du Parti – « parti unique, parti de masse » mais sans existence constitutionnelle – raffermissait l'énergie des militants et prenait acte de leur soutien renouvelé. En cas de crise, les décisions étaient plus brutales. Officiellement, pas de prisonniers politiques en Côte d'Ivoire, pas d'exilés (à deux ou trois près). Mais il y eut l'affaire tragi-comique du Sanwi et quelques secousses plus sérieuses, des « faux complots » machiavéliques sur lesquels on est maintenant plus bavard, des pseudo-rébellions, des condamnés pardonnés, libérés, réintégrés, quelques disparitions mystérieuses aussi. Et déjà, de son vivant, quelques livres très critiques, impitoyables même, signés Jacques Baulin ou Marcel Amondji, dressant sans complaisance aucune un bilan accablant du « pseudo-développement » ivoirien et du mode de pouvoir houphouëtiste. Il y en aura d'autres (comme celui d'Amadou Koné en 2003).

Le régime eut aussi – et cela n'a pas changé – du tintouin avec les étudiants ; choyés par la nation, boursiers (presque trop) privilégiés, ceux-ci se sont risqués plusieurs fois à « faire les zouaves ». Mal leur en prenait : quelques heures plus tard, en treillis, casque lourd, paquetage et brodequins de marche au camp militaire d'Akuédo sur la route de Bingerville, on leur donnait tout loisir de parfaire leur vocation. La répression était d'ailleurs toute prête à pardonner, et peu dissuasive en définitive, puisque l'Université est rarement demeurée tout à fait calme une année entière. Le chef de l'État, aîné bienveillant et grand-père fouettard, savait punir puis recajoler une « élite étudiante élevée dans la facilité » (A. Touré, 1990). Il savait montrer la même « bienveillante » fermeté vis-à-vis des enseignants grévistes quand ils s'insurgeaient contre l'interdiction d'une conférence ou la suppression indirecte de leur droit au logement. Même dureté aussi à l'encontre de certains « barons » du régime trop longtemps maintenus à des postes de profit, alors que certains d'entre eux avaient eu le culot et l'arrogance de fêter ouvertement avec le Tout-Abidjan noir et blanc leur cinquième ou leur dixième milliard ! « Esprit du 20 juillet » et rigueur : le 20 juillet 1977, d'une seule signature, Houphouët débarqua neuf de ses ministres, des chevronnés et des anciens, dont un certain Henri Konan Bédié, dont on reparlera. Assez profité ! leur dit-il en substance, place à une seconde génération. Quelques-uns allaient revenir plus tard, pas forcément assagis. À chaque fois, le patriarche, après les avoir morigénés, savait pardonner aux trublions et aux turbulents, présidait aux réconciliations et réadmettait au sein de la communauté nationale et familiale les frères, les fils et les cadets un instant égarés. Dans la plus pure tradition africaine et en toutes circonstances, le Vieux se conduisait en chef et en grand-père.

Complémentaires mais aussi un peu rivales, la classe très vieillissante des planteurs et pères fondateurs du SAA, d'une part, et, de l'autre, celle, âpre au gain, des bourgeois trop rapidement parvenus au pouvoir dans l'administration et dans les affaires, ont imprimé très tôt leur double marque au régime : consommation, luxe et costumes trois pièces dans des bureaux confortables et climatisés ; du côté d'Houphouët et des planteurs régnaient plutôt une méfiance roublarde et la perspicacité pratique de ceux qui ont appris à ne jamais dire qu'il pleut avant d'avoir reçu les premières gouttes. Pragmatique en politique internationale, la Côte d'Ivoire adhéra dès leur création aux grands regroupements de l'Afrique modérée, politiques (UAM, OUA, OCAM) ou économiques (CEAO, UMOA, CEDEAO, puis plus récemment OHADA). Mais le Vieux n'hésitait jamais, même s'il était seul, à dire ce qui lui plaisait ou déplaisait et à en tirer les conséquences. À la fin de mai 1969, après dix-huit mois de mise en observation, l'ambassadeur soviétique fut prié de faire ses valises, et les relations ne furent renouées qu'au début de 1986. Toute sa vie, le Vieux demeurera aussi très soupçonneux vis-à-vis des anglophones et avant tout de la Nigeria[1] dont il redoutait les agissements de super-puissance.

Abidjan fut aussi avec Monrovia la dernière capitale à rompre avec Israël sous la pression de l'Afrique tout entière dans les années 1970, mais les Israéliens demeurèrent discrètement dans le pays, participant notamment à la construction de la cathédrale d'Abidjan.

Après vingt ans d'un régime paternaliste, relativement musclé – on l'a vu – et fortement guetté par la sclérose, le grand renouveau démocratique qui occupa toute l'année 1980 secoua un peu les dirigeants endormis sur leurs privilèges. Cette année-là, en l'espace de cinq mois, la Côte d'Ivoire renouvela à 80 % son Assemblée nationale, installa 37 municipalités nouvelles (dont 10 formèrent désormais le Grand Abidjan) et réélut son président pour un cinquième mandat. Au VIIe congrès du Parti, fin septembre, le Vieux, obsédé comme toujours par l'unité nationale à protéger et à parfaire, dit une fois encore leur fait à tous les égoïstes, défaillants et profiteurs du système : « Le cafard ne pénètre dans la maison que lorsque le mur est fendu. » Et l'on eut l'impression que le régime en sortait considérablement rafraîchi et revigoré juste à la veille d'affronter une crise économique sévère bien difficile à admettre pour des Ivoiriens engourdis jusque-là dans une relative aisance.

Le Vieux en son Conseil

Le pouvoir houphouëtiste avait-il trouvé là son style définitif ? Le rite des Conseils nationaux, inauguré cette même année 1980, illustrait parfaitement l'ambiance d'un État qui – on l'a dit – gérait une nation comme on gère un village. Tous étaient convoqués, le ban et l'arrière-ban des forces vives, le Bureau politique, le Comité directeur, les secrétaires généraux et

---

1. Le sexe de Nigeria en français ? Épais mystère et question parfaitement oiseuse pour les Anglais et les anglophones. Le féminin me semble plus logique.

inspecteurs du parti de tout le pays, les quatre sections spécialisées regroupant alors les femmes, les étudiants, les syndicalistes et les parents d'élèves, tous les corps constitués, les ordres des professions libérales, toutes les élites administratives, professionnelles, économiques, militaires et civiles. La rigidité de la procédure n'excluait nullement la décontraction et l'humour du chef qui savait écouter ses notables pendant un, deux, trois jours parfois, avant de se retirer, pour délibérer seul, sous les ovations d'un public frénétique. Après quoi, la nation entière attendait le lendemain ou le surlendemain pour connaître les décisions, sans attendus ni considérants, prises par le Vieux au terme de son Conseil.

Qu'il se soit agi d'une démocratie plutôt rigide et paternaliste à nos yeux, certes, mais en Afrique, bien souvent encore, seuls les aînés ont le droit de parler, de faire parler puis de décider, et si tous les régimes avaient été depuis quarante ans aussi « dirigistes » que celui de Côte d'Ivoire, le continent serait merveilleusement démocratique. Il fallait voir aussi les bains de foule du Vieux à l'occasion des grands-messes sportives ou religieuses dont le stade d'Abidjan était parfois le cadre, ou bien chez lui, radieux, recevant à sa table les lauréats paysans de la Coupe nationale du Progrès pour leur dire : « Vous avez été à la peine, il faut que vous soyez à l'honneur. »

D'honneurs, Houphouët en était couvert depuis longtemps. Après la disparition de Haïlé Sélassié, d'Ahidjo, de Sékou Touré et de Bourguiba, il était désormais le doyen des chefs d'État africains, enterrant l'un après l'autre ses vieux compagnons de lutte, ayant éliminé aussi sans pitié quelques « barons » trop impatients de prendre la relève, à commencer par Philippe Yacé donné par tous pourtant comme l'indiscutable dauphin. Mais un chef baoulé ne souffre pas qu'on spécule sur sa succession. Défense fut faite aux militants d'en parler, à la fin de 1983 : « La succession d'un chef ne s'improvise pas. Dans la tradition africaine, il est indécent de l'évoquer tant qu'il est encore vivant. » Bien entendu, nul ni rien ne pouvait empêcher les clans ni les individus de s'interroger quand même sur l'avenir et de fourbir leurs armes en coulisse pour le jour où... Mais cette irritante, insupportable incertitude allait peser pendant dix ans sur la classe politique ivoirienne.

Le VIIIe congrès du PDCI, en octobre 1985, fut certainement le point d'orgue du régime en même temps qu'un second sommet de gloire personnelle pour Houphouët après les heures triomphales de l'indépendance. On s'attendait quand même à des révélations sur sa succession... À tort ! Il n'y en eut pas mais ce fut néanmoins le Congrès « de la continuité et de la vérité ». Dès l'ouverture, le ton fut donné : « Président ! vous n'avez pas le droit de nous quitter ! » s'écria un délégué. « *Akwabaa* et merci, vous êtes là, nous sommes contents et rassurés » affirma ensuite son vieux compagnon des « années de braise » du PDCI-RDA, Mathieu Ekra, « comme hier dans les épreuves et comme aujourd'hui dans l'effort soutenu, vous saurez (...) nous guider tous encore demain... ». Le Bureau politique, le Comité directeur et le Comité exécutif furent renforcés et un peu plus ouverts aux femmes.

Quant à la conférence de presse du 14 octobre, quel événement extraordinaire ! Pendant cinq heures trente d'horloge, le Vieux, sans quitter son fauteuil ni même boire un verre d'eau, tint en haleine deux cents journalistes nationaux et étrangers, un ou deux milliers de militants subjugués (le Palais des congrès de l'Hôtel Ivoire était plein à craquer) et la foule anonyme des Ivoiriens et de leurs « étrangers » rivés au petit écran. « Houphouët veut parler ! » Sa forme est éblouissante pour un homme de 80 ans. Il a parlé du débat inutile sur sa succession, des trois fois où le peuple ne l'a pas suivi (à propos de la double nationalité, des députés suppléants et d'un vice-président), de la nécessité du parti unique, des Libanais fraudeurs et du nom de « Côte d'Ivoire » désormais intouchable, avec en prime deux ou trois proverbes baoulé bien frappés. La conférence s'acheva en triomphe, que les présidentielles du 27 octobre confirmèrent. En revanche, aux législatives du 10 novembre, nombreux furent les députés PDCI qui mordirent la poussière. Confiant en sa force, l'État avait considérablement élargi le jeu, créant 15 préfectures (19 par la suite) et 97 municipalités nouvelles. Un point d'orgue vraiment... En dépit de la « conjoncture » qui commençait à peser lourd sur l'économie depuis trois ou quatre ans (on y reviendra), on nageait de nouveau dans l'euphorie. Le 14 octobre avait fait choc et le Vieux venait de déclarer : « Ma légitimité est intransmissible. » Le Parti et la nation avaient refusé la création d'un poste de vice-président. La Constitution promettait la succession à celui qui serait, au bon moment, président de l'Assemblée nationale, pris dans le tiercé ou le quarté des dauphins probables qu'on appelait aussi les « mousquetaires » : Henri Konan Bédié, Laurent Dona-Fologo, Philippe Yacé qui remonte en force ? Pas Emmanuel Dioulo en tout cas : premier « maire central » d'Abidjan et bien placé lui aussi, il venait de s'enfuir à l'étranger, compromis dans une affaire Cogexim-BNDA, avant de revenir, blanchi, dans le même avion que son président, en mai 1986.

Où étaient donc, en cette fin de 1985, ceux qui, vingt-cinq ans plus tôt, vouaient la Côte d'Ivoire à l'échec ? Mais celle-ci, privée inéluctablement un jour ou l'autre de son rempart, de l'homme qu'elle plébiscitait tous les cinq ans, ne risquait-elle pas d'affronter la tempête ?

Depuis 1983, quelques ministres zélés donnaient volontiers dans le culte de la personnalité et le civisme musclé. Le Vieux semblait laisser faire. Après tout, le chef n'est jamais insensible aux hommages. Pensif sur le monde, il l'estimait dominé par « quatre vilains sentiments : la peur, l'hypocrisie, la jalousie et l'égoïsme ». Ajoutons-y sans crainte l'hégémonisme des Américains et des Africains anglophones qu'il redoutait énormément. Narquois et sage, humble devant Dieu quand il en parlait, il aimait montrer à ses visiteurs de passage en son palais de Yamoussoukro les quarante superbes tombeaux familiaux qui l'attendaient lui et les siens, et répétait de sa voix toujours plus nasillarde avec l'âge ce qu'il avait déjà dit aux Anglais en 1983 : « Houphouët ne parle jamais de ce qu'il fait. Demain, l'Histoire dira ce qu'il a fait. »

Ses dernières années allaient être plutôt tumultueuses, éprouvantes. Candidat malchanceux au prix Nobel de la paix en 1987, il continua d'affirmer son optimisme personnel et la mission suprême du PDCI qui verrouillait solidement l'avenir au IXe (et dernier) congrès d'octobre 1990, après avoir toutefois introduit le multipartisme (30 avril 1990). Rongé depuis la fin de 1986 par l'effondrement des cours du café et du cacao, affligé de la cataracte, le Vieux, toujours paternaliste avec les étudiants frondeurs, devenait irascible, désagréable avec son entourage. Il fustigeait dans ses interviews la conjoncture et le commerce international et s'irritait contre le pape qui allait bouder longtemps la basilique de Yamoussoukro, œuvre de démesure, quitte à se défiler sur d'autres sujets plus brûlants. De plus en plus fatigué, il ne lâchait pourtant rien, alors que ses longues absences pour raisons de santé le rendaient indisponible au moment des grands arbitrages ou de négociations pénibles avec la Banque mondiale et le FMI. En 1990, l'autocrate confirmé « père de la nation » et « premier paysan du pays » dut, pour la première fois, selon les nouvelles donnes démocratiques, défendre son pouvoir contre un jeune adversaire, le professeur Laurent Gbagbo, leader du Front patriotique ivoirien (FPI). Il fut, certes, réélu une fois encore par 81,67 % des voix, mais les chiffres révélaient aussi l'érosion de son prestige (38,54 % d'abstentions) et les « ça suffit ! » commençaient à dominer les clameurs de la rue. En novembre, sans trop regarder à la nationalité du personnage, il nomma Alassane Dramane Ouattara, auteur d'un ambitieux plan de relance en mille jours qui ne pourra être réalisé, au poste tout neuf de Premier ministre. On en reparlera aussi...

Officiellement serein, le Parti – qui n'était donc plus seul – sortit, encore renforcé, du Congrès extraordinaire d'avril 1991 avec 80 membres au Comité central et 400 au Bureau politique. La Côte d'Ivoire n'eut donc pas sa Conférence nationale et Laurent Dona Fologo, le secrétaire général, expliqua pourquoi : « La Conférence, chez nous, s'appelle déjà Assemblée nationale ! » Avec 175 députés sur 185, le PDCI, qui de plus monopolisait les médias, pouvait effectivement croire qu'il dormirait tranquille.

Pourtant, la rue, l'Université, les militaires et les enseignants s'agitaient de plus en plus souvent. À partir de la fin de 1990, il était difficile de nier une sérieuse fracture sociale et politique. Arrogants et exigeants à leur habitude, ces messieurs de Washington refusaient de renouveler leurs programmes. On parlait aussi d'un complot militaire étouffé de justesse. Et puis survint le carnage à la cité universitaire de Yopougon en mai 1991, dirigé par un certain général Robert Gueï. Les tensions politiques s'aggravèrent encore au premier semestre 1992. Le pouvoir frappa fort, emprisonna, amnistia, libéra. Et tout recommença l'année suivante, en mai, en août, en novembre, tandis que le programme de privatisations avançait cahin-caha et que les députés se déchaînaient contre le Premier ministre Ouattara, traité d'« étranger », et son plan raté.

Le Vieux, tour à tour obstiné et tolérant, mais de moins en moins vaillant, fut soumis à un traitement médical renforcé en mars 1993, puis hospitalisé de nouveau à Paris en octobre. La Côte d'Ivoire retint son souffle, s'attendant à l'inéluctable, quand il en revint. La nouvelle – un peu différée peut-être – tomba le 7 décembre. Félix Houphouët-Boigny venait de s'éteindre au terme de 35 ans d'un pouvoir sans véritable partage, auquel il se sera cramponné jusqu'au bout et dont on peut estimer, tous comptes faits, que les réussites et les gloires ont finalement surpassé de beaucoup les turpitudes.

À personnage majeur, obsèques grandioses. Au terme d'un mois entier de deuil national et d'une solennelle messe de requiem concélébrée dans sa basilique Notre-Dame-de-la-Paix en présence de 24 chefs d'État et de 7 000 personnalités de tous les continents (deux présidents et sept Premiers ministres français avaient fait le déplacement), il fut inhumé le 7 janvier 1994 à Yamoussoukro dans la stricte intimité familiale qui seule sied aux chefs baoulé.

3

Le dauphin au pouvoir
Henri Konan Bédié et l'« ivoirité »

La « machine Bédié »

Qui donc avait peur, la veille encore, du chaos et du plongeon dans le tourbillon d'une succession non réglée ? Surprise ! Celle-ci est ficelée en deux temps et trois mouvements, avec le minimum de remous. Henri Konan Bédié, président de l'Assemblée nationale, a pour lui la Constitution... et la France. Le Premier ministre Ouattara, en position de force à l'instant où le président rendait l'âme, semble avoir cherché à en profiter au cours des premières heures, mais l'affaire est rondement menée : le 9 il n'est plus rien, le président de l'Assemblée (qui le combat déjà depuis plusieurs années) l'évince et, le 11, choisit l'économiste Daniel Kablan Duncan pour lui succéder. Puisqu'on aime bien jouer avec les initiales, après FHB, voici venu le temps de HKB qui se hâte de promettre l'ouverture... sans pour autant négliger de verrouiller, à tout hasard, son pouvoir tout neuf contre ceux qui, d'entrée de jeu, le lui contestent, parfois même au nom de l'orthodoxie houphouëtiste : Laurent Gbagbo et les gens du FPI déjà étrillés par le président défunt, et les nouveaux venus du Rassemblement des Républicains (RDR), fondé en juin 1994 par tous les anciens du PDCI partisans du Premier ministre évincé, mènent désormais l'opposition qui comprend aussi une foule de petits partis (on en comptera 82 à la fin de 1994 !).

Bédié, élu à l'unanimité deuxième président du PDCI le 30 avril 1994, se retranche, promulgue un nouveau Code électoral en novembre et laisse venir.

L'homme était probablement plus fort et plus roublard qu'on ne le pensait. À 59 ans, juriste et diplomate précoce, ancien ministre, il ne pouvait évidemment reporter sur lui la gloire et le prestige de son prédécesseur, bien qu'il en ait tout de suite affiché la prétention. Mais il donnait l'impression d'en avoir assez appris dans le sérail du Parti, puis à Washington et à New York, pour pouvoir louvoyer parmi les rapides abidjanais autrement plus redoutables que ceux de la Comoé ou de la Sassandra. « Pragmatiste avisé » disaient les uns, « apparatchik habile » estimaient les autres. Le bilan de ses cent premiers jours n'était pas mauvais, certes, mais les temps étaient durs, et ses contempteurs déterminés. La rue ne désarmait pas, les forces de l'ordre cognaient, les juges condamnaient. La Banque mondiale et le FMI, qui avaient pourtant eu Bédié parmi eux, ne désarmaient pas davantage, continuant d'exiger des réformes fracassantes et des amputations douloureuses en plus du mauvais coup asséné par la dévaluation de janvier 1994[1].

Aux triples élections de fin 1995, le pouvoir Bédié se fortifia encore, sans convaincre, bien au contraire, quels que fussent les succès personnels qu'il se taillait à l'étranger et en dépit d'une marche de soutien monstre, le 27 mai 1995, la « marche du siècle » qui – dit-on – aurait mobilisé 300 000 personnes ! Le nouveau Code électoral déchaîna la fureur de l'opposition, le sang coula de nouveau à l'approche des présidentielles du 22 octobre. Bédié, qui avait terminé, conformément à la Constitution, le mandat de cinq ans entamé par Houphouët, fut cette fois élu à part entière. Puis 650 candidats et 30 partis combattirent en ordre dispersé aux législatives de novembre pour 175 sièges, et 149 députés (dont 12 femmes) du PDCI, grand gagnant, s'installèrent à l'Assemblée. La « machine Bédié » tournait bien, le PDCI prit ou conserva 164 municipalités sur 196 en février 1996, fêta ses 50 ans en avril, et, en

---

1. Dont on dit d'ailleurs que les auteurs, en tout cas les Français, n'auraient pas osé l'infliger à Houphouët de son vivant.

octobre, le Xe congrès, qui se voulait riche en ouvertures, fut placé sous le signe de la « refondation ».

Pourtant, le climat politique demeurait exécrable et l'économie même recommença à se dégrader après une période 1994-1997 assez triomphante. Amnesty International dénonça les répressions, tandis qu'on commençait à évoquer, dans ce pays jusqu'alors apparemment si opulent, la pauvreté, le déficit vivrier et la disette (juin 1998). Au même moment, une révision partielle de la Constitution accrut encore les pouvoirs présidentiels. Une fois de plus, Abidjan se mobilisa, le 7 septembre contre « la mauvaise gouvernance, la corruption et la démocratie assassinée » et encore le 14, chauffeurs de taxi en tête. L'intégration au gouvernement de deux membres de l'opposition ne calma personne. La secousse d'avril-mai 1999 à l'Université fut encore plus violente que les précédentes et le droit de vote restait bloqué à 21 ans. Les scandales, financiers ou moraux, se succédèrent : 18 milliards de francs CFA (on dit même 21) de l'Union européenne avaient disparu entre le Trésor et le ministère de la Santé. « Radio-Trottoir » n'hésitait plus à mettre directement en cause le président lui-même et ses deux fils qui – disait-on – profitaient allègrement de leur position privilégiée, alors que le gouvernement avait déclenché en 1996 une croisade pour la rigueur, l'honnêteté, le civisme et les « mains propres » dans la fonction publique[2].

Le 6 octobre 1999 à l'Assemblée, les députés du PDCI, debout, huèrent copieusement pendant cinq minutes leur collègue et transfuge, Gon Coulibaly, premier lieutenant de Ouattara, qui, au nom du RDR, avait osé traiter quelques jours plus tôt les tenants du pouvoir de voyous et de profiteurs. À Boundiali, le 10, une marche de soutien du PDCI, interdite par le maire mais autorisée par le préfet et contrée par l'opposition, fit 31 blessés. Non-candidat et technocrate efficace, le Premier ministre Duncan, alias DKD, demeurait « inoxydable »...

---

2. Manchette d'un journal, début octobre 1999 :
« Henri Konan Bédié = président de la République
Henriette Bédié = vrai ministre de la Santé [par ses bonnes œuvres]
Patrick Bédié = riz
Jean-Luc Bédié = SIR [Société de raffinage]
C'est quel pays ça ? »

En quête d'« ivoirité »

Dans ce climat déjà délétère et, de plus, fragile du point de vue économique, le gouvernement, poussé par d'obscures inquiétudes et quelques mauvais démons, s'obstinait en outre à poursuivre la campagne, incertaine et dangereuse, qu'il avait engagée dès 1994 au nom de l'« ivoirité », un néologisme d'abord innocent et passé inaperçu, introduit, avec des dizaines d'autres en 1974 par le « grioticien-griologue » Niangoran Porquet. On allait connaître ensuite les principaux auteurs ou chantres de ce concept qui, de simplement ambigu, allait très vite devenir explosif, générateur de haine et d'exclusion : l'historien Jean-Marie Adiaffi, directeur de cabinet du président, et l'équipe du « Curdiphe » (Cellule universitaire de recherche et de diffusion des idées du président Bédié), Paul Pépé, président du petit Parti national ivoirien, le professeur Pierre Kipré, adversaire du multipartisme (dès le 25 avril 1990 à la télévision), Faustin Kouamé un temps ministre de la Justice, ou encore J. Kabran-Brou et Niangoran Bouah, qui, progressivement, s'étaient mis à classer leurs concitoyens en « Ivoiriens de fibres multiséculaires » et « Ivoiriens de circonstance ». Dans le pays le plus ouvert à l'immigration de tout le continent africain, qui avait accueilli depuis presque soixante ans pour les besoins de ses plantations plusieurs millions de ses voisins au point de compter déjà dans sa population 35 % d'étrangers, qui avait admis dans sa fonction publique et jusqu'à des postes ministériels des fils ou des filles de Sénégalais, de Voltaïques, de Maliens, de Guinéens et de Français sans vraiment chercher à savoir leur appartenance véritable, on imagine l'effet désastreux d'une pareille classification. Il est vrai qu'à ne pas y regarder de trop près et en l'absence d'un état civil ancien et fiable dans la majeure partie du pays, l'embrouillamini à terme était devenu prévisible. Non seulement le président Houphouët n'en avait cure, mais il avait toujours délibérément favorisé cet état de choses en faisant accorder dès 1959 le droit de vote aux étrangers d'origine africaine sous certaines conditions et en proposant au Parti de leur attribuer la double nationalité, proposition qui lui avait toutefois été refusée[3]. Du coup, certains n'hésitent pas aujourd'hui à lui reprocher d'avoir ainsi confectionné – délibérément, machiavéliquement peut-être (on se demande bien pourquoi !) – une formidable bombe à retardement.

Il y a quatre ou cinq ans, on n'imaginait guère encore toutes les conséquences de ce concept d'ivoirité, aussi risqué que malsain. Frappé – disait alors l'opposition – de « délire nationaliste » ou de « national-tribalisme », le pouvoir de l'époque avait d'abord introduit dans le nouveau Code électoral de novembre 1994 une disposition retirant le droit de vote aux résidents africains non ivoiriens et exigeant que les candidats à l'élection présidentielle fussent « ivoiriens de naissance, nés de père et de mère eux-mêmes ivoiriens de naissance ». Aucun juriste n'aurait-il fait remarquer à l'Assemblée que la nationalité ivoirienne, liée évidemment à l'indépendance, ne remontait pas à plus de 34 ans ? Il ne faut pas pour autant oublier que l'opposition (en tout cas, l'actuel président Laurent Gbagbo et son parti FPI) avait approuvé cette mesure afin d'éliminer ce qu'elle appelait le « bétail électoral », notamment burkinabé, utilisé depuis 1959 et pendant tout le règne d'Houphouët au profit de son parti.

Quoi qu'il en soit, c'est sur cette base discriminatoire que la première victime, Djény Kobina, député iconoclaste du PDCI devenu secrétaire général du RDR, fut déclaré ghanéen et éliminé de la course avant les présidentielles d'octobre 1995. Coup dur, à n'en pas douter, pour le RDR qui allait encore durcir sa position. Lorsque Alassane Dramane Ouattara, alias ADO, ex-Premier ministre d'Houphouët, quitta le FMI et rentra, comme promis, au pays le 30 juillet 1999 pour être porté deux jours plus tard à la tête de son parti et proclamé candidat officiel à la présidence pour 2000, l'épreuve de force devint inévitable. Elle oscilla désormais pendant six mois entre le tragique et le grotesque, alimentant un feuilleton quasi quotidien à la fois réjouissant et vulgaire qui, pourtant, ne faisait guère honneur à ses protagonistes.

---

3. Inébranlablement fidèle dans ses amitiés et insensible aux qu'en-dira-t-on, il a également gardé comme directeur de son cabinet, jusqu'à sa mort, Guy Nairay, gouverneur de la France d'outre-mer et citoyen français, repris d'ailleurs par H.K. Bédié comme conseiller spécial jusqu'à son décès le 4 août 1999.

Ouattara avait déjà été écarté de la compétition présidentielle en 1995 par le Code électoral dont il avait alors respecté les dispositions. Bédié réaffirma qu'il était burkinabé. Manifestement frileux et inquiet de l'influence de son rival, il semblait déterminé en conséquence à le mettre hors course avant qu'il ne soit trop tard. Sommé cette fois de prouver sa nationalité ivoirienne ou d'abandonner ses prétentions politiques à la tête du RDR, Ouattara déposa début octobre au ministère de l'Intérieur le certificat qu'on lui réclamait. Ironie du sort, le juge de Dimbokro qui le signa s'appelait Zoro (bi Ballo)[4]. La rue commença par s'en amuser mais la plaisanterie ne dura guère. Le surlendemain, le ministre de la Justice – qui n'en était pourtant pas le destinataire – fit publier le document entaché, selon lui, de cinq irrégularités et déclencha une procédure en annulation. Vive contre-attaque du RDR, le 9 octobre, qui publia la photocopie de la vraie pièce déposée et en tira la conclusion qui s'imposait : « Le ministre de la Justice a fait du faux ! La supercherie du ministre dévoilée[5] ». « L'Éléphant d'Afrique a perdu la raison[6] ! »

Le procès en annulation s'engagea, le 20, à Dimbokro – un autre Ouattara présidait le tribunal ! – mais l'audience dura à peine cinq minutes, le gouvernement ayant omis (?) de produire la pièce litigieuse ! Qu'à cela ne tienne, l'annulation fut prononcée une semaine plus tard, et le pouvoir profita de la manifestation de réprobation organisée ce jour-là par le RDR pour faire arrêter et condamner, le 12 novembre, à deux ans de prison ferme les cinq principaux lieutenants d'ADO, dont Henriette Diabaté, historienne et ancienne ministre de la Culture, ce qui souleva l'indignation, notamment des milieux universitaires nationaux et étrangers déjà choqués par les progrès de l'« ivoirité » et qui la connaissaient bien.

---

4. Depuis le lancement de son plan de redressement en 1990, ADO était déjà surnommé, lui aussi, « Zorro », l'homme qui allait tout sauver... Quant au petit juge, après avoir créé le Mouvement des droits de l'homme (MIDH), il choisira de s'exiler en France et publiera, en février 2004, *Juge en Côte d'Ivoire. Désarmer la violence*, aux éditions Karthala.

5. Journal *Notre Voie*, organe du FPI, 9-10 octobre 1999.

6. Éditorial du journal *Le Jour*, 9 octobre 1999.

Dans la foulée, un décret du 1er décembre 1999 interdit toute manifestation de rue pendant les jours ouvrables pour une durée de six mois, mais l'opposition n'entendait ni désarmer ni renoncer au « Forum des libertés » prévu dans les banlieues. D'Europe, où il s'était rendu pour raviver ses alliances et revigorer ses amis, ADO ironisait sur l'affolement du pouvoir qui lui cherchait une mauvaise querelle et voulait le chasser d'un pays dont il avait été le Premier ministre pendant quatre années, d'un pays où son frère aîné, député-maire de Kong, avait même disputé le perchoir de l'Assemblée nationale à son actuel président en août 1997 !

Mais ceux qui scrutaient son parcours professionnel et politique découvraient aussi qu'à partir de 1985 Houphouët l'avait accueilli et utilisé, lui aussi, sans se soucier de sa carrière antérieure au service de la Haute-Volta. Lui-même ne s'était manifestement jamais préoccupé d'obtenir les pièces d'identité correspondant à sa situation véritable. Une référence, peut-être malhabile de sa part, à l'islam fit monter encore la tension, mais ce n'était pas la première fois que le pouvoir donnait l'impression de chercher noise aux musulmans. Du coup, après les Burkinabé, les Touré, Fofana, Bakayokho, Coulibaly, Sidibé, Diarra, Diawara et autres nordistes musulmans porteurs de patronymes malinké autant maliens qu'ivoiriens commencèrent à manifester eux aussi leur inquiétude. En peu de temps, la Côte d'Ivoire était devenue une « poudrière identitaire » (titre du film de 90 minutes tourné à cette même époque par le sociologue belge Benoît Scheuer). Par contagion, les doléances tribalistes se réveillaient un peu partout : Bété, Dida, Gouro et Krou dénoncèrent de nouveau l'hégémonie baoulé ; Tabou et Grabo, dans l'extrême sud-est, chassèrent leurs Burkinabé en novembre ; chacun se mit à tirer sur chacun et, ces tirs croisés n'épargnant plus personne, les rumeurs les plus invraisemblables recommencèrent même à courir sur les géniteurs des deux présidents successifs ! Pour un peu, les Ébrié, se réaffirmant victimes de toutes les spoliations foncières engendrées par la création et l'hypertrophie d'Abidjan, en étaient presque à affirmer que l'ivoirité pure ne s'appliquait finalement qu'à eux seuls ! Les autorités multipliaient, parfois contre de pauvres bougres déconcertés, des poursuites pénales pour « usurpation de nationalité ivoirienne » et le gouvernement adressa aux cadres supérieurs de l'administration (ou à certains seulement ?) un questionnaire, jugé « inquiétant » par les destinataires, à qui il demandait de produire leur carte d'identité. ADO et Bédié, dont la dernière rencontre le 18 septembre 1999 avait été aussi orageuse qu'inutile, en appelaient chacun à leurs lobbies américains et français. Leur duel, passé à la une de l'actualité, incitait Laurent Gbagbo, leader du FPI, déjà habile à louvoyer depuis de longues années entre le pouvoir et la prison, et dont « l'ivoirité » n'était pas contestable, à se tenir plus que jamais sur la réserve.

Tout se durcit encore davantage lorsque la justice ivoirienne émit, le 29 novembre, un mandat d'arrêt national pour « faux document administratif, usage et complicité » contre ADO, que la prison attendait donc désormais à la descente de l'avion s'il osait revenir ! Très préoccupés par une affaire qui dépassait évidemment la seule Côte d'Ivoire, quelques proposeurs de bons offices se manifestèrent pour amener les deux adversaires au compromis : copieusement insulté par la presse gouvernementale – qui, même ici, trouvait encore le moyen de crier haro sur l'étranger ! –, le président gabonais Bongo déclara très vite forfait. Silence étrange en revanche à Ouagadougou.

Le FMI, mal à l'aise, se vit accusé de manipulation pour punir la Côte d'Ivoire des résistances qu'elle lui opposait depuis plusieurs années. Les deux Frances officielles – l'Élysée et Matignon – semblaient aussi embarrassées l'une que l'autre, mais l'on savait la « cellule africaine » de l'Élysée, dirigée par Michel Dupuch, ancien ambassadeur à Abidjan auprès d'Houphouët pendant quinze ans, inconditionnellement favorable à son successeur et systématiquement hostile à Ouattara. En tout cas, les médias français, d'une façon générale, se montraient, eux, plutôt critiques et désapprobateurs de la mauvaise piste suivie par HKB et ses partisans.

Décidément, l'Histoire avait marché vite. Bientôt, aucun des derniers compagnons d'Houphouët n'allait plus être de ce monde. Incontestablement, une époque s'achevait. Après Auguste Denise décédé en 1990 à Paris, et Charles Donwahi, président de l'Assemblée nationale disparu en 1997, Philippe Yacé, dauphin rétrogradé, s'en est allé en novembre 1998. « Ambitions ratées, funérailles réussies » diront les persifleurs, lorsque toute la classe politique sera rassemblée pour ses obsèques deux mois plus tard. Brièvement unie pour un mort, celle-ci allait-elle savoir rester soudée aussi pour la vie et l'avenir de la Côte d'Ivoire ? Interrogé encore le 7 octobre 1999[7], le Premier ministre DKD se voulait très serein et déclarait : « Il n'arrivera aucune catastrophe. Je peux vous l'assurer. » Même optimisme imperturbable à l'Élysée.

C'était bien notre souhait pour la Côte d'Ivoire et celui de tous les amis, individus ou gouvernements, qu'elle comptait dans la région et pour qui elle demeurait un phare, une référence. Allait-elle réussir à prolonger, à amplifier encore un parcours de quarante ans plutôt « miraculeux » et certainement créateur, et franchir en douceur le cap des élections d'octobre 2000 ? Ou bien fallait-il désespérer comme ceux qui en étaient déjà à évoquer les drames rwandais et yougoslave ? En tout cas, il était incontestable que les Abidjanais, et un peu moins les Ivoiriens des régions, étaient très majoritairement insatisfaits de l'évolution en cours et de la ligne politique du gouvernement pour le moins grosse de dangereuses inconnues. Le président Bédié, apparemment désinvolte, faussement jovial, parfois arrogant, semblait plus à l'aise à Paris, lors de ses très fréquents séjours, qu'à Cocody. Pourtant, autour de lui, certains ministres clairvoyants et néanmoins fidèles avaient commencé à le mettre en garde depuis plusieurs mois.

Le coup d'État de Noël

Tout va se dérouler autour de Noël, du 23 au 26 décembre 1999, en quatre journées (« glorieuses » bien sûr, puisque les références à l'histoire de France sont toujours à l'esprit), mais on peut aussi bien dire que tout sera joué en quarante-huit heures seulement.

---

7. *Marchés tropicaux*, hors-série « Côte d'Ivoire », novembre 1999.

Quand des dizaines de militaires de toutes unités se répandent en ville dans la journée du 23, tirant, brûlant et pillant allègrement au hasard de leurs rodéos motorisés, les premiers commentateurs (Radio France Internationale par exemple) trouvent que l'événement, surprise de taille, présente tous les ingrédients d'un coup d'État. Ils ne se trompent pas. Que quelques anciens du détachement ivoirien de la force des Nations unies en Centrafrique (Minurca) se mutinent pour obtenir les arriérés de solde qu'on leur doit et pour protester du même coup contre la grande pitié de l'armée ivoirienne forte de 16 500 hommes mais matériellement délabrée, moralement abandonnée, misérabilisée, n'explique pas suffisamment un déferlement d'une telle ampleur. En fait, la première partie du drame s'est déjà jouée au cours de la nuit précédente. Les mutins ont occupé la « poudrière », dépôt de munitions central du vieux camp d'Akouédo en banlieue est, d'où ils ont déjà réussi à imposer leurs conditions à leurs supérieurs et au gouvernement, au prix en outre d'une visite nocturne au général commandant l'armée de terre, qui a plutôt mal tourné. Ils ne sont pas nombreux mais savent probablement que si, au-delà de leurs revendications professionnelles, ils posent les problèmes les plus brûlants de tout un pays en crise, le peuple va très vite se ranger de leur côté. Ils occupent bientôt la Radio au Plateau et la Télévision à Cocody. Le soir, le Premier ministre, peu rompu à de tels exercices, reçoit leurs délégués mais n'a pas grand-chose à leur dire. De président, point en ce premier jour ! HKB a son programme de Noël : on l'attend à Daoukro, sa ville natale. Informé des événements de la nuit, il a maintenu son départ le matin mais l'a simplement retardé, troquant toutefois la voiture contre l'hélicoptère, par mesure de précaution. La situation s'aggrave d'heure en heure mais on dirait qu'il n'en a cure. On a du mal, après un repas bien arrosé, à le décider à revenir à Abidjan dans l'après-midi affronter enfin lui-même les forces qui le contestent, lui et son gouvernement. Il finit par y consentir mais sans grand courage et – sur sa demande ou à son insu ? – se retrouve à Cocody dans l'ancienne résidence privée d'Houphouët, vidée et en cours de transformation, qu'il n'est encore jamais venu occuper depuis six ans. Il est désormais voisin immédiat de l'ambassadeur de France. C'est entendu... s'il le faut vraiment... il recevra les représentants des mutins, mais pas ce soir, ni demain à l'aube, disons... demain matin à 11 heures.

Dans la nuit du 23 au 24, les militaires s'emparent de l'aéroport et bloquent les deux ponts Houphouët et De Gaulle. À 7 heures, Bédié, qui s'est peut-être ressaisi, entouré de quelques personnalités du pouvoir, reçoit quatre délégués des mutins, leur promet de ne pas les sanctionner et qu'il s'occupera personnellement de leurs problèmes, en attendant une nouvelle entrevue. Le sait-il ? S'en moque-t-il ? Il est trop tard et il est déjà perdu.

L'homme a-t-il été appelé par les mutins qui appréciaient depuis 1995 son courage face au pouvoir qui l'avait destitué, ou est-il au contraire accouru de sa province de Biankouma pour se mettre à leur tête, coiffer leur mouvement et calmer le jeu, ou encore saisir l'occasion magnifique d'une vengeance longuement mûrie ? Toujours est-il qu'au matin du 24, Bédié et ses ministres ont désormais en face d'eux le général Robert Gueï, 59 ans, saint-cyrien resté proche de ses camarades français, créateur de la Force d'intervention des para-commandos (Firpac), chef d'état-major nommé par Houphouët, limogé par Bédié en octobre 1995 pour avoir refusé d'engager l'armée contre les manifestants de l'opposition, maintenu quelque temps ministre, puis radié des cadres pour « complot » non confirmé. Pour l'instant, on ignore si le général a des arrière-pensées politiques pour lui-même. Il s'affirme aussitôt, fait la chasse aux pillards et aux incendiaires, et vers 11 heures, investissant avec une escorte armée les locaux de Radio Nostalgie, confirme à tous ceux qui subodoraient depuis la veille « tous les ingrédients d'un coup d'État » qu'ils ne s'étaient pas trompés : destitution du chef de l'État, dissolution de l'Assemblée, du gouvernement, du Conseil économique et social et de la Cour suprême, abrogation de la Constitution, création d'un Comité national de salut public (CNSP) de neuf membres, tous militaires, qu'il préside.

Aussitôt, Abidjan exulte, déferle dans les rues en clamant sa joie, tous les artistes sont de la fête et la danse *mapouka* regagne largement les points perdus les mois précédents. Le 5 février, au stade Houphouët-Boigny, Robert Gueï et les membres du CNSP, ovationnés par 40 000 jeunes, descendent sur la pelouse danser un « *mapouka* militaire » ! Les soldats vont défoncer les portes de l'énorme prison de Yopougon, les dirigeants du RDR condamnés en novembre sont ramenés à leurs familles, 6 500 détenus de droit commun – dont probablement les pires gangsters du pays – se ruent vers la sortie au prix d'une affreuse bousculade qui fait entre 20 et 24 morts et s'égaillent dans la nature. Un seul reste là, un fou qui s'y trouve bien. Quelques pillards et auteurs de violences vont très vite repeupler les cellules vides.

À Cocody, des mutins excités et menaçants sont venus promettre le pire au président et à l'ambassadeur de France jusqu'aux porches de leurs villas respectives, mais le général Gueï a ses troupes en main et, sur appel de l'ambassadeur, les fait disparaître. Vers midi, Bédié, peu combatif de toute façon et comme curieusement absent de tout ce drame, emprunte le tunnel qui relie les deux résidences et se retrouve chez son voisin l'ambassadeur avec une trentaine de personnes. Il a choisi la France et l'exil. Vers 17 heures, deux « Zodiac » et une vedette les emmènent par la lagune jusqu'à proximité du camp militaire français. Billet de logement pour tous (et réveillon peut-être ?) chez les marsouins du 43e Bima en attendant l'évacuation. L'ambassadeur et le général négocient toute la journée du 25. Le 26, en début d'après-midi, un premier hélicoptère emporte vers Lomé HKB et sa famille avec une petite escorte militaire. « Bon débarras ! » dit le général, mais il refuse toujours énergiquement de laisser filer le Premier ministre et les deux ministres détestés qui ont suivi l'ex-président au camp français. L'Élysée fait savoir que la France ne lâchera personne contre son gré et le général finit par s'incliner. À la nuit tombée, un second hélicoptère rejoint à Lomé le premier avec tous ceux qui le souhaitaient. Parmi ceux et celles qui ont volontairement choisi de rester, figure l'extraordinaire et énigmatique Georges Ouégnin, inamovible chef du protocole depuis 1961, fidèle à Houphouët, fidèle à Bédié, fidèle peut-être au futur patron du pays, puisqu'on le verra, dès le lundi matin, à son bureau de la présidence, auquel, malgré deux jours de tourmente, personne n'a touché[8].

De Lomé, où le président Eyadema s'attendait à devoir l'accueillir, l'ex-président ira solliciter en vain son homologue

---

8. À 72 ans, sur proposition de Chirac, la France reconnaissante le fait, en juillet 2007, grand officier de la Légion d'honneur.

Obasanjo à Abuja, ne parviendra pas à intéresser le président malien Konaré à son sort et, se rendant à l'évidence, arrivera à Paris toujours avec sa famille le 3 janvier. Destination : Paris 16ᵉ. Ni lui ni les siens ne devraient se trouver dans le besoin. Il n'est même pas impossible que, toute honte bue, comme l'ex-empereur Bokassa, il ne se réclame, lui aussi, de la nationalité française.

En Afrique et en France, une fois exprimées quelques condamnations de principe pour un coup d'État militaire de plus (et dans un pays qui s'en était toujours sagement gardé), il faut bien dire que le sort de Bédié (et de « sa bande » diront certains journaux) n'attriste pas grand monde. Certes, de prétendus prophètes se révèlent, qui ont été surpris comme les autres par l'explosion du 23 décembre. Mais le délabrement de la Côte d'Ivoire dans de nombreux domaines était manifeste et l'on veut bien croire à la sincérité des ministres qui disent avoir tenté de freiner la course à la catastrophe. Les militaires eux, mutins spontanés (?) et généraux organisateurs (?) rassemblés, y sont parvenus. Tout un peuple désormais leur en sait gré. L'abcès a été crevé en deux jours, alors que c'est un long et pénible calvaire qui risquait de mener le pays aux élections encore bien lointaines d'octobre 2000, dans un climat politique et humain de plus en plus détestable, livré aux dérives de la xénophobie « ivoiritaire » et aux ostracismes élaborés dans l'illégalité.

Il n'est pas assez d'adjectifs pour fustiger alors un peu partout le personnage qui vient de quitter la scène, sa famille et son régime : entêté, jouisseur, pleutre, désinvolte, incompétent, affairiste, à l'évidence incapable d'assumer l'immense et parfois glorieux héritage de son prédécesseur, qu'il avait pourtant la prétention d'égaler. Il en est encore qui se souviennent de sa première sortie, peu glorieuse mais financièrement dorée, en 1977, quand Houphouët l'avait jugé, lui et d'autres, suffisamment enrichi. Pas étonnant que bardé de toutes ces anti-qualités il ait fait perdre six années à la Côte d'Ivoire, sinon en matière d'économie en tout cas de démocratie. Pas étonnant non plus qu'il ait poursuivi une course folle au suicide politique et qu'au jour de sa chute, à l'exception d'une poignée de parents affairistes et de quelques ministres inquiets sur leur sort, il n'ait été suivi ni même simplement défendu par personne. Le ralliement massif, quasi immédiat, sincère ou non, de tous, politiciens, hauts fonctionnaires, cadres du PDCI, militaires et gendarmes, a frappé les observateurs. Tous les ministres internés pendant quelques jours au camp d'Akouédo ont été libérés progressivement, les derniers le 31 décembre.

En se bornant à négocier le départ de Bédié et celui de ses proches, et en l'accueillant sur son sol puisqu'il l'avait demandé, la France a, d'extrême justesse, été bien inspirée. Car elle avait été à deux doigts d'intervenir militairement pour servir les vues absurdes de la cellule « africaine » de l'Élysée. Heureusement, les Français de Côte d'Ivoire et plusieurs autres chefs d'État africains ont fait savoir les risques énormes d'un geste aussi grave. Pour nous – a-t-on dit dans certaines capitales de la région –, Bédié n'était que le président d'un pays important et qu'il fallait donc bien fréquenter. Ouattara ne dit rien de lui et Gbagbo l'exécute de quatre adjectifs tirés à bout portant : « faible, léger, susceptible et, je pèse mes mots, intellectuellement incompétent[9] ».

---

9. *Jeune Afrique*, hors-série n° 2, janvier 2000.

4

Le pays brisé
La II' République

Les dix mois du général (décembre 1999-octobre 2000)

Après cet extraordinaire coup de théâtre, de nouveaux maîtres provisoires occupent désormais la scène, acclamés mais peu connus, incertains d'eux-mêmes et comme embarrassés de leur pouvoir. Dès le 27 décembre, béret bleu à deux étoiles incliné sur le crâne, le général Robert Gueï, dit aussi « Bob » et, en jargon radio-militaire, « Papa Roméo », reçoit les représentants de 48 des partis existants (il y en a alors 112 !) pour l'aider à former, avec des hommes neufs et responsables, un gouvernement de transition, constitué dès le 4 janvier, mais dont les quatre ministres FPI se retirent immédiatement. Si l'on peut croire que l'après-Houphouët est cette fois complètement achevé, le temps presse : il faut nettoyer, corriger, redresser, éliminer la corruption, jeter l'ivoirité aux poubelles et forger un nationalisme positif sur une base réellement démocratique, en profitant de l'union du peuple et de ses soldats. Ouattara, prévenu du coup d'État sur la Côte d'Azur, regagne Abidjan où il est follement acclamé par ses partisans le 29 décembre. Il n'a plus rien à craindre de la justice, bien entendu, puisqu'un non-lieu intervient, suivi de la levée du mandat d'arrêt décerné contre lui fin novembre. Rallié en bloc au général Gueï, le PDCI houphouëtiste sera donc en lice avec les ex-partis d'opposition, RDR et FPI, pour les prochaines élections que l'ex-Constitution imposait en octobre 2000, que le nouveau gouvernement ne semble pas pressé de fixer, mais que les instances internationales africaines essaient d'imposer pour juin. Quel que soit le candidat proposé par le PDCI le moment venu, il est évident que le FPI et le RDR sont désormais des rivaux jurés dans la course au pouvoir. On peut s'interroger sur les multiples sympathies, évidentes, entre le général, ses principaux lieutenants et le clan Ouattara, et l'on a peut-être encore beaucoup à apprendre sur leur collusion, s'il y en a eu une. D'emblée, Gbagbo boycotte la nouvelle équipe ministérielle. On sent bien que le trio politique PDCI (avec Gueï ?) – RDR (avec Gueï ?) – FPI, tel qu'il est sorti du coup d'État de Noël, l'irrite au plus haut point et que Ouattara lui vole définitivement la vedette, puisqu'il a fini par s'écrier : « Si c'est un coup d'État RDR, qu'on nous le dise ! » Et si le général, mis en appétit depuis Noël ou décidé depuis bien plus longtemps à prendre le pouvoir et à le garder, se présentait à la tête d'un PDCI redynamisé ? Déjà, le petit monde politique recommence à s'agiter et à brouiller les cartes. Alors que les vrais problèmes ne sont probablement pas là : les caisses sont vides, le pays endetté au-delà du supportable est exsangue. Comment espérer que les négociations avec la Banque, le FMI et l'Union européenne vont reprendre allègrement avec un gouvernement de transition qui inquiète forcément les bailleurs de fonds, ne donne pas encore toutes les garanties de sérieux et de propreté exigées, et qui, de surcroît, vient d'annoncer brutalement qu'il suspend le paiement de sa dette extérieure ?

Il n'est pas difficile de dire quels sont les perdants de Noël : Bédié bien sûr, ses brillants communicateurs fabricants d'images de marque au prix fort, et aussi l'Élysée, ou en tout cas son conseiller obstiné et présomptueux. Mais comment se risquer en revanche à prédire qui pourrait gagner, en 2000, l'épreuve de relance démocratique et économique d'une Côte d'Ivoire définitivement émancipée de l'houphouëtisme par un coup d'État militaire salvateur mais ambigu ?

Quelques mois plus tard, il faut bien avouer que le scepticisme, ou même le découragement chez certains, a vite gagné la masse des citoyens enthousiastes de Noël. Dissensions et règlements de comptes personnels au sein de la junte au pouvoir, et tractations politiciennes floues avec un PDCI vite revenu du choc subi ont très vite contribué à brouiller les cartes et à inquiéter tant les observateurs extérieurs que les Ivoiriens eux-mêmes. En quelques semaines, le régime a même tourné à une quasi-dictature militaire de plus en plus insupportable, à Abidjan en tout cas, moins dirigée d'ailleurs que non contrôlée par le général Père Noël. Au début, l'armée est pour quelque temps au plus haut de sa gloire, les militaires sont sollicités par tous et sur tout : divorces, salaires, santé, chômage. Mais ils se mettent vite à en abuser et seule la Ligue des droits de l'Homme (LIDHO) commence à s'en inquiéter. L'activisme armé et musclé de Rambos en uniforme peu désireux de rentrer dans le rang et qui affublent leurs unités d'inquiétants noms de guerre (Camora, Brigade Rouge, Cosa Nostra, PC Crise...) se substitue à tous les services d'ordre et à toutes les administrations ; des armes sont disséminées ou abandonnées partout ; des groupes militaro-mafieux perquisitionnent, pillent, cassent, violent, rançonnent, menacent et jugent, tout en se constituant rapidement de substantiels trésors de campagne. La population se met à les haïr et, dans certains milieux, on en est presque à réhabiliter Bédié. Simultanément, c'est le temps de l'« effervescence idéologique » (dit le professeur Memel Foté), de la « parole débridée » (selon Pierre Kipré). Le général Gueï finit par réagir et dissout, le 22 avril, les groupes activistes de l'armée, mais essuie en septembre une tentative d'assassinat. La France s'inquiète, sans plus, et s'en tient à la non-ingérence, pour l'instant.

Et puis surtout – on le redoutait et l'on en a rapidement la confirmation –, même Bédié parti, le débat sur l'ivoirité, loin d'être aussi faux qu'on se plaisait à le dire, demeure essentiel et de la plus brûlante actualité. Les rédacteurs des nouveaux Codes (électoral et de la nationalité) et surtout du nouveau projet de Constitution, rassemblés en Commission consultative constitutionnelle et électorale (CCCE) dès le 31 janvier 2000, s'y trouvent inexorablement confrontés. L'ambiguïté du cas Ouattara cristallise aussitôt les mises en garde, les rancœurs et les propositions d'exclusion, inquiétant les chefs politiques déclarés et ceux de la junte qui finalement les imitent. Éligibilité, ivoirité... ADO n'a pas sa place. Après Gbagbo, le général Gueï bascule à son tour, élimine de son gouvernement les généraux Palenfo et Coulibaly trop liés à Ouattara, rompt avec le RDR et commence – dit-on – à s'intéresser de très près à l'élection présidentielle des 17 septembre et 8 octobre 2000, que suivront les législatives du 29 octobre, le tout sur la base de la nouvelle Constitution. Celle-ci, dont le projet est présenté fin mai, est adoptée par référendum le 23 juillet et par 86,53 % des votants. Incroyable ! Les trois grands partis – le PDCI nouveau style, le FPI et le RDR – (Gueï n'a pas encore créé le sien) ont appelé à voter oui pour qu'on avance enfin et qu'on y voie plus clair, alors même qu'une simple conjonction de coordination dix fois repoussée et reprise dans le projet d'article 35 permet (de nouveau !) d'éliminer la candidature de Ouattara aux présidentielles[1]. La France a donné un million de francs pour ce référendum et le projet a été approuvé, mais – souligne la correspondante du *Monde* dès le lendemain – ce scrutin qu'on voulait « exemplaire (...) s'est déroulé dans une confusion totale ». Rien, dans ces conditions, ne peut alors dissiper les lourdes interrogations des Ivoiriens et de leurs amis dans le monde, à l'approche des échéances de l'automne 2000. Et l'on est bien loin de se douter du second coup de théâtre qui va frapper la vie politique du pays à la fin d'octobre. La Commission nationale électorale (CNE) s'est mise en place le 14 août. Ouattara écarté, cinq candidats sont en lice pour les présidentielles du 22 octobre : Robert Gueï et Laurent Gbagbo qui se considèrent comme « deux frères de l'Ouest », le président du petit parti PIT, Francis Wodié, et deux autres, Mel Eg et Dioulo, sans envergure politique. La campagne est paisible. Gbagbo, qui a déclaré en août à Daloa que « le pouvoir a besoin d'un conquérant, non d'un héritier », est sûr de sa victoire pour succéder en douceur à Robert Gueï, dont le rôle – comme celui d'ATT Touré au Mali – semble achevé. N'a-t-il pas déclaré dans son allocution de Nouvel An, le 31 décembre : « Le pouvoir ne m'intéresse pas. J'en prends ici à nouveau l'engagement » ? Le drame éclate pourtant le 23 octobre

---

1. Le candidat à la présidence, en effet, ne doit plus être seulement « ivoirien lui-même de père *ou* de mère eux-mêmes ivoiriens » mais « de père *et* de mère ivoiriens ». Le chassé-croisé du « et » et du « ou » s'est poursuivi pendant plusieurs semaines comme sur une roulette « pair-impair » ou « noir-rouge ».

lorsque la lecture des résultats à la télévision est brusquement interrompue. Le lendemain, le brave général Gueï, sauveur de Noël, fait arrêter le président de la CNE et se proclame vainqueur de l'épreuve avec 52,72 % des suffrages. Mal lui en a pris. En un instant, les militants de Gbagbo ainsi dépossédés de leur victoire sont dans les rues. Le 25 octobre, c'est tout Abidjan qui se soulève et clame son indignation. Les forces de l'ordre tirent. 26 morts sont dénombrés dans les rangs du FPI. Gueï se soumet et disparaît provisoirement. La CNE reprend ses travaux et proclame président élu Gbagbo, qui prête serment le 26. La Cour suprême lui attribue officiellement 59,36 % des suffrages, contre seulement 32,72 à Robert Gueï. C'est alors au tour des militants du RDR, doublement floué, de se soulever à Abidjan comme en province. En cinq jours, 171 morts officiels viennent s'ajouter aux précédents. Un horrible charnier de 57 corps est découvert dans le quartier de Yopougon et la gendarmerie loyaliste est aussitôt mise en accusation par le RDR. La France se contente de renforcer légèrement son dispositif militaire sur place. Stabilité avant tout. Quelques bons intermédiaires travaillent à réconcilier les deux frères ennemis de l'Ouest qui, nonobstant les massacres perpétrés, se donnent l'accolade à Yamoussoukro le 13 novembre. Aux législatives du 10 décembre, boycottées par le RDR, le FPI et le PDCI raflent ensemble 173 sièges sur les 196 pourvus (et 225 à pourvoir au total).

Un historien aux commandes (octobre 2000)

Une page est tournée. Le brave général Gueï, succombant lui aussi à d'étranges sirènes, a violé sa parole militaire et civile et révélé son ambitieuse médiocrité, tandis que Laurent Gbagbo, élu dans des conditions « calamiteuses » et contestables, s'empare à la hussarde d'un pouvoir qu'on n'a pas fini de lui contester. La première année de la régénération de la Côte d'Ivoire s'achève dans la confusion, les guerres de chefs, le sang et la violence. Le pays ne se reconnaît plus. Les illusions ne sont plus de mise. Décidément, il ne sera pas facile de sortir sans turbulences sérieuses de quarante ans d'houphouëtisme[2].

Laurent Gbagbo, troisième président élu de Côte d'Ivoire, non sans mal ni sans drame, est donc aux commandes. Son portrait, ses portraits devrait-on dire, contrastés, contradictoires, parfois déconcertants, ont été publiés un peu partout dans la presse. Né en 1945 en pays bété près de Gagnoa, étudiant puis professeur d'histoire contestataire, docteur à Paris-VII, arrêté puis détenu à Abidjan pendant deux ans, réfugié en France en 1982 et hébergé pendant six ans par le socialiste Guy Labertit en banlieue sud, Gbagbo y a créé son parti, le FPI, et, sortant de la clandestinité, a osé le premier affronter Houphouët aux présidentielles de 1990. Son destin politique national était désormais lancé. L'homme est déterminé, fonceur, apparemment sincère dans ses choix démocratiques, de goûts simples et décontracté dans l'intimité, redoutablement secondé, aiguillonné même, par sa seconde épouse, Simone Ehivet, qu'on dit ambitieuse pour deux, forte tête et mystique à la fois (*Le Monde*, 26-27 janvier 2003), cruelle à l'occasion : jetée en prison par Ouattara, alors Premier ministre, elle n'a pas oublié. L'appréciation du président, son mari, par les autres, Ivoiriens et surtout Français, va se faire évidemment de plus en plus fine avec le temps. D'abord nettement inquiets de ses nombreuses dérives, de son cynisme, de ses silences « ivoiritaires », de sa mauvaise foi et de ses volte-face, notamment au lendemain de Marcoussis, fin janvier 2003, ses interlocuteurs vont lui reconnaître aussi un sens aigu et courageux des responsabilités, une surprenante habileté à rebondir et à naviguer dans les passes les plus délicates de l'actualité.

Salué dès la première heure par ses amis socialistes mais, à l'inverse, longtemps tenu en suspicion par l'Élysée et le Quai d'Orsay, le « camarade Laurent » fera, à terme, d'autant mieux admettre sa légitimité que ce sont des inconnus plutôt inquiétants, les soldats mutins de septembre 2002, qui prétendront le chasser du pouvoir.

---

2. Comment ne pas se souvenir ici de l'inexorable désintégration de la Yougoslavie une fois le maréchal Tito disparu ?

Dès le 27 octobre 2000, Gbagbo constitue son premier gouvernement autour de Pascal Affi Nguessan, un ingénieur des télécommunications baoulé de 47 ans qui était son directeur de campagne, et le numéro deux du FPI, Aboudramé Sangaré, un homme du Nord, qui devient ministre d'État chargé des Affaires étrangères. Désormais, c'est le seul parti RDR de Ouattara, hors jeu aux législatives de décembre 2000, qui demeure l'adversaire, car il incarne un prétendu danger islamo-nordiste aux yeux des « ivoiritaires » purs et durs, dont Gbagbo lui-même fait finalement partie. Il avouera bientôt d'ailleurs que le fameux article 35 est son œuvre, clause *ad hominem* sur mesure pour éliminer une bonne fois de la vie politique ADO, coupable – dira-t-il à Paris en juin 2001 – de « vagabondage de nationalité ». Peu ébranlé par les accusations du RDR presque vainqueur (avec le PDCI) des municipales de mars 2001 (avec 64 municipalités enlevées sur 197, dont Bouaké et Gagnoa !), Gbagbo ne se laisse guère impressionner non plus par les imprécations du Tribunal belge qui s'est fait pourfendeur universel des crimes contre l'humanité. « Qui sont les Belges pour nous juger ? » demandent les Ivoiriens. Une tentative de putsch dans la nuit du 7 au 8 janvier 2001 échoue. Le procès des huit gendarmes accusés du crime de Yopougon débouche, le 3 août, sur un acquittement « faute de preuves ». Le Conseil économique et social est réinstallé sous la présidence de Laurent Dona Fologo, chef de file d'un PDCI qui survit assez confortablement à la piteuse élimination de Bédié. En fin d'année, Gbagbo réussit une nouvelle partie de poker en conviant tous ses adversaires à un Forum de réconciliation nationale, véritable Conférence souveraine à l'ivoirienne, bien tardive après toutes celles, plus ou moins heureuses, des années 1990-1993 dans la région. La rencontre se déroule à Yamoussoukro sur dix semaines, du 9 octobre au 18 décembre 2001. Succès mitigé, diront certains, d'une confrontation de bon aloi qui, certes, va laisser irrésolus les problèmes essentiels, mais n'en est pas moins marquée par le passage et les déclarations – ne disons pas les aveux – des quatre poids lourds politiques du pays venus en ordre dispersé : Bédié et Gbagbo le 13 novembre, Gueï le 26 novembre et enfin ADO le 1er décembre.

Gbagbo a d'abord songé à faire présider le Forum par l'écrivain Kourouma, mais celui-ci s'y prend si mal avant même de commencer qu'il le remplace par l'ex- (et futur) Premier ministre Seydou Diarra, dioula « alassaniste », un homme précieux, habile et calme, dont le rôle politique n'est pas terminé. Aux 700 délégués statutaires se sont ajoutés les diplomates, les observateurs et les journalistes. Cette grande célébration de la réconciliation, relativement réussie, s'inscrit étonnamment dans la tradition bien ivoirienne des Conseils nationaux convoqués par le Vieux, et plus encore dans la culture bénéfique, cathartique, de la grande palabre africaine où – si tout se passe bien – les frères ennemis se rouvrent leurs cœurs, rient même parfois de leurs turpitudes respectives et se donnent pour finir l'accolade, du moins pour l'assistance. On renvoie pour le détail de ces journées aux nombreuses analyses publiées à chaud ou après coup[3]. Ceci dit, alors qu'on espérait pouvoir imposer à chacun des intervenants la triple règle vérité-repentance-pardon, les résultats sont assez décevants : ni confessions ni coupables, pas de massacreurs, rien que des victimes ! Du coup, Houphouët est rétroactivement idéalisé, et 14 résolutions noyées dans 24 points d'accord taisent les solutions ou refilent à d'autres le soin de les trouver. Ainsi, c'est la justice qui devra décider une bonne fois de la nationalité d'ADO, lequel n'obtiendra enfin son certificat que le 28 juin 2002, juste à temps pour les régionales de juillet ! D'ailleurs, Gbagbo, légitimé par la résolution n° 1 mais constatant bien l'insuffisance du Forum, invite ses adversaires à poursuivre avec lui les négociations, toujours à Yamoussoukro, dont il souhaite visiblement faire assez vite sa capitale. Leur rencontre s'achèvera le 23 janvier 2002 sans communiqué final, sans avancées politiques.

Les mois passent. Le climat politique ne s'éclaircit pas. Les élections régionales de juillet 2002 se déroulent ici et là dans la confusion, ou même la violence comme à Daloa. Le procès des putschistes de janvier 2001, fractionné en trois phases, se déroule en mai-juin et, frappé de ni oui ni non, grossit encore le clan des mécontents. Ce n'est pas le gouvernement dit « d'ouverture » de 37 ministres (dont 6 femmes) formé le 5 août qui peut satisfaire

---

3. Notamment celle de Kouamé Nguessan dans l'ouvrage de Marc Le Pape et Claudine Vidal (dir.), *Côte d'Ivoire, l'année terrible, 1999-2000*, Karthala, Paris, 2002. Voir aussi *Marchés tropicaux*, n° 2927 et 2928 de décembre 2001.

les adversaires-associés du FPI : l'UDPCI rompt son alliance un mois plus tard, lorsque Gueï constate que Gbagbo se vante de rouler tous ses opposants « dans la farine ». De son côté, le RDR, humilié par quatre ministres qui n'ont aucun poids, l'imitera fin novembre. Le torchon continue de brûler entre la Côte d'Ivoire et le Burkina qui abrite déjà des militaires ivoiriens en exil, et surtout après l'assassinat non élucidé, en août, de Balla Keïta, ex-ministre d'Houphouët et conseiller de Gueï, dans un quartier chic de Ouagadougou[4].

Un nouveau Code rural

Il y a surtout, plus permanents, plus lancinants, plus destructeurs que les épiphénomènes de la vie politicienne, les déchirements plus ou moins violents du tissu ethnique et social sous l'effet aggravé des mesures discriminatoires que sécrète depuis plusieurs années déjà cette « ivoirité » nettement triomphante dans les divers suds du pays. Gbagbo, jetant finalement le masque, s'y accroche. La mise en œuvre effective de la loi 98-750 du 23 décembre 1988 « sur le domaine foncier rural et agricole de plantation villageoise », prise sous Bédié, a été différée pendant deux ou trois ans. C'est maintenant qu'elle commence à faire des ravages, aggravant encore la situation déjà pénible des « étrangers » dans toutes les zones rurales du pays. Désormais en effet, les terres acquises en propriété par ceux-ci (même nantis d'un titre foncier en bonne et due forme !) ne pourront plus être transmises par succession à leurs héritiers mais seront au contraire restituées à leurs propriétaires ivoiriens d'origine. Tout transfert de propriété sans limitation de durée devenant désormais impossible, les Ivoiriens ne pourront consentir au mieux que des baux emphytéotiques de longue durée (33, 66 ou 99 ans, selon la formule). On imagine la consternation des

---

4. Sur les relations de la Côte d'Ivoire avec le Burkina et la France avant et surtout depuis la rébellion de septembre 2002, voir *Politique africaine* n° 89, mars 2003.

« étrangers » en question, souvent impossibles à discerner, parfois installés depuis cinquante ans et plus, et dont certains ne le sont même pas : çà et là dans l'Ouest, en pays guéré, dan ou bété, les villageois du cru prétendent déjà appliquer la nouvelle loi aux allochtones baoulé ! En attente du léger amendement qui devait intervenir en juillet 2004 (mais on n'en sait rien encore), la nouvelle législation ne pouvait évidemment qu'envenimer encore davantage les relations d'Abidjan avec Ouagadougou, autrefois excellentes lorsque le président Compaoré soutenait, finançait même, Gbagbo et le FPI, avant de se dégrader très vite sous l'effet des traitements infligés aux Burkinabé de Côte d'Ivoire, même si, parallèlement, les priorités et objectifs du pouvoir en place à Ouagadougou n'étaient pas toujours très limpides ni très avouables. Une zone d'ombre sur laquelle, d'ailleurs, la France se montrait fort peu curieuse...

Tout au long des années 2000-2002, Paris en est encore à s'interroger sur le poids et la fiabilité du gouvernement ivoirien. L'Union européenne, elle, demeurera obstinément bloquée à son égard jusqu'à juin 2001[5]. Mais, qu'elle le veuille ou non, la France, maîtresse du pays pendant trois quarts de siècle, a laissé sur les bords de la lagune Ébrié trop d'empreintes, trop de souvenirs, trop d'enfants aussi[6], pour ne pas continuer à peser lourd, suscitant prières, recours et appels de détresse lorsque les temps redeviennent difficiles. Université, francs-maçons, partis politiques, diplomatie, fraternité d'armes militaire et milieux d'affaires... les canaux de remontée ne manquent pas. Le président Senghor avait coutume de dire : « chaque Sénégalais a son toubab », et la formule demeure exportable. Mais le temps ne finira par jouer en faveur de Laurent Gbagbo qu'après le déclenchement de la rébellion à l'automne 2002.

Bref, pour l'instant, c'était dans un climat dépressif, ambigu, strié de violences urbaines et rurales, plombé de règlements de comptes presque maffieux, aggravé par la médiocrisation galo-

---

5. Furieux à propos du président ivoirien, Poul Nielsen, commissaire européen au développement, se serait même écrié un jour : « Une présidentielle volée ! une législative truquée ! »

6. On comptait en 1998 au consulat de France à Abidjan environ 21 000 Français dont 45 % de binationaux. Voir chapitre 8.

pante des institutions et la corruption souveraine, que le pouvoir du président Gbagbo, bientôt traité de « Milosevic » par son voisin Compaoré et tenu en observation par nombre de ses partenaires et financeurs, s'essoufflait dangereusement. Dès octobre 2000, les analyses, en général pessimistes, abondaient sur la situation difficile d'un pays où l'on n'avait guère pour se réjouir que le boom du cacao et la prolifération des cellulaires. Pourtant, qui aurait imaginé, ou pressenti, le scénario catastrophe qui allait stupéfaire l'Afrique et les Ivoiriens eux-mêmes le 19 septembre 2002 ?

La rébellion de septembre

Ce jour-là, avant l'aube, des hommes armés attaquent à l'arme lourde de nombreux sites militaires et civils, simultanément à Abidjan, Bouaké et Korhogo. Les forces gouvernementales réagissent, les chassent de la capitale mais succombent dans le Nord et le Centre. Partout les combats sont violents, très nombreuses les victimes une fois encore. Et non des moindres : le général Robert Gueï, en petite tenue de jogging, est assassiné ainsi que son épouse et toute sa maisonnée (la photo de son cadavre va faire le tour du monde), mais on ne saura peut-être jamais comment, pourquoi et par qui. Le ministre de l'Intérieur, Emile Boga Doudou, est tué à son domicile, ainsi que d'autres personnalités du pouvoir. D'autres encore sont enlevées. La panique se réinstalle. Les radios étrangères parlent, la télévision nationale se tait. Serein et déterminé, Gbagbo, surpris chez Berlusconi, forme immédiatement une cellule de crise et rentre. Ouattara demande asile aux Allemands puis aux Français (qui l'exfiltreront le 27 novembre vers le Gabon). Bédié – seconde fuite en trois ans – va se cacher chez les Canadiens.

Sur le terrain, la situation se fige très vite : le pays est coupé en deux à peu près par moitié. Chassés d'Abidjan et regroupés au Nord, les rebelles, encore inconnus et innommés, se sont installés à Bouaké, capitale du pays baoulé et seconde ville du pays bien pourvue en infrastructures. Leurs premières proclamations et apparitions se font au nom d'un Mouvement patriotique (MPCI) jusqu'alors ignoré et qui demeure aussi vague sur ses chefs que sur ses intentions.

La Côte d'Ivoire, déjà si malade, va-t-elle sombrer dans la guerre civile ? D'abord, personne ne comprend, à l'étranger en tout cas. Qui sont donc ces sous-officiers assez présentables et plutôt instruits mais inclassables : Tuo Fozié, Seydou Koné ? Et ces autres plus inquiétants : « IB », « Zaga-Zaga », « Watao », qui ne se réclament d'aucune personnalité supérieure, ne présentent aucun programme politique substantiel ? Que veulent-ils ? D'où proviennent leurs armes et leur matériel, abondants et modernes ? Qui, peut-être dans l'ombre d'un pays voisin, les manipule ? Pourquoi certains des mutins parlent-ils anglais ? Quelle légitimité leur accorder, même si c'est un pouvoir « calamiteux » qu'ils contestent ? Au fil des jours, les diagnostics commencent à s'amonceler : observations quotidiennes, reportages, anecdotes de rues, photos, enquêtes sociologiques prétentieuses au vocabulaire ampoulé, tableaux statistiques et courbes de mauvaise santé économico-financière. Il faut bien admettre qu'en quelques années les Ivoiriens, après leur guide de quarante ans et leur Caisstab[7], ont perdu leurs repères : les filières agricoles et industrielles sont démantelées ou secouées par la libéralisation, les administrations corrompues, l'armée clochardisée, le niveau de vie en chute libre, tandis qu'une ivoirité rampante sécrète la xénophobie et la chasse aux autres. La fameuse « conjoncture » des années 1980, qu'on espérait temporaire, n'a fait que s'aggraver, au point de napper tout le pays de désorganisation, de découragement et d'inquiétude. Et puis, en si peu de temps, la violence armée, qu'on croyait jusqu'alors l'apanage des gangsters d'Abobo-Gare et de Vridi, s'est installée, triomphante, sur tous les campus et dans toutes les casernes.

---

7. La célèbre Caisse de stabilisation, orgueil de la Côte d'Ivoire dans les bonnes années du cacao et du café.

Les jeunes au pouvoir

La plus grande surprise, la plus douloureuse aussi peut-être, c'est l'irruption partout en même temps des jeunes, chômeurs désemparés, étudiants-voyous, Rambos en uniforme, cadets villageois barreurs de routes, casseurs déchaînés d'Abidjan qui s'en iront, avant même Marcoussis, insulter les marsouins de Port-Bouët à la porte de leur camp, défoncer les écoles françaises et saccager le Centre culturel pourtant si familier, si hospitalier, à beaucoup d'entre eux. En dix ans, la métamorphose des campus d'Abidjan (Cocody et Yopougon) a été stupéfiante. Héritière du MEECI houphouëtiste et rigide, la Fédération estudiantine et scolaire (FESCI), créée en avril 1990, dissoute un an plus tard mais renforcée dans la clandestinité, s'empare totalement et totalitairement de l'Université en 1997. Elle y fait désormais régner la terreur, sous la direction d'un Guillaume Soro puis d'un Charles Blé Goudé, tandis que les professeurs rasent les murs et que la qualité des études plonge en chute libre. Ironie de l'histoire : ces deux chefs de file d'une jeunesse iconoclaste et violente vont se retrouver, fin 2002, chacun d'un côté de la ligne de front : au Nord, Guillaume Soro, dirigeant civil du MPCI aux côtés des sous-officiers rebelles ; au Sud, le « général » Blé Goudé, animateur haineux de l'Alliance des jeunes patriotes (AJP), flanqué d'un journaliste spécialiste de l'insulte, Tapé Koulou, de son propre successeur à la FESCI, Jean-Yves Dibopieu, du musicien Serge Kassy et des « sorbonnards » d'Abidjan-Plateau[8]. L'agressivité des Jeunes Patriotes ne semble pas fléchir avec le temps, pas plus qu'ils n'ont été officiellement désavoués ou calmés par leur président : début octobre 2003, ils sont encore allés, en scandant des slogans anti-français, casser dans différents quartiers les agences et boutiques des sociétés distributrices d'eau, d'électricité et de téléphone pour les punir de fournir gratuitement ces trois services aux rebelles de Bouaké (RFI, 9 octobre) !

---

8. Sur la FESCI et les « enfants de la balle », voir l'excellente étude de Yacouba Konaté dans *Politique africaine* n° 89 déjà cité.

Hors de l'Université, hors d'Abidjan, la jeunesse est aussi entrée en agitation : au royaume assoupi de l'ananas, dans cette petite ville naguère si aimable, si progressiste de Bonoua (nous y passerons), l'association locale des jeunes a déjà édicté, dès janvier 2001, à l'encontre des « étrangers » une législation parfaitement raciste. On est en droit de se demander si ce n'est pas la première dame du pays, originaire du cru, qui l'aurait inspirée[9]...

Jeunes aussi d'ailleurs sont les militaires rebelles, souvent ex-« p'tits gars » de la garde personnelle du général Gueï, soldats mal payés, mal aimés, compromis à tort ou à raison dans l'une des sept ou huit rébellions, émeutes, attaques ou tentatives de coup d'État de ces trois dernières années, et partis se réfugier de préférence à Ouagadougou sans s'y cacher. Mais de simples revendications de solde, d'avancement et de dignité sont un peu courtes pour expliquer l'énorme et méthodique action entreprise le 19 septembre. Les rebelles occupent 40 % du territoire, se débrouillent sans « cellulaires » car le réseau est coupé avec le Sud, paient correctement leurs réquisitions et seraient, dans l'ensemble, presque populaires.

Conclave forcé à Marcoussis (janvier 2003)

Dilemme majeur pour la France. Gbagbo, même mal élu, ne peut s'en sortir seul. Il doit être soutenu. Dans le cadre des accords de défense franco-ivoiriens de 1961, l'opération « Licorne » se met en place dès le 22 septembre : les 600 marsouins du 43e Bima renforcés par 300 hommes pris à Libreville et 70 paras de Calvi se déploient sur la ligne de démarcation en attendant qu'une force africaine de la CEDEAO vienne les relever, en principe début janvier. Les effectifs français atteindront alors 2 500 hommes. Voilà la France-gendarme de retour dans la région et elle joue gros... Une fois évacués une bonne

---

9. Voir Y. Konaté dans M. Le Pape et C. Vidal (dir.), *op. cit.*

partie des Européens de Bouaké et de Korhogo, puis de Man, que faire, sinon interdire aux mutins de descendre vers le sud pour s'emparer d'Abidjan et attendre les « casques blancs » africains ? La situation pourrit doucement, plutôt en s'aggravant : début novembre, les négociations de Lomé chez le président Eyadema capotent. Guillaume Soro, qui monte en puissance chez les rebelles du MPCI, exige que Gbagbo soit chassé du pouvoir ; les gouvernementaux réclament avant tout le désarmement de leurs ennemis. Début décembre, deux autres partis rebelles de moindre importance font leur apparition dans l'Ouest et sur la frontière libérienne : le Mouvement populaire du Grand Ouest (MPIGO) de Félix Doh et le Mouvement pour la justice et la paix (MJP) de Gaspard Déli.

Pourtant, la diplomatie s'est intensifiée dans toute la région : pressentis, les présidents sénégalais, malien, ghanéen et togolais échafaudent tour à tour des négociations fragiles ou vaines, comme à Lomé... Gbagbo, qui a accusé Compaoré dès la première heure du conflit, lui fait des excuses et lui donne même l'accolade le 29 septembre à Accra. Mais, en même temps, choisissant d'user de la force contre les rebelles, il déclenche, début octobre et sans grand succès, une offensive militaire appuyée, assez malencontreusement, par des mercenaires et quelques hélicoptères d'origine étrangère douteuse (sud-africains, angolais, nigérians...) ainsi que des supplétifs libériens toujours impliqués dans la guerre civile qui fait encore rage dans leur propre pays. L'accord de cessez-le-feu du 17 octobre ne sera signé par Gbagbo que le 25 et pour rien. Il faut se rendre à l'évidence : la crise, qu'on espérait purement interne à la Côte d'Ivoire, est bel et bien déjà en train de s'internationaliser et cette gangrène fait redouter le pire. À Abidjan, les ultras du FPI se déchaînent, certains journaux du pouvoir prêchent ouvertement la haine et la guerre à outrance, et les gendarmes vont raser au bulldozer les quartiers irréguliers de la capitale – qui n'ont jamais vraiment disparu – réputés abriter des « étrangers ». Un peu partout aussi, dans les campagnes, les jeunes prennent (ou se font déléguer) le pouvoir des anciens en même temps que leurs fusils et deviennent « barragistes » professionnels, ou, si l'on veut, patriotes-racketteurs. Le spectre du Rwanda hante les pronostics.

Quand même, fin novembre, une fois Ouattara « exfiltré » de la région et provisoirement neutralisé, l'Élysée et le Quai d'Orsay, haussant le ton, se sentent plus à l'aise pour accentuer leur pression sur les belligérants. Et tant pis si l'on crie, une fois de plus, au « néo-protectorat ». Nul n'ose plus nier désormais que l'opération Licorne a évité de justesse un bain de sang et la désintégration absolue du pays. Longue, accablante parfois, est la liste des « dérives » et turpitudes du président Gbagbo et des siens depuis trois ans, mais le ministre Dominique de Villepin, multipliant visites et tournées dans toute la région, bousculé, insulté parfois, finit quand même par amener les adversaires et tous les partis politiques de Côte d'Ivoire à la table des négociations.

Dans un contexte assez particulier d'ailleurs, puisque c'est au centre de formation tout neuf de la Fédération française de rugby de Marcoussis (FFR – Essonne) que la France, invitante, enferme tous les participants pendant neuf jours, du 15 au 23 janvier 2003. Les prodromes, l'ambiance de vie commune obligée (assez africaine peut-être), les rumeurs et les résultats de la réunion mériteraient à eux seuls un ouvrage entier. Le conclave va peut-être manquer de riz mais n'aura pas le temps de s'amuser. Sous la houlette d'un éminent juriste, le professeur Mazeaud, il élabore et publie un texte de compromis plutôt mal ficelé qui fait grincer des dents de nombreux participants[10] : l'accord de Marcoussis, « accord politique à contenu juridique », donc hybride par définition, mêle les genres et les formes ; signé non par l'État ivoirien mais par les seuls partis en présence, sans caractère constitutionnel ni force de loi, il a cependant le mérite d'exister. Il porte un fragile espoir sans en fournir les garanties et fait à tout le moins sortir provisoirement de la crise politique.

Concrètement, l'accord est à double effet : il légitime les rebelles (et leur recours à la force, comment faire autrement ?) tout en renforçant Gbagbo qui se trouve confirmé dans ses fonctions jusqu'aux présidentielles d'octobre 2005, à la tête d'un « gouvernement de réconciliation » multipartite, lequel est

---

10. Voir le texte intégral dans *Afrique contemporaine*, n° 206, été 2003, p. 50-55.

confié, dès le 25 janvier, à Seydou Diarra (déjà ex-Premier ministre), assisté d'un Comité spécial de suivi piloté par un représentant spécial du secrétaire général de l'ONU, le célèbre Béninois Tévoédjré.

Aussitôt, à Abidjan, la rue se déchaîne de nouveau, dénonce un accord inacceptable et refuse l'entrée d'un seul rebelle dans le futur gouvernement Diarra. Plus grave encore : Gbagbo, « pompier pyromane » (?) reçu à l'Élysée le 24 janvier, mais dont la possible duplicité inquiète Paris, semble approuver ses jeunes extrémistes, puisqu'il se permet aussitôt de qualifier l'accord de simples « propositions », pendant que sa propre épouse attise la colère des mécontents. Rentré au pays, il va demeurer étrangement silencieux pendant dix jours, jusqu'à son discours télévisé du 7 février qui mêle à des accents d'une émouvante sincérité des réserves plus inquiétantes :

> « (...) Cette guerre est absurde et abjecte. Jamais je ne vous ai trahis et jamais je ne vous trahirai (...) Je vous demande (...) de ne pas vous en prendre aux hommes politiques présents à Marcoussis. Aucun d'entre nous n'a trahi. Chacun a cru bien faire (...) C'est une discussion entre des entités privées (...) un texte de compromis (...) aucun texte de compromis n'est bon (...) Les aspects les plus saillants (...) sont en contradiction avec la Constitution (...) Chaque fois qu'il y aura une contradiction (...) j'appliquerai la Constitution (...) J'accepte et (...) je m'engage dans l'esprit du texte (...) je ne sais pas tricher et je ne suis pas un tricheur (...) Essayons cela. Et si ça ne marche pas, on verra bien (...) Essayons ce médicament. S'il nous guérit, c'est tant mieux (...) Que Dieu bénisse la Côte d'Ivoire ! »

Manifestement, il n'y a pas là de quoi prolonger ou relancer l'euphorie de Marcoussis et de l'avenue Kléber. La Côte d'Ivoire est toujours coupée en deux. Le Sommet France-Afrique de février (avec 52 États africains présents... sans Gbagbo) s'y consacre aussi bien entendu. De son côté, le 4 février à New York, le Conseil de sécurité des Nations unies renouvelle pour six mois les autorisations données aux forces de paix ouest-africaines et françaises.

Trop d'embûches, de haines et d'arrière-pensées encombrent encore le chemin de la réconciliation pour que les progrès ne soient pas très lents, très hésitants, tout au long des mois qui suivent. Le couvre-feu décrété à Abidjan en septembre 2002 est prolongé jusqu'au 16 mars suivant. On tire encore de temps en temps sur la ligne de démarcation. Laborieux, les accords d'Accra du 8 mars, garantis par la CEDEAO, précisent la composition du gouvernement de transition de Seydou Diarra qui peine à composer son équipe et s'avoue « épuisé ». Les Forces nouvelles – union des trois partis rebelles MPCI, MPIGO, MJP – s'assurent déjà 9 portefeuilles sur 33. Incomplet, un pré-gouvernement se réunit à Yamoussoukro en mars. Guillaume Soro, l'homme montant du MPCI, sera ministre d'État (de la Communication) mais rien de très solide n'est encore acquis, puisque les deux postes-clés accordés aux rebelles à Marcoussis (Sécurité et Défense) demeurent vacants et que les Jeunes Patriotes de Gbagbo refusent toujours obstinément qu'ils soient confiés à des mutins du Nord. Méfiantes et sans cordialité, les passations de service entre anciens et nouveaux ministres se font presque à la muette. Soro, installé dans ses fonctions en avril, est agressé et séquestré par des jeunes en colère dans les locaux de la RTV le 27 juin.

Le mois de mai apporte une avancée notable : un accord devenu effectif le 10 supprime les zones de guerre et le couvre-feu. Lorsque la fin officielle de la guerre est proclamée le 4 juillet, Gbagbo s'écrie : « Je suis l'homme le plus heureux de la Côte d'Ivoire ! » Un QG international chargé du désarmement et de la démobilisation des forces en présence (et dirigé par un général néerlandais) s'installe à Bouaké. Un Comité mixte d'état-major (CEMCAD) de dix membres est également créé. En visite à Paris fin juillet, le Premier ministre Diarra réaffirme qu'il n'est plus – vu son âge et ses épreuves passées – « candidat à rien » et qu'il n'a « aucun problème avec Gbagbo », mais que la situation politique demeure « bloquée », amplement pourvue en « dossiers explosifs ». Il a même fallu créer un centre opérationnel chargé de la sécurité des ministres ! Sa tâche est lourde mais il entend la mener à bien : Code de la nationalité et Code électoral, débarrassés de toute coloration ivoiritaire, loi d'amnistie (votée le 4 août), réforme de la

Constitution... Beaucoup à faire en somme si la délégation de pouvoirs qui lui a été consentie n'est pas remise en cause avant le terme prévu de sa mission en octobre 2005.

Le président, lui, début septembre, déclare qu'il a « fait sa part », même si ce n'est « pas de gaieté de cœur », que c'est maintenant aux autres de déposer les armes et de réintégrer la République, ajoutant, toujours à propos de Marcoussis : « Ce n'était pas un bon accord et pourtant je l'applique ! »

Reports de convalescence (2004-2005)

Après un an de crise – et même ici et là de guerre plus ou moins avouée jusqu'au cessez-le-feu de juillet 2003 – il était difficile d'affirmer que la pacification de la Côte d'Ivoire était en bonne voie. La convalescence allait être longue. À l'été 2003 – saison d'hivernage en Afrique –, le pays est parfaitement coupé en deux. 3 800 à 4 000 Français de l'opération Licorne montent la garde dans un corridor de démarcation long de 600 km sur 25 à 50 de large, appelé aussi « zone de confiance », progressivement renforcés par des « casques blancs » africains fournis par plusieurs pays de la CEDEAO et des militaires du Bangladesh et du Maroc, sous le commandement d'un général sénégalais. Bientôt, tous auront troqué leur casque blanc pour le bleu des Nations unies.

Très fluctuante, riche en rebondissements toujours un peu plus inquiétants, l'évolution de la situation politico-militaire doit dès lors être suivie au jour le jour dans trois domaines évidemment parallèles et complémentaires :

– d'abord celui des relations Nord-Sud, entre ce qu'on appelle parfois le « Gbagboland » et la zone rebelle de Bouaké-Korhogo qui s'organise et parvient à vivoter sans avoir toutefois proclamé une véritable sécession ;

– ensuite celui des relations internationales entre la Côte d'Ivoire, ses voisins de la CEDEAO, les pairs de Gbagbo (qui organisent ou animent de nombreux sommets dans la région) et le Conseil de sécurité des Nations unies, de plus en plus préoccupé par la situation ;

– et enfin celui des relations franco-ivoiriennes de plus en plus désagréables et grinçantes dans une évolution générale en dents de scie qui souvent oblige à démentir le lendemain ce que l'on avait cru pouvoir affirmer la veille.

Un peu partout, des dizaines de milliers de jeunes désœuvrés, citadins ou ruraux, vivent ou vivotent d'une stratégie, provisoire mais souvent agressive, de barrages routiers et de rackets, alors que de larges pans de l'économie se trouvent déjà désorganisés, bientôt même sinistrés. Toutefois, la frontière avec le Burkina, fermée depuis un an, est rouverte le 10 septembre 2003 à midi et le trafic ferroviaire international reprend le 19, alors que les trains entre le Sud et le Nord permettaient déjà depuis fin mai, tant bien que mal, les échanges essentiels : coton à la descente contre engrais à la montée.

Le gouvernement de transition issu des accords de Marcoussis, impossible à compléter pendant huit mois, trouve enfin à la mi-septembre 2003, pour la Défense et la Sécurité, les deux poids lourds rebelles qui (outre Guillaume Soro) lui manquaient encore et six autres ministres des Forces nouvelles. Mais cette participation forcée, acceptée à contrecœur par les deux camps, périodiquement dénoncée, suspendue, reprise, se révèle vite impraticable. Une certaine décrispation commençait à marquer les mois de décembre et janvier lorsque, le 4 mars 2004, les ministres du PDCI claquent la porte à leur tour pour protester contre l'affaire des conteneurs du port d'Abidjan, dite aussi affaire Bolloré (dont on reparlera au chapitre 5). Au début d'avril, le gouvernement se retrouve donc amputé de 26 ministres sur 41, les 15 survivants ne représentant plus que le seul FPI présidentiel et ses deux petits alliés, PIT et UDCY. Conçu pour s'exécuter à partir de mars 2004, le plan DDR (désarmement-démobilisation-réintégration) a tourné court, d'abord parce qu'Abidjan n'a pas pu réimplanter son administration dans le Nord comme prévu en septembre, et surtout parce que Soro, le numéro un des Forces nouvelles (« surmédiatisé, énigmatique », écrit *Jeune Afrique* le 7 mars), refuse tout désarmement avant des « élections crédibles et transparentes » prévues pour octobre 2005, et tant que les nouvelles lois apaisantes prévues à Marcoussis n'auront pas été votées. De ce côté-là, les travaux n'ont guère avancé. Après la loi d'amnistie, l'Assemblée a bien adopté, en avril, trois autres textes qui n'étaient pas les plus importants, sur l'identification des personnes, les conditions de séjour des étrangers et la création de la Commission nationale des droits de l'homme (CNDH-CI), mais les plus essentiels et les plus épineux (Code foncier, nationalité, éligibilité) sont encore à élaborer.

Le 9 avril, à Paris, le Premier ministre « de transition », Seydou Diarra, esquisse le calendrier des travaux à venir, mais fait remarquer – on s'en doutait déjà – que l'élection présidentielle d'octobre 2005 sera évidemment compromise si la crise doit se poursuivre. Le recensement général de la population est en cours, confié au Nord comme au Sud à un organisme neutre qui semble bien accepté partout. Si tout se déroulait normalement, l'identification des électeurs devrait se poursuivre sur quatre ou cinq mois. Puis, les cartes d'identité nouvelles ayant été délivrées au plus tard en décembre, la commission nationale ad hoc devrait pouvoir travailler à la préparation des élections en janvier-février 2005. Affaibli, humilié au beau milieu de la tourmente, bafoué même par son président, Seydou Diarra fait pitié lorsqu'il se laisse aller aux confidences : « Je suis l'otage et le dernier verrou » déclare-t-il ce même 9 avril à Paris. Les partisans de Marcoussis « insistent pour que je reste. Je n'ai pas le droit de partir ». Mais, en mai, on l'a senti à deux doigts de craquer lorsque Gbagbo, sans le consulter et en violation de la Constitution, a exclu purement et simplement du gouvernement les trois principaux ministres rebelles, les a remplacés par trois FPI, a privé les autres de leur solde, de leur logement et de leur véhicule, et leur a interdit de se déplacer sans son autorisation préalable ! De fait, assignés à l'Hôtel du Golf de la Riviera, inutiles et protégés par les Français, ils y sont restés longtemps, assistant – disent-ils – au « naufrage » de leur pays.

Par ailleurs, les sollicitations gouvernementales et l'intervention de plusieurs présidents africains de la région s'avèrent pour l'instant improductives. Déjà le comportement de Gbagbo suscite chez quelques-uns de ses pairs inquiétude ou désapprobation. L'ivoirisation absolue de tous les emplois, qu'il a décrétée le 8 mars 2004, ne viole-t-elle pas allègrement les textes de la CEDEAO, puisque ceux-ci ouvrent tous les postes aux citoyens des seize États de la Communauté sans distinction ? Rappelons que le premier sommet d'Accra de novembre 2003 a échoué : sept chefs d'État en sont sortis plus ou moins furieux après trois heures de huis clos inutile. Représentant spécial de Kofi Annan, le Béninois Tévoédjré a couru bien en vain de l'un à l'autre, sans oublier les ex-grands de la scène ivoirienne en exil : ADO à Paris, qui juge Gbagbo « très versatile » (le 19 septembre au Sénat), et HKB, claquemuré chez lui à Daoukro sous protection française. Frères amis ou ennemis, les présidents de la région, Laurent (Gbagbo), Blaise (Compaoré), ATT, Omar (Bongo), Gnassingbé (Eyadema), ADO, HKB, Thabo (Mbeki) et d'autres encore ont eu beau se regarder dans les yeux (*Jeune Afrique* du 1er août 2004) et jurer de leur bonne volonté à Abuja, à Bamako en juillet, puis à Accra, plus tard encore à Abidjan même, le mécanisme de la haine, du refus et de la violence n'a pas été désarmé.

Gênée, indécise, la France officielle continue de louvoyer, empêtrée peut-être dans l'ambiguë doctrine du « ni (ingérence) ni (abandon) », sensible au chaud puis au froid alternés qui soufflent des lagunes, toujours suspecte de visées coloniales prolongées. S'en tenant au principe « tout Marcoussis, rien que Marcoussis » encore réaffirmé par Jacques Chirac en avril 2004, Paris estimait, dès 2003, que le coût de la convalescence serait de plus de 3 milliards d'euros. Deux de ses soldats ont déjà été tués fin août au cours d'une patrouille sur le lac de Kossou mais Bouaké a jugé les coupables. Au même moment, l'arrestation à Paris de l'ex-sergent Ibrahima Coulibaly dit « IB » et d'une douzaine d'autres comploteurs (potentiels ?) contre Abidjan a plutôt réchauffé les relations entre les deux capitales[11]. Une fois rentré à Abidjan en août 2005 puis installé à Cotonou, IB, dit aussi Major, ruminera – paraît-il – sa vengeance contre Soro et son équipe.

---

11. Ancien sergent, ami du général Gueï mais compromis dans l'un des putschs de l'époque, IB s'était réfugié à Ouagadougou. Ses allées et venues en France et en Belgique au mois d'août, ses propos et ses contacts ont laissé penser qu'il recrutait – presque ouvertement – des mercenaires et préparait l'assassinat de Gbagbo. Des arrestations ont eu lieu simultanément à Abidjan.

Parallèlement aux négociations politiques, à l'automne 2003, un premier drame, mineur à côté de ceux qui allaient suivre, met de nouveau à mal le difficile dialogue franco-ivoirien depuis Marcoussis. Dans la soirée du 21 octobre, le journaliste Jean Hélène, correspondant à Abidjan de RFI, est tué, apparemment de sang-froid et devant de nombreux témoins, d'une balle de kalachnikov en pleine tête par un sergent de police. Quelles qu'en soient les circonstances précises, le crime semble facilité, provoqué même, par l'ambiance générale d'hostilité distillée à plaisir par la presse abidjanaise contre les médias français, ceux qui les servent et les Français en général. Chirac, indigné, fustige le « comportement irrationnel, irresponsable » des dirigeants ivoiriens et exige une « justice exemplaire ». Gbagbo, lui, s'en prend au *Monde* mais limoge le directeur général de la police. De son côté, IB plaide calmement pour une tutelle internationale du type Kosovo sur la Côte d'Ivoire et ajoute : « J'ai mal pour mon pays. » Le meurtrier de Jean Hélène est condamné à 17 ans de réclusion quand le procureur en réclamait seulement 15. Des journalistes ivoiriens indépendants sont plusieurs fois menacés ou agressés. Plusieurs agences d'information quittent Abidjan, ainsi que 3 500 à 4 500 de nos compatriotes. En mai suivant, on apprend la disparition du journaliste franco-canadien Guy-André Kieffer et la rumeur met directement en cause un propre beau-frère de la présidente Simone Gbagbo pour enlèvement et séquestration. Nébuleuse, l'affaire, à ce jour, n'a toujours pas été élucidée. Toujours en 2004, un accrochage assez grave fin novembre entre militaires de l'opération Licorne et rebelles dans la zone-tampon incite le président Gbagbo à venir sur les lieux puis à remercier la France dans son discours à la nation du 27 novembre pour les efforts qu'elle a déployés. Mais, trois jours plus tard, un lieutenant de paras abidjanais exige à la télévision le départ du chef d'état-major et de tous les militaires français : « Nous demandons au président de dire à ces Blancs-là de dégager les lignes de front. » Le lendemain, 1er décembre, les Jeunes Patriotes (JP) d'Abidjan, une fois de plus, lapident pendant plusieurs heures le portail bien protégé du 43e Bima. Le 2, Gbagbo, louvoyant, affirme en substance : moi, j'y vais par la diplomatie, les soldats non ! La Côte d'Ivoire a besoin de la France mais je comprends la colère des jeunes... Début février, il est de nouveau à Paris et, sortant radieux de l'Élysée, déclare : « Tout est au beau fixe, je repars en homme heureux et comblé. » Déroutant interlocuteur, décidément, et qui ne pardonne rien à Chirac.

Après un relatif réchauffement de quelques semaines, les désordres de la rue abidjanaise déclenchent une nouvelle crise. À vrai dire, l'agitation n'a jamais vraiment cessé depuis le coup de Noël 1999 et les élections boiteuses d'octobre 2000. Agités permanents et chômeurs, les JP, sans être rappelés à l'ordre ni par le gouvernement ni par la presse, ont multiplié les manifestations, les coups de main, les casses, les descentes musclées, les meetings haineux où l'on dénonce périodiquement les soldats français, les Français en général, les rebelles du Nord et même, après mai 2004, les casques bleus qui arrivent entre mars et juillet. Sous le titre « Les forces patriotiques menacent la paix en Côte d'Ivoire », *Le Monde* des 25-26 janvier 2004 a donné une excellente analyse de la « galaxie » de ces forces fidèles jusqu'à l'excès à Gbagbo, lequel a quand même, en octobre 2003, fait l'effort apparent de dissoudre les Groupes patriotiques pour la paix (GPPP) et d'interdire toute manifestation publique pour une durée de trois mois. À la mi-octobre, les JP saccagent là où ils peuvent les locaux de la CIE (électricité), de la SODECI (eau) et d'Orange (téléphonie mobile) liés à la France. Le 9 mars, ils envahissent le Palais de justice, rossant quelques magistrats autrefois nommés par Henriette Diabaté, leur bête noire, et, dans la foulée, des journalistes indépendants qui passaient par là. Décidément, rien de rassurant n'émerge de ce magma politique inquiétant et incontrôlé, sinon désiré. Interdite, une grande marche pacifique pour l'application des accords de Marcoussis, organisée à Abidjan par l'opposition dès le 25 mars, est écrasée sans pitié par les forces de l'ordre et les milices du pouvoir avec tous les matériels lourds dont elles disposent. Quatre jours de carnage font, selon le décompte d'une enquête internationale confiée à l'ONU, 120 morts, 274 blessés et 20 disparus, peut-être bien davantage. Le calme ne revient que le 29. Gbagbo, dès le 26, a adjuré les ministres rebelles de revenir au gouvernement, mais crie à l'insurrection, quitte à reconnaître – de nouveau –, trois semaines plus tard, le droit de manifester. Pourtant, en mai, outré par le rapport des Nations unies qui l'accable, lui, ses gendarmes, ses militaires et ses nervis, il se fâche, conteste le document et s'en va dans plusieurs capitales protester de sa bonne foi. De son côté, Charles Blé Goudé se croit toujours assez fort pour adresser un court ultimatum aux casques bleus tandis que l'on peint des « Merde à la France » sur quelques routes.

On en est là au début de novembre 2004. « Requiem pour Marcoussis » titrait déjà *Jeune Afrique* le 4 avril. L'espoir qui subsistait était en effet déjà bien mince de voir un jour appliqués des accords mal ficelés et ambigus sans lesquels, cependant, il n'y aurait probablement que le néant. Lorsqu'en mai la France avait rappelé à l'ordre Gbagbo qui venait – on l'a vu – de liquider les trois principaux ministres des Forces nouvelles et de mettre les six autres au placard sans même consulter Seydou Diarra, c'était encore au nom de Marcoussis.

Coup de tonnerre le 6 novembre à 14 heures : dans le cadre d'une opération militaire « Dignité » lancée par Gbagbo contre le Nord (mais déconseillée par Chirac), deux Soukhoï de l'aviation gouvernementale (se seraient-ils vraiment trompés de cible ?) attaquent à la roquette les positions françaises de Bouaké, tuant neuf militaires – en mission de paix autorisée par les Nations unies, ne l'oublions pas – et un civil américain. Les représailles sont immédiates et la quasi-totalité des appareils de Gbagbo détruite au sol. L'affaire déclenche aussitôt, notamment à Abidjan, une tragique série de pillages et de violences qui va se poursuivre tout au long des journées suivantes et aboutir à l'exode de quelque 8 000 de nos compatriotes, Français ou Franco-Ivoiriens, pieds-noirs des tropiques parfois sans attache ni famille en métropole, auxquels se sont joints d'autres Occidentaux et des Libanais, soit 8 300 personnes au total, 1 450 familles et une douzaine de médecins. Les rapatriés signalent les pillages dont ils ont été victimes, les violences physiques infligées parfois à ceux et celles qui s'y opposaient, et même quelques cas de viols. Sous l'effet de l'émotion, certes, mais aussi d'un indéniable cafouillage entre les divers centres de décision parisiens (Élysée, Matignon et Quai d'Orsay)[12], la France officielle va mettre trois semaines à admettre l'autre pan

---

12. Voir à ce sujet Laurent d'Ersu, « La crise ivoirienne, une intrigue franco-française », dans *Politique africaine*, n° 105, mars 2007.

de la vérité : descendus sur Abidjan pour protéger nos civils, les militaires français, pendant plusieurs jours, du 6 au 10 novembre, ont tiré sur la foule, notamment tout autour de l'Hôtel Ivoire et des ponts. Bilan reconnu : 20 Ivoiriens tués, quand Abidjan parle de 63... et même de 2 000. Dès le premier soir, l'ambassadeur Le Lidec, témoin direct du drame, avouait à cette occasion sa « honte d'être français ».

Même si l'on savait que l'actualité ivoirienne abonde en outrances, intoxications et zones d'ombre, la blessure était profonde. Comment apprécier exactement la gravité de la déchirure et le maintien au contraire, entre Blancs et Noirs, de la solidarité et de la fraternité qui les liaient encore naguère et dont on n'ose imaginer qu'elles aient été éliminées en quelques jours ? À la mi-novembre, le consulat de France annonçait encore 9 900 immatriculés contre 16 000 quinze jours plus tôt.

Fallait-il vraiment croire cette fois-ci que la Côte d'Ivoire faisait naufrage ? Dans ce pays de 16 ou 17 millions d'habitants, même coupé en deux, et qui n'est pas dépourvu d'élites brillantes, quelles voix célèbres s'étaient vraiment élevées jusqu'alors pour crier au suicide, adjurer les chefs des deux camps de mettre fin au chaos et de sortir d'urgence une nation composite mais riche et vigoureuse de sa folie identitaire, de ses négatives convulsions, du désespoir de ses jeunes[13] ? Quels hauts dignitaires musulmans ou chrétiens (sinon les évêques dans une récente déclaration plutôt timorée) ? Quels ex-ténors et barons, adversaires ou complices, des régimes Houphouët et Bédié ? Quels hommes d'affaires, professeurs ou artistes (si ce n'est Tiken Ja Fakoly, la star du reggae, exilé entre Paris et Bamako et qui s'affiche « nordiste ») ? Fatigués de proposer en vain leurs bons offices, plusieurs présidents africains, et même le Sud-Africain Thabo Mbeki pourtant très compréhensif, semblaient bien prêts de jeter l'éponge. L'opprobre étrangère se concentrait désormais sur Gbagbo lui-même.

---

13. Je me souviens encore, le cœur serré, de la rageuse consternation du doyen Bernard Dadié lorsqu'il me reçut chez lui en octobre 1999 (voir son article du 14 août 1999 en annexe). Aujourd'hui, à l'extrême soir de sa vie (il est né en 1915), résigné peut-être, il préside le CNRD (Congrès national de la résistance pour la démocratie) plutôt favorable à Gbagbo.

Pour l'ONU, en tout cas, c'en est trop. Déjà en juillet, après Accra-III, New York a accentué sa pression sur Gbagbo, et Tévoédjré, son porte-parole, l'a averti que le Conseil de sécurité ne serait plus aussi patient à l'avenir. Le 15 novembre, à la quasi-unanimité, ledit Conseil condamne solennellement la Côte d'Ivoire, votant contre elle un embargo de 13 mois sur les armes et la menaçant de sanctions collectives pires encore si elle ne s'assagissait pas. Gbagbo, lui, accuse la France, nie presque les morts de Bouaké et jure qu'il reconstituera coûte que coûte ses forces aériennes, tout en appelant dès le lendemain les entrepreneurs blancs à revenir... Aurait-il joué son va-tout ? Lâché par ses pairs, désavoué par les Nations unies, se trouve-t-il désormais sans défense ? Pour lui et son pays, l'étape à franchir est cruciale. Quelques mois plus tôt, on pouvait déceler ici et là, notamment dans le domaine économique, des éléments d'optimisme solides – et les chapitres qui suivent en seront encore le reflet – mais maintenant ? Comment un pays cassé, saigné en deux semaines d'une bonne partie de ses établissements d'enseignement, de 600 entreprises de toutes tailles, de 10 000 emplois directs et de 100 000 emplois indirects, de ses équipements techniques et de ses grands chantiers, abandonné par plusieurs institutions internationales réfugiées à Dakar ou à Tunis, va-t-il pouvoir réaccueillir ou remplacer tous ceux qui l'ont fui, redonner confiance à ses jeunes, retisser l'unité du Nord et du Sud, relancer le port d'Abidjan, retrouver sa place de « locomotive » au sein de l'Afrique de l'Ouest et de ses organisations régionales ?

À Ouagadougou, fin novembre, le Xe Sommet de la francophonie menace lui aussi la Côte d'Ivoire d'une mise en quarantaine, mais rappelle à ses devoirs le président burkinabé Compaoré, convaincu d'une « incontestable » ingérence dans le conflit depuis l'origine. La France, en panne d'idées et qui n'a plus aucun contact solide ni avec le Nord ni avec le Sud, commence peut-être son examen de conscience. Le « reggaeman » Alfa Blondy, en chantant, lui conseille de partir. Ouagadougou crie « haro sur les bases françaises[14] ! ». *Le Monde* (du 3 décembre 2004) s'interroge sur

---

14. Dans le quotidien *Le Pays*, cité par *Courrier international* du 2 décembre 2004.

une « mission impossible » très coûteuse (190 millions d'euros pour une année), de plus en plus contestée et dont le mandat expire le 4 avril. Chirac lui-même, à Dakar le 2 février 2005, n'excluant pas un retrait de l'opération Licorne, il n'est peut-être pas très judicieux (comme le fait pourtant notre ministre de la Défense) de plaider au même moment l'exemple du Rwanda. Tandis que l'embargo sur les armes est allègrement violé par les deux camps, les accords de Marcoussis et d'Accra-III apparaissent de plus en plus irréalistes. De leur côté même, dix élus du Parti socialiste français dénoncent Gbagbo, propagateur de haine et organisateur de terreur, qualifié d'« infréquentable », et demandent, le 23 décembre, l'exclusion de son parti, le FPI, de la IIe Internationale socialiste dans les meilleurs délais.

Pendant ce temps, l'infréquentable, peu perturbé, a poursuivi avec son Assemblée nationale l'examen de plusieurs textes préparés malgré tout « dans l'esprit de Marcoussis » et votés, comme s'il voulait donner des preuves de sa bonne volonté : loi sur la nationalité en juillet, régime juridique de la presse en septembre et, en décembre, trois autres textes majeurs, dont une version enfin révisée de l'article 35 de la Constitution sur les conditions d'éligibilité du président de la République.

L'Afrique – disait déjà Hérodote de son temps – a toujours de quoi nous surprendre. L'Union africaine, à Libreville le 10 janvier 2005, consent encore un « oui mais » à Gbagbo. Puis un nouveau mini-sommet des chefs d'État tenu à Pretoria chez Thabo Mbeki, pendant trois jours et cinquante heures (!) de conclave, semble accoucher d'une solution valable le 6 avril. Tévoédjré est satisfait, la solution est entièrement africaine et les JP d'Abidjan sont provisoirement calmés. Le 14, Mbeki fixe encore par écrit ses recommandations à Gbagbo qui, dans son discours à la nation du 26, accepte ce que ses pairs lui imposent : la présidentielle d'octobre sera ouverte à tous les candidats et la loi sur le processus électoral sera promulguée le 29 août, par le jeu de l'article 48 de la Constitution. Les accords de coopération franco-ivoiriens sont dénoncés. Les opérations de nationalité et d'identification des électeurs sont confiées à une seule Commission électorale indépendante (CEI) et les listes électorales elles-mêmes seront gérées par l'Institut national de statistiques (INS)... qui passe pour très favorable à Gbagbo.

Mais que de problèmes encore à résoudre d'ici là ! Un accord signé à Yamoussoukro le 14 avril relance aussitôt les travaux de la CN-DDR, confiée à Alain Donwahi et chargée de désarmer 42 500 rebelles des FAFN et 5 500 loyalistes des FANCI avant le 10 août, sur onze sites et selon trois étapes jusqu'à démobilisation effective et réinsertion. Au même moment, Soro, leader des FN du Nord, réputé peu bavard, précise sa position dans l'ouvrage qu'il publie à Paris[15]. Pour moi – explique-t-il – la crise ivoirienne est aussi grave que celle du Rwanda : les accords sont inopérants. Si nous n'allons plus siéger au gouvernement d'Abidjan, c'est parce que nous y risquons nos vies. Par ailleurs, l'action de la France est illégitime : elle nous a privés d'une victoire qui n'attendait que nous ! Si nous avons pris les armes, c'est parce que, depuis la débandade de l'armée au temps de Robert Gueï, on en a répandu partout dans le pays. J'ai cessé d'admirer Gbagbo, mais je n'ai pas d'ambition personnelle. Quel que soit le vainqueur en octobre, je serai satisfait...

Au mois de mai, ADO et HKB, qui se sont déjà réconciliés à Paris le 21 septembre précédent, annoncent qu'ils feront « front uni » en octobre[16]. Gbagbo va-t-il pouvoir tenir seul contre tous ? On commençait à croire un peu à l'adieu aux armes, mais les turbulences reprennent surtout dans l'Ouest. Au début du mois, des tueries éclatent à Duékoué et Guitrozon entre transporteurs grévistes dioula et milices locales guéré, et vont se renouveler en juin, faisant presque 100 morts au total. Le Nord et le Sud s'en accusent mutuellement tandis que la lamentable affaire Mahé[17] ravive encore la plaie franco-ivoirienne. L'ONU estime alors nécessaire de renforcer encore l'ONUCI : la résolution 1609 du 24 juin en prolonge le mandat jusqu'au 24 janvier 2006 et prévoit d'ajouter aux effectifs déjà en place (6 000 militaires

---

15. *Pourquoi je suis rebelle*, Hachette Littératures, Paris, 2005.
16. Accord jugé « inédit, voire contre-nature » par *Marchés tropicaux* n° 3105 du 27 mai 2005.
17. Confondu avec un violeur coupeur de route recherché dans la région, l'innocent Firmin Mahé est appréhendé, abattu puis étouffé par des militaires français, cinq jours avant l'arrestation du véritable bandit. L'affaire entraîne rapidement la mise en examen des coupables directs et, très exceptionnellement, deux blâmes pour les généraux qui les ont couverts.

et 220 policiers civils) 850 militaires et 350 policiers. De son côté, Gbagbo semble douter de son armée. Le 28 juin, sortant d'un dîner à l'ambassade de France (dont ils n'auraient pas informé leur hiérarchie), trois officiers supérieurs sont passés à tabac par des collègues fidèles au pouvoir ; l'un d'eux, le colonel Traoré, meurt de ses blessures le 3 juin ; un autre colonel, Jules Yao Yao, rejoint en exil au Ghana son collègue Mathias Doué dont Gbagbo commencerait – dit-on – à prendre les menaces au sérieux.

Le tandem de la dernière chance (2005-2007)

Octobre approche, les élections n'auront pas lieu, tout est à refaire. Le 8 septembre, Kofi Annan confie son écœurement à la fois à RFI, à TV5 et au journal *L'Express*. Trois jours plus tard, HKB, rentré seul à Abidjan et toujours pugnace à 71 ans, rappelle les vertus fédératrices (selon lui) de l'ivoirité et déclare que Gbagbo ne sera plus qu'un vulgaire dictateur s'il s'obstine à rester au pouvoir après le 31 octobre. Et Jean-Pierre Tuquoi s'interroge dans *Le Monde* : « Peut-on encore sauver la Côte d'Ivoire ? »

Nouveau dénouement provisoire au dernier instant : Gbagbo a boycotté en vain le nouveau sommet qui s'est tenu fin septembre à Abuja. Le Conseil de sécurité, par la résolution 1633 du 30 octobre, lui accorde encore un sursis d'un an mais, cette fois, assorti de strictes conditions : il sera surveillé de très près à la fois par le Groupe de travail international (GTI) constitué le 21 précédent et par le Premier ministre de transition aux larges pouvoirs qu'on lui impose désormais. Seize noms figurent sur la liste dressée par le GTI le 8 novembre (dont celui de Soro que les rebelles se sont empressés de proposer). C'est en définitive un poids lourd de la diplomatie et de l'économie ivoirienne qui est choisi : Charles Konan Banny, enlevé à la Banque centrale des États de l'Afrique de l'Ouest (BCEAO) qu'il gouvernait à Dakar depuis quinze ans. CKB, « Premier ministre de la dernière chance », arrive à Abidjan le 5 décembre et Gbagbo lui donne l'accolade. Le 28, après trois semaines de tractations intenses, il présente son gouvernement de transition, raisonnablement panaché, de 32 ministres (dont 13 nouveaux et 4 femmes) : Soro en est le numéro deux. Discret comme il l'a toujours été, Diarra s'efface. Évidemment, on peut douter que Gbagbo ait accepté de gaieté de cœur le montage qu'on lui impose. La résolution de l'ONU primant les lois nationales, la Côte d'Ivoire est donc de fait mise en tutelle et sa Constitution suspendue, d'autant que le mandat de son Assemblée s'est juridiquement achevé le 16 décembre. En outre, et pour surcroît de garantie, le Conseil de sécurité, par la résolution 1643 du 15 décembre, vient encore de prolonger d'un an la menace de sanctions collectives ou individuelles, annoncée en 2004, en élargissant aux diamants l'embargo sur les armes. L'année 2006 pourrait, une de plus, ne pas être de tout repos...

Pour l'instant, le président s'obstine : « La Côte d'Ivoire ne sera pas décapitée ! »

Dès le 2 janvier 2006, le camp militaire d'Akuédo, déjà célèbre, en banlieue d'Abidjan, subit une mystérieuse attaque qui fait 10 morts et 34 personnes appréhendées. Le lendemain, CKB, qui a voulu s'en approcher, essuie lui-même plusieurs rafales. 2 000 ou 3 000 jeunes, déchaînés et non désavoués, bloquant pendant plusieurs jours une métropole de 4 millions d'habitants, sèment une nouvelle fois le désordre dans Abidjan jusqu'au 19. Cette fois, ils s'en prennent aux positions de l'ONUCI, non seulement à l'Hôtel Sebroko qui les abrite mais aussi en province, autour de Guiglo et de Duékoué d'où sont chassés les casques bleus du Bangladesh. Le 19, le Conseil de sécurité estime que le temps est venu de la rigueur annoncée ; des « sanctions ciblées » vont être imposées à la Côte d'Ivoire en tant qu'État, et aussi à trois des fauteurs de troubles les plus repérés (sur une liste de 95 noms) : avoirs gelés et interdiction de sortie vers l'étranger. Cependant, pour ne pas aggraver la situation, on n'ose pas, à New York, s'attaquer à ceux qui les couvrent ou les inspirent. CKB s'efforce de louvoyer, de se rassurer : rentrant d'une visite à Bouaké chez les rebelles, le 4 février, il se déclare « satisfait et comblé ». Ses appuis sont nombreux dans le monde, le GTI lui fait confiance, il voyage beaucoup, constate que l'État ivoirien paie normalement ses fonctionnaires, bien que ses caisses soient vides, et déclare encore le 9 mai : « Le train a quitté la gare. » « Assis sur un tandem » (avec Gbagbo), il se dit « fermement cramponné au guidon ». Reste à savoir si les deux hommes pédalent ensemble, dans la même direction et au même rythme...

Après quelques mois de relative accalmie, nouvelle poussée de fièvre. Les travaux de la CN-DDR, qui avaient mollement repris en mai, s'interrompent encore. Le 5 juillet, à Yamoussoukro, on renouvelle les pressions de Kofi Annan sur Gbagbo, qui les refuse, et le 19, la rue d'Abidjan se déchaîne de nouveau aux cris de « Banny démission ! Non au vote des étrangers ! L'Assemblée siège toujours ! ». Les « audiences foraines » prévues pour le pointage des identités et des nationalités avant confection des listes électorales n'ont même pas commencé leur travail. Gbagbo, fort de deux quasi-certitudes, n'est pas pressé : au 31 décembre, il sera débarrassé de Kofi Annan et, cinq mois plus tard, de Chirac. Mbéki lui demeure très favorable. Troisième certitude, un peu moins réjouissante, notamment pour la réunion du GTI le 8 septembre : octobre approche et les présidentielles, pour la troisième fois, n'auront pas lieu ! Huis clos très serré à New York le 20 septembre, sans Gbagbo, puis rencontre encore ratée à Ouagadougou six jours plus tard. À Abuja, du 6 au 9 octobre, les chefs d'État, par recommandations « secrètes », se prononcent pour un nouveau maintien de Gbagbo pendant un an. Le 17 octobre, à Addis-Ababa, l'Union africaine adopte la même position et la transmet au Conseil de sécurité : décision conforme votée de justesse. Par la résolution 1721 du 1er novembre, Gbagbo, qui sauve une fois de plus son fauteuil, est reconduit jusqu'au 31 octobre 2007, mais sous le contrôle encore plus serré d'un CKB habilité à gouverner par décrets et décrets-lois, et doté de pouvoirs encore plus larges, si larges même qu'on se demande aussitôt s'il pourra les exercer et quand, puisqu'il n'a aucune autorité ni sur les rebelles du Nord ni sur les hauts fonctionnaires civils et militaires du Sud qu'il n'a pas nommés lui-même ! L'opération Licorne est maintenue. Le processus DDR reprendra le 18 décembre. On n'ose plus parler du « tandem » de CKB et de son président.

À la mi-janvier 2007, le « G7 », qui regroupe toute l'opposition ivoirienne à Gbagbo entraînée par ADO, HKB, Djédjé Mady et d'autres, déclare se ranger derrière... Soro ! Serait-ce l'hallali final ? Gbagbo, furieux, n'en fait pas moins bonne mine aux députés français qu'il reçoit en février, souhaitant, tout sourire, le retour des rapatriés de fin 2004. Personne ne peut plus s'imaginer en tout cas que la crise ivoirienne va encore traîner longtemps dans le flou et l'ambiguïté.

« La guerre est finie ! » (mars 2007)

La vraie, la bonne surprise africaine semble tomber enfin : alors que, le 12 janvier, le GTI constatait encore l'« impasse totale » du processus de paix, Gbagbo et Soro, réunis à Ouagadougou le 4 mars sous le contrôle insistant du président Compaoré, signent ensemble un sixième accord de paix. Dès lors, les choses vont très vite. Le Conseil de sécurité prolonge une dernière fois jusqu'au 30 juin le mandat de l'opération Licorne, qui va déjà réduire ses effectifs ; CKB, poussé vers la sortie, s'incline et c'est Guillaume Soro qui devient le Premier ministre de Gbagbo le 29 mars, à la tête d'un gouvernement multicolore constitué le 7 avril. Le même jour, l'amnistie décrétée par Gbagbo vient renforcer l'espoir général.

« La guerre est finie ! » La France pousse, elle aussi, un soupir de soulagement et Pierre Messmer aura le temps de s'en réjouir avant de disparaître à la fin du mois d'août. La suppression progressive de la « zone de confiance » entre Nord et Sud (qui couvre pas moins de 12 000 km^2) est entamée dès le 16 avril par le démantèlement symbolique du point de contrôle de Tiébissou entre Yamoussoukro et Bouaké ; on envisage la mise sur pied de « brigades mixtes » prises au Nord et au Sud ; on inaugure à Yamoussoukro un Centre de commandement intégré (CCI) et, le 30 juillet à Bouaké, un grand autodafé d'armes et de munitions donne le signal du désarmement général sur 17 sites de regroupement, une partie toutefois encore difficile à jouer et à réussir car il faut y contraindre tous ceux qui considèrent leurs galons d'emprunt comme « non négociables ». Soro s'écrie qu'il faut « apprendre à pardonner ». Charles Blé Goudé de son côté prend la tête d'une « caravane de paix ». Désormais, les élections sont envisageables pour le printemps 2008 et Gbagbo lance, avec 48 ambassadeurs, une vaste offensive diplomatique à travers le monde entier. Le centre culturel de Korhogo proclame sur sa façade le slogan : « Recousons le tissu social ! » et un Comité national pour le redéploiement de l'administration (CNRA), au Nord, se remet une bonne fois à la tâche. Rapidement, le pays est partout en effervescence. Si HKB, ragaillardi, s'affirme encore candidat aux présidentielles, nombreux sont, sincères ou opportunistes, les transfuges du PDCI et du RPR, tel Laurent Dona Fologo[18], qui estiment le moment venu de rallier Gbagbo, un Gbagbo radieux qui affirme (ou réaffirme) sa fidélité à Houphouët et reprend les grands projets encore prévus à Yamoussoukro pour en faire vraiment la capitale du pays.

Il faut quand même raison garder et l'on s'aperçoit très vite que la surveillance de la scène ivoirienne ne doit pas se relâcher. En conséquence, le GTI n'est pas dissous. Compaoré continue de veiller au grain, prêt à envoyer ses soldats d'élite et son représentant spécial pour protéger le nouveau Premier ministre. Précaution des plus sages quand on apprend, le 29 juin, l'attentat manqué contre Soro et sa délégation à l'aéroport de Bouaké, pourtant sous contrôle des casques bleus. Après sa 62e Assemblée générale de septembre (à laquelle Gbagbo a assisté), l'ONU manifeste de nouveau son inquiétude quant aux retards déjà pris par les opérations de désarmement et la mise en place des audiences foraines chargées d'établir une bonne fois la nationalité et les documents d'identité des Ivoiriens jusqu'alors non reconnus. Les violations des droits de l'homme sont encore nombreuses un peu partout et le respect de l'embargo sur les armes est souvent impossible à vérifier. Aussi le renouvellement des sanctions est-il voté à New York à l'unanimité pour un an, jusqu'au 31 octobre 2008, ainsi que le maintien sur place pour l'ONUCI de 8 000 casques bleus et de 1 100 policiers civils, parallèlement aux forces de l'opération Licorne (2 400 hommes en décembre 2007).

Lentement, le processus de désarmement se met en place à partir de Tiébissou en décembre. 56 équipes de magistrats des

---

18. Écrit « Faux-Logo » par certains caricaturistes !

audiences foraines s'installent dans 15 régions du Nord et du Sud. La société française SAGEM est choisie par décret du 13 janvier 2008 pour fabriquer les cartes d'identité et les cartes d'électeur des citoyens ivoiriens, anciens et nouveaux, reconfirmés ou réintégrés. Certes, la réunification va coûter cher : son prix a été estimé fin 2007 à 474 milliards de francs CFA, mais le programme spécial Assistance d'urgence post-conflit (AUPS) devra y contribuer. En outre, l'attitude patriotique des artistes et des sportifs (footballeurs en tête) accélère gratuitement un réel élan général de retrouvailles nationales. Au vu de toutes ces garanties, les élections présidentielles semblent possibles cette fois pour juin 2008.

Solide et souvent jovial en tout cas, Laurent Gbagbo dit ne craindre personne. Ses relations sont de nouveau bonnes avec tous les pays de la région et, à Paris, Jacques Chirac n'est plus là pour le gêner. Toutefois, la France de Sarkozy et de Kouchner, toujours préoccupée par l'affaire Kieffer et l'exode de ses nationaux à la fin de 2004, s'en tient à un prudent « Gbagbo faute de mieux » ou « Gbagbo, pourquoi pas ? ».

C'est vrai : lentement, plus ou moins sincèrement, la Côte d'Ivoire revit, circule et se ressoude. Les administrations du Sud commencent à se redéployer dans le Centre-Nord-Ouest (CNO) rebelle. Au début de janvier 2009, en gros, 23 000 fonctionnaires, essentiellement de l'Administration territoriale et de l'Éducation, sont en place, mais la Justice, l'Administration pénitentiaire, le Trésor, les Impôts et les Douanes se font toujours prier. Par ailleurs, il faut remettre en état de très nombreux bâtiments publics, détruits ou dégradés depuis dix ans, sans compter tous ceux qu'il va falloir construire pour les 55 sous-préfectures, les 520 communes et les 10 nouveaux départements créés d'un seul coup le 5 mars 2009 !

Ex-chef des rebelles, Guillaume Soro, Premier ministre depuis deux ans, semble jouer le jeu gouvernemental sans trop rechigner. Dans une interview de mars 2008 (*Jeune Afrique* n° 2462), il déclare qu'il n'est « candidat à rien » mais que les élections lui tardent. Confirmant encore son habileté et sa rouerie, le président, lui, renforce ou modifie au gré des circonstances l'appareil de son pouvoir (que *Jeune Afrique* n° 2464-2465 qualifie de « galaxie Gbagbo ») et s'estime même assez fort pour poursuivre les prévaricateurs de l'univers café-cacao (cf. chapitre 5) ou abaisser à 800 000 FCFA la solde mensuelle de ses ministres. On peut se demander s'il souffre vraiment du temps qui passe et repousse toujours davantage l'échéance des présidentielles dont le coût, évidemment en hausse constante, est d'ores et déjà estimé à plus de 100 milliards de francs CFA (152 millions d'euros).

Or, il se confirme, à partir de mai 2008, que les problèmes logistiques et les difficultés financières de la réunification demeurent tels qu'il faut encore reporter les élections de juin... à novembre. Très vite, à l'exception de Bédié, tous les acteurs politiques du pays et de la région se résignent à un nouveau report, mais cette fois sans plus se risquer à formuler une date précise. Les audiences foraines ont été closes le 13 mai, vraisemblablement bâclées. En gros, 600 000 requêtes ont été examinées et 488 000 jugements supplétifs de naissance établis pour 415 000 Ivoiriens et 73 000 étrangers. Mais on se noie vite dans tous ces chiffres aussi partiels qu'éphémères. Car il s'agit, après identification complète des individus (Ivoiriens expatriés compris), de délivrer au total 8 600 000 cartes d'électeur ! Au 16 février 2009, on en serait à 4 500 000, et, un mois après, à 5 800 000. Il faudra aussi agencer 20 000 bureaux de vote.

Et puis les ex-rebelles n'ont encore abandonné partout ni leurs positions militaires ni leurs pratiques de taxes diverses et de rackets routiers. Leur intégration dans l'armée se fait difficilement et le programme DDR traîne toujours. Alléchés par une prime individuelle de 500 000 FCFA (750 euros), les prétendants à la démobilisation, vrais ou faux ex-militaires et ex-miliciens rebelles des Forces nouvelles, sont de plus en plus nombreux. Les agents de la Commission électorale indépendante (CEI) pleurent parfois après leur salaire. L'ONU est toujours là et a prorogé le mandat de l'ONUCI et de la force Licorne jusqu'au 31 juillet 2009, mais son représentant spécial, un Sud-Coréen, a baissé un peu la garde : bientôt les casques bleus ne seront plus que 7 450. Quant à la Licorne, désormais simple « fournisseuse de sécurité » qui a déjà absorbé, en juillet 2008, le célèbre 43e Bima de Port-Bouët, elle a fermé son site de Bouaké et se trouve réduite à 900 hommes.

Finalement, le troisième accord politique (6ᵉ « accord de paix ») signé à Ouagadougou le 4 mars 2007 et, plus encore, le quatrième, conclu, toujours à Ouagadougou, le 22 décembre 2008, tout en confirmant le rôle d'arbitre régional du président burkinabé Compaoré, auront imposé à la Côte d'Ivoire et à tous ses protagonistes politiques les règles contraignantes mais bénéfiques d'une sortie de crise définitive. Depuis mai 2009, tout s'éclaire en effet : après une ultime valse-hésitation balayée par un dernier sursaut de patriotisme constructif, les élections présidentielles, tant de fois repoussées, ont été définitivement fixées au 29 novembre 2009. Les opérations d'enrôlement, longtemps ralenties et compromises, se sont officiellement achevées le 30 juin à 17 heures : 6,3 millions de citoyens ont été recensés. Pourvu que le calme soit assuré et que les bureaux de vote soient installés ou réinstallés en nombre suffisant, les conditions semblent enfin réunies pour redonner à la Côte d'Ivoire dans quelques mois sa démocratie, son unité et la maîtrise complète de son destin.

Dessin de Zohoré.

5

Le « miracle », les Éléphants, la crise
Économie et développement

Le pari tenu

Polémique intéressante mais bien vaine en définitive celle qui opposait au début des années 1960 certains « chers professeurs » économistes de gauche aux responsables ivoiriens ou à leurs amis financeurs[1]. Il semblait à certains de mauvais goût – ou pour le moins pas de jeu – que, dans la foulée des indépendances en chaîne, un pays, même relativement favorisé, pût affirmer ses options libérales aussi crûment qu'il avait égoïstement lutté pour casser à son profit la Fédération d'AOF. Car alors, on s'enthousiasmait plutôt pour les prétentions panafricaines de la Guinée et du Ghana et l'on avait vite fait de considérer comme insolente la volonté d'Houphouët de construire une nation nouvelle avec les forces capitalistes du système colonial dont il venait, juridiquement et politiquement, de se libérer. Bref, la Côte d'Ivoire gênait. Il paraissait arrogant, indécent, qu'elle pût réussir, inadmissible qu'elle en eût la prétention et de surcroît l'audace de donner rendez-vous dans quinze ou vingt ans à Nkrumah et à Sékou Touré pour comparer la valeur des itinéraires choisis. Mais l'Afrique – rappelons-nous Hérodote – se plaît à déjouer les prévisions. Ce

---

1. Ainsi, en 1967, le duel entre l'économiste égyptien Samir Amin et Raphaël Saller, ancien ministre des Finances.

sont les prophètes de l'échec qui ont échoué. Qu'il y ait eu quelque chose de « miraculeux » dans les performances ivoiriennes, mi-croissance, mi-développement, il faut bien l'admettre, mais le miracle cesse de l'être quand on explique les mécanismes qui l'ont enfanté. Capitalisme d'État, le terme pouvait déplaire mais la Côte d'Ivoire s'en est longtemps glorifiée.

« Un pays qui fait boom » titrait *Jeune Afrique* en 1967, riche, relativement bien organisé, solidement tenu par le capital étranger auquel il « inspire fortement confiance ». Difficile à croire, mais cette petite nation de 5 millions d'habitants a vu son produit intérieur brut passer de 130 milliards de francs CFA en 1960 à 1 900 milliards en 1979. En 1970, sans crier gare, elle a porté son seul budget d'investissement à 44 milliards, soit autant que tout le budget du Sénégal à la même époque, et doublé du jour au lendemain la solde de ses enseignants ! « *Kodiwaaaar ! Houououphouët-Boioioigny !* ». Il y avait de quoi rêver à Dakar – on l'a vu – et l'on dit que, cette année-là, le nombre des mariages mixtes sénégalo-ivoiriens s'est mis à grimper en flèche.

C'est vrai, la Côte d'Ivoire était assez gâtée des dieux. Non qu'elle fût la seule dans la région, mais le voisinage n'a pas nécessairement entraîné, après les indépendances, la similitude des destins. Avant 1960, elle avait déjà commencé à attirer des regards intéressés vite transformés en investissements. Les perspectives décennales inspiratrices des premiers plans de développement s'appuyaient sur de substantielles réalités, sur de sérieux espoirs, sans avoir à recourir à la grandiloquence dogmatique et brouillonne de ses deux voisins. Ce n'était pas le genre du Vieux qui déclarait (à Radio-Canada en juin 1978) :

> « J'ai toujours dit que chez nous la Révolution appliquée à nos réalités a un R de trop. »

Comme pour l'arachide du Sénégal ou la canne à sucre des Antilles, l'introduction un siècle plus tôt du cacaoyer et du caféier sur les rivages orientaux de la lagune Aby prenait à retardement l'allure d'un événement historique fondamental et jusqu'alors tout à fait positif.

Symphonie en C majeurs

Café, cacao, cocotier, coton, caoutchouc, palmier à huile... C'est bien en effet la symphonie en C majeurs, rassurante et diversifiée, des grandes cultures d'exportation, sur laquelle la Côte d'Ivoire indépendante a fondé pendant plus de trente ans son économie. Faisons rapidement le point une première fois en 1982, dernière bonne année avant qu'une vague de sécheresse et de feux de brousse ne vienne frapper les campagnes, annonçant une époque de « conjoncture » plus éprouvante encore :

– avec une production record de cacao de 456 000 tonnes pour 520 000 hectares cultivés, la Côte d'Ivoire se plaçait au premier rang mondial, mais pour protester contre les prix injustes d'un marché planétaire qu'elle ne maîtrisait pas, elle s'en était délibérément retirée en 1979 ;

– le café constituait sa seconde richesse avec 452 000 tonnes pour 1 250 000 ha, mais les plantations commençaient à vieillir et, partant, les rendements à baisser sérieusement[2] ;

– lancé en 1967, le plan cocotier national avait réussi : 30 000 ha de cocoteraies fournissaient 345 000 tonnes de coprah ;

– dans le Nord, 122 000 ha d'espaces cotonniers, en expansion continue, produisaient 136 000 tonnes de coton-graine et alimentaient ainsi, outre plusieurs égreneries, une industrie textile non négligeable dont les pionniers, les Ets Gonfreville, étaient présents à Bouaké depuis 1921 (!) ;

– l'hévéa se portait déjà très bien : avec 20 000 tonnes de latex et 42 000 ha de plantations, cette culture rémunératrice, lancée en 1956 par la SAPH, société d'économie mixte, autorisait de grands espoirs ;

– enfin, le plan palmier, lancé en 1964, assurait au pays le troisième rang mondial avec 102 000 ha de plantations, 700 000 tonnes de régimes et une douzaine d'huileries.

---

2. On doit à l'agronome belge Jacques Capot la mise au point avec succès, à Bingerville en 1962, d'un produit hybride, l'« arabusta » combinant la force du « robusta » et la saveur de l'« arabica ». Mais la République centrafricaine affirme de son côté que l'« arabusta » est né quelques années plus tôt des travaux du généticien Dubelin à la station de recherche de Boukoko.

Aux productions agricoles majeures venaient s'ajouter l'ananas (93 000 tonnes en 1983, dont on essayait même de faire du mousseux) et la canne à sucre qui alimentaient l'un et l'autre un réseau d'agro-industries privées ou d'État, dans le Sud-Est pour l'ananas, autour d'Ono, Bonoua et Tiassalé (nous y passerons), et, pour la canne, dans la moitié nord du pays.

Il était grand temps qu'on commence à s'inquiéter de l'avenir de la forêt : cette richesse essentielle, trop longtemps considérée comme inépuisable, était déjà très malade, menacée de disparition rapide. « Pas un seul Ivoirien qui n'en profite » avait dit un jour le ministre des Eaux & Forêts. Mais nombreux sont aussi, hélas, ceux qui la saccagent sans vergogne : on ne sait d'ailleurs pas qui, des exploitants forestiers (surtout étrangers) ou des villageois défricheurs, il faut en blâmer le plus. Ce qui est sûr depuis longtemps, c'est que le recul de la forêt prenait déjà l'allure d'une véritable catastrophe suivie et comptabilisée : 11 millions d'hectares en 1956, 9 seulement dix ans plus tard, 5,4 en 1974 et plus que 3 en 1985. Alors qu'on estimait à 30 % de la superficie du territoire le minimum forestier à conserver, on en était déjà à 25 % seulement et l'ampleur des destructions était évidente : 450 000 ha par an contre seulement 5 000 à 6 000 de reboisements, pourtant obligatoires. En dépit d'une politique intelligente de parcs nationaux et de forêts classées héritée de l'époque coloniale, on estimait donc que le capital forestier risquait de disparaître totalement bien avant la date prévue pour tirer les premiers profits des plans de reforestation en cours...

Économie rentière et capitalisme d'État

Croissance ou développement ? Les polémiques ne sont pas closes, probablement les deux ensemble, c'est la vie. Le bilan des vingt-cinq premières années, solide et impressionnant, n'avait pas été obtenu sans tâtonnements ni erreurs de conception ni gaspillages, tandis qu'il demeurait exposé aux aléas toujours menaçants des crises et de l'injustice fondamentale des rapports Nord-Sud. Mais il avait conféré à l'économie ivoirienne une relative aisance dont bien peu de pays africains pouvaient se prévaloir. Selon les chiffres publiés lors du VIIIe congrès du PDCI en 1985 :

> « La valeur ajoutée de la production agricole est passée de 69,4 milliards en 1960 à 1 028 milliards en 1985. La valeur des exportations agricoles est passée à 294,6 milliards en 1985 contre 39,3 en 1960. Les revenus distribués aux planteurs s'élèvent à 415 milliards en 1985 contre 20 en 1960. »

Dans chacun des secteurs-clés énumérés plus haut, les plantations villageoises, c'est-à-dire familiales, avec une main-d'œuvre étrangère non négligeable, assuraient une bonne part de la production, modeste encore pour l'hévéa et les palmiers à huile, mais totale ou presque pour le café, le coton et surtout le cacao, si l'on incluait quelques planteurs européens eux-mêmes définitivement enracinés au pays. La force de la Côte d'Ivoire demeurait donc essentiellement son paysannat.

L'époque d'euphorie des années 1960-1970 a parfois donné dans la démesure et le gâchis, à des coûts extravagants qui, bien entendu, n'ont pas été perdus pour tout le monde. Si la rigueur des conditions monétaires imposées alors par le système de la zone franc n'autorisait pas de fantaisies avec la planche à billets, on a en revanche usé et abusé de l'émission de « papier glacé », c'est-à-dire de kilomètres cubes de missions d'études et de rapports d'experts s'annulant ou se répétant les uns les autres.

À partir de 1960, la Côte d'Ivoire a fait de gros efforts pour rééquilibrer une économie dont on a pu dire qu'elle était « fortement désivoirisée par le haut et par le bas », mais elle a souvent dû payer le prix fort à tous les conseillers, consultants, investisseurs et techniciens attirés par la conjoncture, signer, par exemple dans le secteur du tourisme, des contrats léonins douloureux et régler, pour ses complexes sucriers du Nord, des factures exorbitantes. Ici comme ailleurs, les banques se sont montrées incapables de prendre les moindres risques pour appuyer aussi les efforts de développement des nationaux modestes. Par ailleurs, les responsables des sociétés d'État ont allègrement profité de leurs sinécures et de leurs budgets.

L'État, tout en prenant des participations de poids dans plusieurs secteurs vitaux de l'économie (l'hévéaculture notamment), n'en a pas moins procédé, dès 1980, à la liquidation spectaculaire de ses sociétés les plus malades, en attendant la grande vague (et la grande vogue) des privatisations fortement imposées de l'extérieur. La Côte d'Ivoire, dans un contexte général de richesses, d'aisance et d'euphorie, pouvait en somme se permettre un joyeux coulage ainsi que la célébration par certains, au champagne, des milliards progressivement engrangés. Même s'ils s'en défendront par la suite...

On pouvait donc s'émerveiller, il y a trente ans, des réalisations techniques, souvent photogéniques en plus, de la Côte d'Ivoire. Sans partir de zéro à l'indépendance, elle avait incontestablement su se donner les équipements d'un pays moderne tout en s'efforçant d'atténuer les graves déséquilibres entre Nord et Sud : électrification urbaine et rurale, adduction d'eau, pompes et forages, réseau de télécommunications, le plus beau réseau routier d'Afrique occidentale après la Nigeria (et aussi – on en était presque fier ! – le record des accidents). La construction en vingt ans d'une demi-douzaine de gros et moyens barrages (Kossou et Taabo sur la Bandama, Ayamé I et II sur la Bia, Buyo et Soubré sur la Sassandra) annonçait – du moins jusqu'à la sécheresse de 1983 – le règne de l'électricité à gogo. Le principe de la fête nationale tournante, instauré en 1964 et abandonné aujourd'hui, bénéficiait chaque année à une ville différente, dotée pour un ou deux jours de réjouissances d'une préfecture, d'un hôtel, d'un stade et d'un marché tout neufs, souvent abandonnés une fois les lampions éteints... sauf à Yamoussoukro.

L'inauguration en 1972 du port de San Pedro, exutoire du Sud-Ouest jusqu'alors très marginal, symbolisait le développement volontariste du pays et manifestait en même temps ses ambitions, légitimes, de petite puissance maritime. En octobre 1977, pour couronner le tout, Houphouët pouvait fêter simultanément son 72e anniversaire et la découverte d'un gisement de pétrole au large de la côte. Si le commerce était nettement à la traîne, largement abandonné par les Ivoiriens aux étrangers, en revanche c'est le paysannat qui constituait, et constitue toujours, la force essentielle du pays. Il faut dire que celui-ci a été soutenu, organisé, encouragé depuis le début de la lutte décolonisatrice, par une petite classe politique historique partiellement issue elle-même du milieu rural et restée attentive à ses préoccupations. Houphouët a toujours manifesté ce qu'il est convenu d'appeler sa « profonde sollicitude » à tous, planteurs, agriculteurs vivriers, éleveurs, pêcheurs et artisans ruraux, forces vives d'un pays qui, sur ce plan, s'était toujours affirmé comme bien différent de ses voisins. Même si les « grands patrons » d'Abidjan se sont parfois très éloignés des planteurs de base qui assuraient pourtant l'essentiel de leur prospérité, on pouvait constater que de multiples liens de cœur et de portefeuille continuaient d'unir les uns aux autres.

Ceci dit, l'encadrement moderne des paysans ivoiriens s'est fait, plutôt de façon pesante, par toute une série de « sociétés de développement » rigides et coûteuses (SoDeRiz, SoDeFel, SoDeSucre, SoDePalm, Satmaci, Motoragri...), plus soucieuses de rendement et de motorisation que d'animation et de technologies douces. L'« animation rurale » n'a jamais vraiment pris en Côte d'Ivoire mais l'Office national de promotion rurale (ONPR), qui fonctionna de 1968 à 1981, avait pu quand même entamer une politique un peu plus souple de participation des populations à leur propre développement. Les Groupements à vocation coopérative (GVC), préludes aux coopératives proprement dites, et les Fonds régionaux d'aménagement rural (FRAR) ont jeté les bases d'une organisation technique et financière plutôt positive du monde rural, notamment en facilitant l'articulation (par les FRAR) des apports techniques de l'État avec les apports financiers – même modestes ou symboliques – des collectivités concernées. En attendant la multiplication des municipalités nouvelles jusque dans de petites localités encore essentiellement rurales. Chaque année aussi, la Coupe nationale du Progrès récompensait, à l'issue d'une compétition très serrée et très suivie par le président lui-même, les paysans les plus dynamiques et les mieux organisés ; et lorsque le Sénégal reçut en février 1977 les lauréats de 1975 en séjour d'information, c'était probablement la première fois, dans toute la région sinon en Afrique, que des villageois aussi modestes accédaient à leur tour, comme des « grands », aux voyages d'études internationaux. Ceci dit, saluer le courage et l'opiniâtreté des planteurs ivoiriens ne doit pas faire oublier la part considérable prise dans l'agriculture par des centaines de milliers d'immigrés « allogènes », essentiellement burkinabé, indispensables mais discrets. De leur sueur et de leur peine, ils ont eux aussi construit l'économie ivoirienne. On les a déjà évoqués. Nous les rencontrerons encore puisqu'ils se sont trouvés, malgré eux, vilipendés, suspectés, maltraités, premières victimes des turbulences politiques d'un pays en partie déchiré à leur sujet.

Le temps de la « conjoncture » (1979-1984)

Telle était globalement la situation il y a vingt-cinq ans. Au fameux tournant de l'an 2000, il fallait déjà dresser de l'économie ivoirienne un bilan plus mitigé qu'expliquent à la fois l'évolution générale du monde et les épreuves successives que celle-ci lui a infligées. On pouvait, rapidement, dessiner la courbe chronologique de la période écoulée : sécheresse et début de récession en 1983-1984, léger redressement en 1985, tous espoirs de nouveau permis à partir de 1986, crise aggravée en 1988-1989, relance partielle et controversée par le plan Ouattara de 1990-1993, dévaluation (plutôt positive) au début de 1994, politique triomphante des Éléphants à partir de 1995 mais pour trois ans seulement. À la fin de 1999, les caisses étaient de nouveau vides et la trésorerie exsangue. Le tout sur fond de double crise du cacao et du café, inséparable d'une épreuve de force tout aussi interminable avec la Banque mondiale et le FMI.

La première secousse sérieuse survint à vrai dire dès 1979, lorsque la Côte d'Ivoire, jusqu'alors prospère et insouciante, solide sur ses années-miracle, dut, non sans déplaisir, se rendre à certaines évidences cacaoyères et caféières. Indignée des conditions injustes du marché mondial, elle avait follement décidé de le boycotter pour protester contre les prix d'achat iniques qu'on voulait lui imposer. Hélas, personne ne l'ayant suivie, elle chiffrait trois ans plus tard à 700 milliards de francs CFA le total des pertes subies en 1980-1982 pour toutes les ventes confondues de ces deux produits. Contrainte d'élaborer à partir de 1981 des budgets d'austérité, elle dut aussi liquider ou transformer 29 de ses 36 sociétés d'État devenues des gouffres à milliards[3]. Le poids de la dette s'aggravant, la politique des grands travaux commença d'en être affectée. Le temps de la « conjoncture » était venu.

Tandis que certaines fortunes trop rapides ou trop fragiles commençaient à vaciller, celle de ce nouveau mot fut au contraire extraordinaire. En quelques semaines, tout fut jugé à l'aune de la « conjoncture », indiscutablement maléfique et en même temps rassurante puisqu'elle expliquait tout à chaque instant. Ceux qui essayèrent de démontrer, trop savamment, que la conjoncture (comme la « sanction ») n'était, en soi, ni bonne ni mauvaise, perdirent leur temps et leur peine. On la mit immédiatement à toutes les sauces de la vie socio-économique quotidienne, agrémentée bien sûr des épices locales. « Je suis conjoncturé ! » s'écriait le petit entrepreneur secoué par la crise ; lamentation générale du personnel d'une société d'État victime de sa suppression : « *Woooi !* on nous a compressés ! » L'essence franchissait la barre des 300 francs : « La conjoncture, mon cher ! Je vais chercher une Mercedes moins grosse que la tienne. » La soupe aux crabes se faisait rare dans la marmite familiale : « *Affair de konzonktir-là, eske ça va finir même ?* » On vit même – vrai ou faux ? – un brave homme amener en catastrophe son épouse au service gynécologique du CHU de Treichville en expliquant à l'interne de garde : « Ma femme-là... son utérus il est conjoncturé ! »

Là-dessus, les conditions climatiques difficiles des pays du Sahel se mirent à dériver pour la première fois loin vers le sud : la sécheresse de 1983 fit flamber des sous-préfectures entières, ravageant 400 000 ha de forêt et 250 000 ha de plantations de café et de cacao déjà malades. L'harmattan, vent chaud de l'est et du nord-est, aggrava au centuple les méfaits des brûlis traditionnels. Quelques planteurs, ruinés, se jetèrent même de désespoir dans les brasiers, et la savane, désarborée, fit un bond de plusieurs parallèles en direction de la côte. Le niveau des

---

3. En juin 1980, 15 sociétés furent purement et simplement liquidées, 12 changèrent de statut, 2 fusionnèrent et 7 seulement furent conservées sans changement.

rivières et des lacs de retenue des barrages, partiellement taris par la sécheresse, baissa dangereusement et les coupures d'électricité furent ressenties un peu partout comme la dernière des humiliations, la pire des violations du droit fondamental du citoyen à la lumière. Aux « conjoncturés » et aux « compressés » s'ajoutèrent maintenant les « délestés », obligés – rendez-vous compte ! – de passer la Noël 1983 et le réveillon aux bougies, sans disco ni télé ! Le Vieux avait bien annoncé une année 1984 encore difficile mais le pays ne pouvait croire à l'effondrement d'une économie ronflante, si rapidement transformée en moins de vingt-cinq ans. Il avait raison : cette crise-là fut de courte durée : à l'orée de 1986, le redressement était manifeste et nous avons vu quelle euphorie politique et économique marqua le VIIIe congrès d'octobre 1985. Ça n'allait pas durer.

Café et cacao en crise (à partir de 1987)

Persistante et même aggravée, la double crise du café et, plus encore, du cacao allait plonger la Côte d'Ivoire dans un long tourbillon d'épreuves dont on ne peut même pas dire qu'il est achevé aujourd'hui. Elle vaut d'être décrite en détail dans la mesure où elle illustre parfaitement, hélas, les déséquilibres fondamentaux des relations Nord-Sud aux prises avec les marchés internationaux, l'égoïsme des nations riches ainsi que l'outrecuidance des médecins qui se sont imposés au chevet des pays « malades ».

Après une première rupture, chevaleresque mais – on l'a vu – inefficace en 1979, Houphouët, outré par la spéculation internationale, annonça en mai 1987 à ses créanciers des Clubs de Londres et de Paris sa décision, mûrement réfléchie, de suspendre le service de la dette publique (225 milliards de francs CFA cette année-là). Pour la seconde fois, il refusa de vendre son cacao et rompit du même coup avec les bailleurs de fonds et les « spéculateurs sans visage » qu'il ne cessait de dénoncer. Les institutions de Bretton Woods plièrent bagages, gelèrent leurs programmes et la Banque mondiale stoppa l'exécution de son 3ᵉ Programme d'ajustement structurel (PAS) alors en vigueur et rigueur.

Cette fois, plus encore que jamais, il apparaissait que le cacao, comme d'autres grands produits d'exportation, richesses essentielles ou même uniques de nombreux pays du Sud, était bien un « produit politique ». La Côte d'Ivoire entendait défendre tout à la fois sa vie et sa dignité, sa politique de grands travaux spectaculaires (que la Banque désapprouvait évidemment) et aussi – il faut bien le dire – les mécanismes de rente si juteux pour tous ceux qui étaient placés aux bons endroits. Ce n'était pas un mince paradoxe, décidément, que de voir un pays dont les choix étaient résolument libéraux depuis l'indépendance lutter avec une telle obstination contre les champions de la mondialisation à tout prix et à tout crin ! Vendu encore 1 000 FCFA le kilo au début de 1986, le cacao deux ans plus tard n'en valait plus que 450. Houphouët, qui avait promis aux planteurs un prix minimal de 400 FCFA, refusait de vendre à perte et, de nouveau, les récoltes s'entassaient dans les silos portuaires. Les autres pays producteurs, notamment le Ghana et la Malaisie qui talonnaient la Côte d'Ivoire, ne s'empressaient évidemment pas de l'imiter, mais quelques très gros contrats habilement négociés vinrent notablement dégonfler en 1989 les stocks en attente. Le Vieux se mit aussi en quête d'alliés et d'appuis en Europe pour inciter ses adversaires à montrer plus de souplesse. La Caisse centrale de coopération économique (CCCE) française, notamment, allait faire un effort pour l'aider. Toutefois, certains observateurs commencèrent à dire que ce combat obstiné devenait anachronique, que les grands produits tropicaux avaient fait leur temps et qu'ils n'étaient plus les « trésors » éternels de l'époque coloniale. Il était vrai notamment que le cacao n'était plus aussi recherché qu'autrefois puisque les chocolatiers européens pouvaient désormais, conformément à une nouvelle directive de Bruxelles (du 23 juin 2000), intégrer à leurs productions jusqu'à 5 % de matières grasses végétales non tropicales.

La chute des cours du cacao allait se poursuivre inexorablement (les plus bas furent enregistrés en avril puis en octobre 1999) mais, pour l'instant, la Côte d'Ivoire se crispait sur ses acquis, tout en s'efforçant d'accroître la proportion, encore trop faible, des transformations sur place de sa production pour tenter de la porter de 15 à 50 % à la faveur des privatisations (et même 80 % en 2005). Les bailleurs de fonds, intransigeants, exigeaient partout la restructuration des filières agricoles et le démantèlement des organismes étatiques de commercialisation, dont le plus bel exemple était justement la célèbre Caisse de stabilisation et de soutien des prix agricoles (Caisstab). Pour cette Caisstab, créée en 1963, la Côte d'Ivoire aura mené jusqu'à la fin de 1998 une lutte presque passionnelle. N'oublions pas que sa production de cacao (620 000 tonnes en 1987-1988) représentait alors presque le tiers de la production mondiale !

Par contrecoup, la crise cacaoyère, contre laquelle on mobilisait tous les crédits et tous les fonds de tiroirs disponibles, infligeait à l'État et à toutes les banques commerciales mobilisées par celui-ci pour le préfinancement de la campagne 1988-1989 une crise de liquidités sans précédent : la Caisstab venait d'enregistrer, en 1987, le premier déficit de son existence. Las d'attendre les ramasseurs habituels sur la base du prix minimal garanti de 400 FCFA le kilo et de ne recevoir maintenant de la Caisse que des bons d'attente remboursables quand tout irait mieux, les planteurs ivoiriens préféraient céder leur cacao à 150 ou 200 FCFA le kilo aux traitants libanais ou passer la frontière pour le vendre au Ghana aux alentours de 275 FCFA. À la fin de 1988, tous les clignotants économiques et financiers étaient au rouge : la Banque mondiale réclamait le remboursement de 117 milliards, le déficit budgétaire se montait à 363 milliards et celui de la Caisstab à lui seul à 132 milliards (une autre source indiquait même un déficit de 1 087 milliards tout compris). Autrement dit, les caisses étaient vides. Houphouët, la mort dans l'âme, bien obligé de céder cette fois, abaissa en juin 1989 le prix d'achat à 250 FCFA. Il avait su terminer habilement une formidable partie de poker où, sans pouvoir la gagner contre les spéculateurs, il avait néanmoins réussi – joli succès quand même – à convaincre une partie de ses créanciers de lui venir en aide. Ce n'était évidemment qu'un répit. Il le savait d'autant mieux que l'entrée en vigueur de l'accord international sur le café en juillet suivant provoqua, là aussi, la chute du cours mondial. Aussi se mit-il sans délai en quête de la solution-miracle, ou plus exactement de l'homme providentiel capable de l'imaginer.

Les mille jours de Ouattara (1990-1993)

Depuis l'année précédente, Houphouët avait son « joker » : Alassane Ouattara, jeune et brillant économiste, né à Dimbokro en 1942, qui passait en alternance depuis vingt ans de la Banque centrale des États de l'Afrique de l'Ouest (BCEAO) au FMI, tantôt au titre de la Haute-Volta, tantôt au titre de la Côte d'Ivoire, et qu'Houphouët avait fait nommer en décembre 1988 gouverneur de la BCEAO à Dakar. En avril 1990, il l'appela pour lui confier la haute main sur l'ensemble des ministères techniques, économiques et financiers du pays, sept au total. « Mon cher fils – lui aurait-il dit – il faut que tu viennes m'aider ! » Dès le mois de mai, l'Assemblée nationale approuvait les mesures de stabilisation et de relance qu'il avait élaborées avec un comité dont le nom était aussi long que ses responsabilités étaient lourdes. Du jour au lendemain, l'homme était devenu quasi-Premier ministre de fait et, mieux, numéro deux du PDCI. Premier ministre, il allait le devenir officiellement le 7 novembre 1990, à la faveur de la réforme constitutionnelle manifestement préparée à sa mesure. D'Alassane Ouattara, vite baptisé Zorro, le pays attendait certes le salut. Pourtant, dès le premier jour, la classe politique (et même la rue) se mit à bougonner, à ironiser sur le nouveau venu nouveau promu : « Le Vieux nous impose un étranger : son père était voltaïque, il a grandi hors de chez nous, il a travaillé au Burkina jusqu'à sa brouille avec Sankara et c'est à ce moment-là qu'il s'est vu offrir une suite de carrière plus ivoirienne. » De là à exprimer officiellement sa désapprobation de l'initiative présidentielle... Qui se le serait permis du vivant d'Houphouët ? En revanche, d'autres milieux se félicitaient presque de cette nomination : Ouattara était brillant et compétent, musulman pieux et discret, et s'il était effectivement étranger, il ne portait justement ombrage à personne, il était même « l'oiseau rare qui arrange tout le monde[4] ». La rue disait même : « Il est déjà très riche, il ne pillera pas ; il connaît le monde entier et les Américains, il nous donnera du travail... »

---

4. *Jeune Afrique* n° 1559, novembre 1990.

Les optimistes pouvaient se tromper... L'affaire Ouattara ne faisait que commencer. Il y a presque vingt ans...

Pour l'heure, Zorro, Premier ministre d'Houphouët, franc et direct, rassurait. Il s'imposa rapidement et imposa à tous ses directives draconiennes. Il n'était pas passé par le FMI pour rien. La Côte d'Ivoire devait donner à Washington des preuves tangibles de sa capacité à se réformer en économisant : elle le fit dans un temps record. Trois semaines après son entrée en fonction, Ouattara présentait son gouvernement, réduit à 18 ministres, dont 11 nouveaux venus (la Banque mondiale n'en voulait pas plus de 20). Tous et toutes (il y avait trois femmes) étaient professionnels et leurs cabinets respectifs limités à quatre personnes. Plus de vieux compagnons ni de mauvais gestionnaires attentistes ou opportunistes des mois passés : 22 ministres sur les 29 du gouvernement précédent – et non des moindres – avaient été « compressés » à leur tour... L'heure n'était pas à s'interroger sur le multipartisme tout neuf, ni sur la succession du Vieux ou l'avancement de la démocratie... qui attendraient un peu.

Dès les premiers mois cependant, il fut clair que la convalescence allait être difficile. D'un côté, « Zorro » s'attachait de solides compétences comme Daniel Kablan Duncan, Émile-Constant Bombet et Guy Emmanuel Gauze (qui lui survivront) ; de l'autre, il se faisait inévitablement des ennemis implacables : très vite, l'Assemblée nationale et Henri Konan Bédié, le « dauphin » présumé qui la présidait, lui déclarèrent la guerre. Du jamais vu ! Voilà la Côte d'Ivoire libérale qui se dressait contre les privatisations imposées par la Banque mondiale, et les députés, houphouëtistes inconditionnels du PDCI-RDA, qui vilipendaient pour la première fois un gouvernement suscité par Houphouët lui-même ! Lorsque Ouattara, de surcroît, annonça qu'il serait, le moment venu, candidat à la présidence, Bédié et l'Assemblée se déchaînèrent. À cette époque (1991), la Côte d'Ivoire ne comptait encore que 26 partis politiques. Déjà, Laurent Gbagbo, chef du FPI, observait et comptait les points.

En 1993, selon l'indice de développement humain (IDH) inventé trois ans plus tôt par les Nations unies, la Côte d'Ivoire se classait au 136e rang mondial avec un produit national brut alors estimé à 750 dollars par habitant[5]. Il fallait petit à petit se rendre à l'évidence : les succès annoncés du plan de relance « des mille jours » de Ouattara tardaient à venir. Aux deux tiers du parcours, boudé par la classe politique et les élites traditionnelles, pris à partie chaque jour par une Assemblée impitoyable qui faisait tout pour lui compliquer la tâche et bloquer un programme de privatisations très mal balisé, et enfin accusé par beaucoup d'ignorer les réalités d'un pays où il n'avait jamais vraiment vécu, Zorro était encore bien loin du compte. On allait créer 56 000 emplois, on allait privatiser 80 entreprises publiques ou parapubliques sur 140 et réduire l'énorme dette intérieure... Or, vers la fin de 1992, les « déflatés » et « compressés » traînaient de plus en plus nombreux dans les rues d'Abidjan, le produit intérieur brut continuait de reculer, cinq petites sociétés seulement avaient été lâchées par le secteur public, le budget demeurait déficitaire et la dette globale gonflait encore ! Le PASCO 1990-1993, Plan d'ajustement structurel-compétitivité, inspiré par la Banque mondiale jamais à court de sigles ni d'étiquettes, ne se serait pas trop mal déroulé si celle-ci n'avait pas exigé encore davantage et retardé ses décaissements. De toute façon, les prix du café et du cacao avaient continué de s'effondrer, tandis que persistaient la fraude aux frontières et l'évasion fiscale, deux données préoccupantes qui obligeaient à évoquer la menace de plus en plus précise – ou l'espoir ? – d'une dévaluation du franc CFA.

Cependant – et on le lui reprochait aussi, bien sûr – Ouattara avait réussi à vendre l'EECI à la SAUR du groupe Bouygues qui contrôlait déjà 46 % de la SODECI. L'indignation des 161 parlementaires de la majorité (sur 171) fut alors à son comble : l'électricité (EECI) et l'eau (SODECI) de la nation abandonnées aux étrangers, au mépris de la souveraineté et sans habilitation préalable, en attendant probablement le gaz naturel et les télécommunications ! Ouattara et son équipe tentèrent de

---

5. *Rapport mondial sur le développement humain 1993*, Éditions Économica, Paris. Qui n'a pas inventé, au fil des années, un nouvel indice prétendument plus fin ou plus réaliste que les précédents ? Mais l'IDH, parce qu'il combine le pouvoir d'achat réel, l'espérance de vie et le niveau d'éducation, est intéressant, bien qu'il ait été très critiqué par les pays du Sud lors de sa première sortie.

se justifier mais on n'avait plus peur de lui ni du soutien que lui conservait le président. Depuis qu'il s'était déclaré futur candidat à la présidence, il était devenu pour Henri Konan Bédié l'homme à abattre. Par ailleurs, son charme envers la Banque mondiale n'opérait plus guère sur ces messieurs de Washington qui n'estimaient pas suffisante la ponction opérée dans les effectifs de la fonction publique (4 700 postes sur 103 000). Bras droit du Premier ministre, Kablan Duncan, délégué à l'Économie, aux Finances et au Plan, inspirait mieux confiance et plaidait malgré tout un léger redressement en 1992-début 1993 : les départs volontaires de fonctionnaires à la retraite, la prise en compte progressive du secteur « informel », le lancement d'un grand emprunt public, la promotion de l'épargne et d'autres mesures bénéfiques allaient accélérer dans un proche avenir la convalescence amorcée (juillet 1993). Fallait-il reprendre espoir ? La disparition d'Houphouët-Boigny cinq mois plus tard allait emporter, avec son plan et ses ministères, Ouattara, éliminé en deux jours par Bédié et aussitôt récupéré par Washington, d'où il préparera sa revanche.

La dévaluation et les défis de l'Éléphant (1994-1996)

Justement, c'est Daniel Kablan Duncan (DKD) que Bédié, successeur au pied levé d'Houphouët, choisit pour lui succéder. L'homme lui convient, bien sûr, et le choix est habile. Mais à peine DKD est-il installé depuis un mois que le coup de tonnerre éclate, à Dakar, en pleine nuit : la dévaluation du franc CFA intervient « à compter du 12 janvier 1994 à 0 heure ». L'avant-veille encore, les officiels français la niaient, la main sur le cœur. Mais peut-être fallait-il, après tout, donner le change – c'est le cas de le dire – jusqu'à la dernière minute pour ne pas aggraver in extremis l'hémorragie monétaire vers l'Europe qui saignait depuis longtemps déjà les économies africaines. Hypocrisie française et laxisme africain combinés ont débouché sur l'inévitable : le franc CFA fond de moitié du jour au lendemain et, devenant simple centime, nous ramène aux zéros de nos anciens francs. Catastrophique pour la plupart des pays de la zone franc parce qu'ils n'ont rien ou pas grand-chose à exporter et tout ou presque à acheter, la mesure va s'avérer plutôt bénéfique pour la Côte d'Ivoire : inflation vite maîtrisée, coup de fouet aux exportations et décaissements substantiels du FMI et de la Banque mondiale avec une première Facilité d'ajustement structurel renforcée (FASR) en 1994-1997 et une seconde pour 1998-2000. Il semble bien d'ailleurs que la dévaluation était souhaitée à Abidjan... sauf par Houphouët lui-même à qui – de l'aveu d'Édouard Balladur – on n'aurait probablement jamais osé l'infliger de son vivant.

Le nouveau Premier ministre se met au travail, dans un double climat économique apparemment favorable et politique nettement allégé par l'élimination (provisoire) de Ouattara. Zorro se serait-il complètement fourvoyé ? Tout se met à frémir de nouveau en 1994 : le budget, les travaux publics, les fonds de soutien et de garantie à l'agriculture, l'électricité, le téléphone, les écoles ; le gouvernement recrute 1 600 fonctionnaires, appuie les micro-entreprises et les travaux communaux. Bientôt, le taux de croissance va atteindre et dépasser 6 % pendant les deux ou trois années suivantes. Nouveau miracle à l'ivoirienne ?

Confirmée, la reprise économique va être placée sous le signe de l'éléphant, symbole déjà ancien de la République, du parti PDCI-RDA et même de l'équipe nationale de football. Effectivement, comme il y a déjà les Dragons d'Asie, la stratégie baptisée « Éléphant d'Afrique », fondée sur le discours-programme du candidat président Bédié à Yamoussoukro en août 1995, marche sur quatre pattes : l'agriculture en premier lieu ; les mines, l'or et le pétrole ; les exportations ; et les services, en soignant le marché du travail et l'environnement juridique. Un ambitieux programme de grands chantiers – les douze Éléphants d'Afrique – l'accompagne. L'année 1995 est presque plus ronflante encore que la précédente et le gouvernement fait inlassablement l'éloge de son nouveau programme, que la Banque et le FMI n'ont pour autant jamais vraiment cautionné.

Le PAS 1994-1996 atteindra les objectifs fixés. Dopés, les prix du café et du cacao se redressent un peu. La redoutable Direction des grands travaux (DCGTx), dominée jusqu'à la fin de 1989 par l'ingénieur français Cesareo devenu plus puissant que la plupart des ministres, vilipendée par Washington pour ses investissements démesurés et réduite à des tâches de consultation, se reprend en 1996, sous le nouveau nom de Bureau national d'études techniques et de développement (BNETD), à rêver à de prestigieux chantiers. Les exportations ont doublé en 18 mois. Les offensives de charme se multiplient en faveur des investisseurs nationaux et étrangers (Forums Investir en Côte d'Ivoire – ICI, en 1995 et 1997) et les capitaux affluent de nouveau. Héritière de la BVA, la Bourse régionale des valeurs mobilières d'Abidjan (BRVM) ouvre ses portes en septembre 1998. Après le coup d'arrêt infligé à Ouattara, le programme des privatisations, piloté par le Centre de promotion des investissements (CEPICI), commence vraiment, cette fois dans le cadre d'une loi d'habilitation qui limite désormais à 51 % la part des actionnaires étrangers. Il n'est pas toujours facile de trouver des investisseurs nationaux mais tous les secteurs y passent l'un après l'autre : au total, 41 entreprises seront privatisées entre le début de 1994 et la fin de 1998, dont 20 – la moitié – dans le secteur agriculture-agroalimentaire-élevage[6]. À la fin de 1999, il en reste encore une douzaine, notamment la Société ivoirienne de raffinage (SIR), Air Ivoire et la BIAO. La Côte d'Ivoire aurait-elle définitivement renoncé au capitalisme d'État ? Quoi qu'il en soit, on estime à 309 000 le nombre des emplois créés à la date du 30 juin 1997 par les investisseurs de toutes catégories en trois ans et demi.

En 1997, avec un PIB de 10 milliards de dollars, la Côte d'Ivoire, en tête des pays africains francophones, est huitième sur le continent. Pourtant, l'économie demeure fragile, l'endettement écrasant et les relations avec Washington plutôt fraîches : la Banque mondiale persiste à trouver l'effort d'investissements trop faible (15 % du PIB, elle en exige 22) et n'apprécie guère, en octobre 1997, la découverte de 130 milliards de francs CFA de dépenses engagées non ordonnancées (DENO), oubliées dans les circuits budgétaires. Mais peut-on libéraliser encore plus, notamment dans le secteur cacaoyer où le gouvernement et les planteurs redoutent les effets imprévisibles d'un démantèlement ?

---

6. Source : Comité ivoirien des privatisations, 1999.

Si l'agriculture, l'élevage, le sucre, l'hévéa, le coton, le coco râpé, l'huile de palme et autres industries agroalimentaires sont relativement choyées par les privatisations, l'État rentier, qui a libéralisé presque tous ses prix intérieurs, combat encore pour la défense des filières café et cacao, toujours très sensibles et essentiellement protégées par la Caisstab que Washington entend depuis longtemps éliminer. Les négociations, ardues, désagréables, sur le programme 1997-2000 – un PAS de la Banque appuyé par une deuxième FASR – n'ont abouti qu'au bout de sept mois, en février 1998. Le gouvernement ivoirien a fort mal pris, en juin 1997, un rapport de la Banque qui fait état, pour la première fois, d'importantes zones de pauvreté dans le pays (36 % de la population !). Piqué au vif, il a élaboré son propre Plan national de lutte contre la pauvreté, tout en contestant, au moins au début, les chiffres plutôt accablants publiés par Washington[7].

Nous rencontrerons plus tard les pauvres tels qu'ils sont et découvrirons comment les mini-miracles quotidiens de l'économie populaire, encore péjorativement décrite comme « informelle », les font survivre. Ce qui est sûr, c'est que ce rappel désagréable marque symboliquement la fin des années d'euphorie retrouvée depuis 1994, en soulignant les points fragiles, persistants ou aggravés de la société ivoirienne. À l'orée de 1998 donc, un nouveau cycle s'amorçait, et qui n'était guère réjouissant : la dette ivoirienne demeurait écrasante avec 8 500 milliards de francs CFA, soit une fois et demie son PIB ! Les gaspillages et la corruption ne fléchissaient pas. La libéralisation des filières café-cacao, sur laquelle la Côte d'Ivoire avait fini par céder, était effective depuis octobre-novembre 1998, mais elle suscitait de profondes inquiétudes dans le milieu paysan qui estimait avoir perdu, face aux banques et aux acheteurs étrangers, ses protections habituelles. La nouvelle Caisstab allait-elle pouvoir demeurer – comme ils le pensaient – le dernier rempart des planteurs contre la loi de la jungle ? Devenue, le 20 janvier 1999, société d'économie mixte et n'ayant sauvé du passé que son nom et son logo, elle publiait

---

7. Ce plan sera suivi par un rapport « Profil de la pauvreté en Côte d'Ivoire en 1998 » (Abidjan, Institut national de statistiques) qui conclura à un léger recul.

chaque mardi dans le quotidien *Fraternité-Matin* – maigre consolation et maigre rôle – les variations du prix du cacao « CAF-Londres » avec statistiques et graphiques à l'appui. L'audit auquel elle avait été soumise apparaissait à l'évaluation, fin 1999, assez positif. Les planteurs osaient encore espérer en l'intervention d'une nouvelle loi sur les coopératives capable d'en favoriser la multiplication rapide, et attendaient aussi de voir quel serait à leur égard le comportement de la future Banque (privée) de Crédit agricole. Dans ce persistant désordre, il fallait toutefois se réjouir de l'explosion et du bon fonctionnement des coopératives mutualistes de crédit CREP-COOPEC, créées par l'ex-ONPR en 1976 et prises en main par les Français et les Canadiens à partir de 1988.

Pendant ce temps, quelques *golden boys* commençaient à surfer plus ou moins habilement sur l'océan agité des privatisations et des bonnes affaires. Ce ne sont pas, heureusement, les hommes et les femmes d'affaires compétents et ambitieux qui manquent en Côte d'Ivoire. Dans le même temps, d'autres, plus pressés et moins compétents, faisaient plus vite et plus court, détournant et pillant sans vergogne les deniers publics qui passaient à leur portée : on a évoqué l'affaire des 18 milliards (peut-être même plus de 21) de l'été 1999, d'autant plus scandaleuse que les coupables n'avaient pas hésité à puiser dans les sommes allouées principalement... aux programmes de lutte contre la pauvreté ! Quelques têtes finirent par tomber et l'Union européenne fut remboursée en hâte, mais elle n'en gela pas moins (provisoirement, jusqu'en novembre 1999) les crédits encore à venir. Le FMI retint aussi les siens : en novembre, conjointement avec la Banque, il persista et confirma : conditions exigées non remplies, des milliards de DENO, 111 milliards d'arriérés intérieurs... La Côte d'Ivoire n'aura rien.

Fin 1999, les caisses étaient donc vides à nouveau. Le gouvernement avait lancé pourtant un emprunt obligataire à 8 % en mai, puis deux émissions de bons du Trésor en juillet et en août. Son budget 1999, d'un montant de 1957,7 milliards (bien imprudent, disaient certains), en avait prévu 750 rien que pour le service de la dette. En dépit de nombreux coups d'éponge ces dernières années, elle devait encore (fin décembre 1998) 6 581 milliards à l'ensemble de ses créanciers, dont 610 à la seule BCEAO ponctionnée au maximum, et les subsides engrangés de janvier à novembre 1999 n'avaient pas fait 5 % des sommes attendues. Nul ne savait alors comment serait financée la prochaine campagne café-cacao de 1999-2000. Fin octobre, le prix international du cacao chuta encore de 601 à 575 FCFA ! Furieux, les producteurs entamèrent en novembre une grève des livraisons de cacao, malheureusement déconsidérée çà et là par des barrages de faux grévistes et stoppée au bout de quinze jours, avec menace de reprise à la mi-décembre. De leur côté, les producteurs de palmistes, écœurés par la chute du prix de 36 à 21 FCFA le kilo, avaient suspendu également leurs livraisons. Le fait que la Côte d'Ivoire espérait beaucoup de son admission par Washington dans la catégorie des pays pauvres très endettés (PPTE) en disait long sur sa situation (!). Il n'était même plus sûr qu'elle y soit admise.

Ceci dit, il faut quand même faire une place à part aux efforts simultanés de la Côte d'Ivoire et de l'Afrique de l'Ouest depuis longtemps pour mettre sur pied, dans le cadre déjà existant de la CEDEAO, tous les instruments d'un ensemble cohérent en matière économique et financière, capables de faciliter les échanges, d'offrir de meilleures garanties aux opérateurs économiques et d'harmoniser davantage les législations nationales.

La Côte d'Ivoire s'est donné, en août 1995, un nouveau Code des investissements ; un an plus tard, un Code des hydrocarbures suscité, bien sûr, par l'envol de la politique énergétique fondée sur les récentes découvertes de pétrole et de gaz ; un Conseil de partenariat industriel (juillet 1999) pour favoriser la concertation entre l'État et le secteur privé ; en juillet 1998 une nouvelle loi sur les Établissements publics nationaux (EPN), au nombre d'une soixantaine ; et aussi une Cour d'arbitrage (CACI), installée en août 1997. Délibérément, elle a misé sur les PME, le marché sous-régional et la transformation accrue des produits agricoles de base avant exportation. On parlait aussi de créer une zone franche à Grand-Lahou. Le CEPICI, déjà nommé, qui avait mis en place un « guichet unique » plus pratique pour les investisseurs, engrangeait et replaçait les milliards (de dollars) procurés par les privatisations. Il en espérait encore 15 d'ici 2004 ! Il est réconfortant de constater qu'en 1997 par exemple, les capitaux sociaux d'origine ivoirienne représentaient effectivement 51 % des sommes agréées à l'investissement, soit plus de 43 milliards de francs CFA sur 86, la France venant en seconde position avec presque 22 milliards, soit environ 25 %. Mais les obstacles étaient encore nombreux qui décourageaient parfois les porteurs d'argent frais : la douane gourmande, le fisc rapace, la justice corrompue et les scandales financiers tout alentour, malgré la mise en place d'un Comité de lutte contre la fraude économique (CNLFE) en octobre 1997. Tout allait se retrouver bientôt distordu, exacerbé par la crise et la guerre après 1999, aggravé en outre par une certaine loi foncière 98-750 lourde de conséquences sociopolitiques et dont on va reparler.

Pendant tout ce temps, l'Union économique et monétaire ouest-africaine (UEMOA), créée en 1994 (par élargissement de l'UMOA qui, elle, n'était pas encore « économique ») et présidée par l'Ivoirien Charles Konan Banny, travaille à l'harmonisation des relations financières extérieures de ses huit États membres (dont la Côte d'Ivoire), tous unis par le franc CFA. Cinq critères de convergence leur ont été imposés. L'union douanière, instaurée en principe depuis le 1er janvier 2000, est conforme aux réglementations de la CEDEAO, Communauté économique des seize États de l'Afrique de l'Ouest, qui, elle, existe depuis 1975. La Cour de justice de l'UEMOA a été installée en 1995.

Quant à l'Organisation pour l'harmonisation en Afrique du droit des affaires (OHADA), née en 1993, fortement soutenue par la France et fondée sur les principes du droit français, elle a publié, en janvier puis en avril 1998, pour ses quinze États membres[8] ses six premiers actes uniformes sur divers aspects essentiels du droit commercial, du droit des sociétés et du droit comptable. Sa Cour commune de justice et d'arbitrage (CCJA) est installée à Abidjan, comme la CACI ivoirienne. Mais nombreux sont ceux qui estiment que cette Organisation pose encore, pour l'instant, plus de problèmes qu'elle n'en résout.

---

8. D'Afrique de l'Ouest et d'Afrique centrale, plus les Comores, mais sans aucun anglophone.

Second inventaire avant crise (1998-1999)

Si l'on a consacré ici, aux trente dernières années du développement économique global du pays, plusieurs pages un peu lourdes de chiffres, c'est pour montrer par quelles vicissitudes, par quelles épreuves, un pays africain – qui n'est pourtant pas parmi les plus pauvres – est contraint de passer de nos jours pour gérer simultanément sa politique interne, bonne ou mauvaise, et ses relations éprouvantes avec les bailleurs de fonds étrangers. Il n'y a pas de plus nette illustration de ce que l'on appelle maintenant le « droit d'ingérence financière », d'autant plus violateur d'ailleurs que le pays concerné est entré autrefois, imprudemment peut-être, dans le cycle infernal de l'endettement public et privé et que les malversations de ses nationaux ont aussi parfois suscité l'inquisition des créanciers. Rappelons-nous comment, il y a un peu plus d'un siècle, perdant leur indépendance naissante, la Tunisie et l'Égypte ont été toutes deux punies d'un protectorat...

Voici donc, dix-sept ans après celui de 1982, un second inventaire économique composé pour l'essentiel des chiffres de 1998 cités à l'Assemblée nationale le 6 octobre 1999 par le président Émile Brou, quitte à le laisser au conditionnel lorsqu'il semble un peu trop ronflant sur certains points, et sachant aujourd'hui que la crise ouverte à Noël quelques semaines plus tard allait en perturber pratiquement tous les secteurs.

• La masse monétaire en circulation dépassait 1 700 milliards de francs CFA et la production intérieure 6 000 milliards.

• Les exportations agricoles, d'un montant de 1 800 milliards, en avaient laissé 800 aux planteurs.

• Le secteur industriel, avec un chiffre d'affaires global de plus de 6 000 milliards, regroupait 6 000 entreprises dont 700 avaient un chiffre d'affaires supérieur à 3 milliards ; PME et PMI représentaient 80 % de l'ensemble.

• La balance commerciale avait atteint 1 019 milliards.

• La Côte d'Ivoire tenait toujours le 1er rang mondial du cacao avec 915 000 tonnes en 1996-1997 sur 1 600 000 ha et des rendements plutôt faibles de 500/600 kg/ha.

• Elle était, bon an mal an, au 6e rang mondial pour le café avec 278 000 t en 1997, 300 000 t en 1998, et seulement

140 000 t en 1999. En 1997, on comptait environ 800 000 ha de plantations en exploitation sur un total de 1 300 000. Le rendement était faible : entre 187 et 338 kg/ha, soit 250 en moyenne. Le kilo avait été payé 500 FCFA en 1996-1997 aux 400 000 planteurs concernés. Incontestablement, le café avait été éclipsé depuis longtemps par le cacao mais les perspectives de reprise paraissaient sérieuses pour les années à venir.

Café-cacao, la richesse essentielle du pays était donc toujours là et nous savons quelle rare opiniâtreté il avait, avec son défunt président, montré pour défendre le système d'économie rentière qui faisait et fait encore globalement sa fortune. Tout compris, le cacao faisait vivre cinq millions de personnes, soit un habitant sur trois, ivoirien ou non. Mais, pour ce qui est de la transformation sur place, l'ampleur de ce double marché suscitait déjà les appétits de nombreuses participations étrangères très enchevêtrées. L'objectif demeurait fixé de transformer sur place 30 % de la production agricole en l'an 2000 et 80 % en 2005. Nous savons par ailleurs quelles épreuves la libéralisation des filières imposait déjà aux producteurs. Vingt ans après le premier coup de colère du Vieux en 1979, la bataille du cacao et du chocolat, aggravée par la baisse des cours, se livrait encore et la défaite n'était pas acceptée.

• Pour le coton, toujours en 1998-1999, la Côte d'Ivoire était en 3e position en Afrique subsaharienne, après le Mali et le Bénin, avec 337 000 t de coton-graine et 159 000 t de coton-fibre sur 250 000 ha et un très bon rendement de 1 400 kg/ha. 140 000 planteurs faisaient vivre 1,3 million de personnes et la dévaluation avait été bénéfique pour ce secteur. La société d'État CIDT, héritière de la CFDT française d'autrefois demeurée gros actionnaire, pouvait être fière de son action mais le Fonds et la Banque n'en avaient cure et entendaient bien démanteler aussi cette filière coton[9]. L'industrie textile nationale absorbait environ 20 % de la production et visait un objectif de 500 000 t.

---

9. Voir Edmond Jouve dans *Le Monde diplomatique*, supplément au n° 542, mai 1999, et Aminata Traoré, *L'Étau. L'Afrique dans un monde sans frontières*, Actes Sud, Arles, 1999. On a là un exemple scandaleux de l'obstination de la Banque et du FMI à casser toutes les structures non conformes au dogme unique de la mondialisation.

- Talonnée par l'huile de soja, l'huile de palme représentait 270 000 t en 1999 et faisait vivre 25 000 planteurs et 11 000 ouvriers sur 198 500 ha en exploitation, dont 58 500 de plantations villageoises. Les privatisations ayant entamé ce secteur (comme celui du sucre), Palmindustrie avait déjà perdu son enseigne. Objectif fixé à terme : 600 000 t. L'huile brute était payée 281 FCFA le kilo et le régime de palmistes 35 FCFA le kilo « bord champ ».
- 1 320 000 t de canne avaient fourni, en 1997, 131 000 t de sucre. La Sodesucre avait éclaté en deux lots au moment de sa privatisation en juillet 1997, et les sociétés repreneuses, Sucaf (de Castel) et Sucrivoire, se livraient maintenant une lutte sévère.
- Après libéralisation totale du secteur en février 1995, la production de riz, encore très insuffisante en 1994 (moins de 670 000 t) avait bondi et doublé, atteignant 1 223 000 t en 1996. L'autosuffisance dans ce secteur était donc en vue, mais on pouvait se demander pourquoi les rizeries préféraient, en certains endroits, traiter du riz importé, quitte – comme à proximité de San Pedro – à faire abandonner les rizières existantes. Le plan de relance 1996-2005 se fixait un énorme objectif de 2 270 000 t en 2005.
- Le caoutchouc naturel (61 300 t en 1997 équivalant à 36 500 t de caoutchouc usiné ; 108 000 t en 1999) provenait pour un quart des plantations villageoises et pour trois quarts des plantations industrielles. La SAPH, pionnière en Côte d'Ivoire depuis 1956, avait été privatisée dès 1994 et les plantations vieillissaient sérieusement. Outre la SAPH, cinq autres sociétés et les villageois exploitaient 88 000 ha de plantations. On envisageait des « plantations clés en mains » pour attirer les jeunes planteurs. Objectif : 360 000 t malgré la chute des cours en 1997-1999 à 305 FCFA le kilo.
- Le déclin de la forêt se poursuivait inexorablement : elle semblait déjà réduite à 2,5 millions d'hectares et le bois devenait de plus en plus rare. Au rythme de 6,5 % de déforestation par an, soit 300 000 ha, il était aisé d'en prévoir la disparition dans un avenir assez proche. Depuis septembre 1995 n'étaient plus autorisés à l'exportation que les produits finis et semi-finis, sauf les grumes de teck. Le teck, introduit en Côte d'Ivoire en 1929-1930 et cultivé sur 55 000 ha, conservait d'ailleurs toutes

les qualités et un brillant avenir. Optimiste, la SODEFOR annonçait encore 3,6 millions d'hectares de forêt à la mi-1997 et poursuivait, sur la base de la stricte réforme forestière de 1995, la sage politique des « forêts classées » (au nombre de 169, « forêts classées = forêts sacrées ») et des parcs nationaux. L'État continuait de protéger l'essentiel du capital forestier restant, mais les parcs nationaux étaient très menacés, compte tenu de la médiocrité du tourisme et des multiples pillages qui ne les respectaient guère.

• À la fin de 1997, mis à mal lui aussi par la conjoncture et les libéralisations, et souffrant encore de nombreux points faibles, le monde rural n'en était pas moins relativement bien structuré. Le rôle des GVC, déjà signalé, demeurait essentiel, à la base et en amont des coopératives proprement dites, elles-mêmes regroupées en unions. On comptait à l'époque 9 300 organisations professionnelles agricoles (OPA) de ces trois types. Ainsi, l'URECO-CI regroupait 130 000 planteurs de coton, 3 000 GVC et plusieurs unions de coopératives ; de son côté l'UNECACI, pour le café et le cacao, rassemblait 40 unions et des milliers de coopératives. À noter aussi que les planteurs d'ananas et les planteurs de bananes avaient formé en 1991 une seule organisation, l'OCAB.

• L'énergie électrique se chiffrait à plus de 4 000 milliards de kwh, 1 600 localités de toute importance étaient électrifiées. Spectaculaires (et photogéniques !), les six grands barrages du pays symbolisaient déjà les énormes efforts d'équipement réalisés pour l'essentiel lors des années fastes 1960-1980. Des centrales thermiques s'y étaient ajoutées : Vridi (2e phase, en 1998) et Azito, en banlieue nord d'Abidjan. L'électrification des villages, stoppée après 1984, avait repris en 1995 au rythme moyen de 250/300 localités par an. Depuis septembre 1991, EECI avait délégué à la CIE (autrement dit la SAUR du groupe Bouygues) l'exploitation et l'entretien de ses infrastructures, et nous avons vu la réaction indignée des parlementaires de l'époque contre Ouattara le « bradeur ».

• Le réseau routier comptait 68 500 km dont 6 000 bitumés ; l'efficacité des Travaux publics avait déjà bien fléchi, les dégradations étaient nombreuses et les accidents de circulation particulièrement coûteux pour les poids lourds.

- 127 villes et plus de 150 villages avaient accès à l'eau courante et 8 000 autres villages bénéficiaient de 16 000 puits. La SAUR avait acquis très tôt 46 % des parts de la SODECI qui conservait son nom et sa bonne réputation. Au restaurant, en guise de boisson, on indiquait fréquemment : « de l'eau Sodeci ! ».
- Le réseau de La Poste (devenue SIPE depuis la scission de l'OPTT) comptait 187 bureaux, dont 27 rien qu'à Abidjan. La concurrence était vive pour le courrier express.
- Les télécommunications, comme partout, connaissaient un essor fulgurant marqué depuis peu par l'explosion spectaculaire des téléphones « cellulaires » (réseaux Ivoiris, Comstar et Telecel), lesquels comptaient déjà, fin 1999, 220 000 abonnés contre 211 000 pour le téléphone fixe. CI-Telcom, créée en 1991, avait été, sans changer de nom, reprise en 1997 par France-Câbles-Radio. Par ailleurs, la Côte d'Ivoire était déjà sur cédérom depuis trois ans également[10].
- Bientôt quarantenaire, la compagnie aérienne multinationale Air Afrique, dont le siège était à Abidjan, se survivait au prix d'interminables difficultés : momentanément confiée, par Houphouët, au Français Roland-Billecart, elle venait d'échoir, en avril 1999, à un Sénégalais dont la marge de manœuvre semblait plus qu'étroite. Deux petites compagnies locales, Air Ivoire (complètement arrêtée depuis avril 1999) et Air Continental, étaient tout aussi fragiles et l'on se demandait qui allait les reprendre.
- Les ambitions maritimes de la Côte d'Ivoire n'avaient pu s'affirmer : liquidée en mai 1995, la compagnie publique Sitram était devenue SNTM en octobre puis Comarco. La Sivomar, privée, s'efforçait de survivre.
- Dans le secteur minier, la situation était encourageante : des gisements d'or, de diamants, de nickel et de manganèse étaient déjà en exploitation ou allaient l'être dans un proche avenir.
- Elle était très prometteuse aussi dans le domaine des hydrocarbures : épuisés les vieux gisements pétroliers off shore Bélier (1977) et Espoir (1983), la production ivoirienne de pétrole et surtout de gaz naturel – environ 1 million de tonnes –

---

10. Cédérom « La Côte d'Ivoire sur CD-ROM », gouvernement de Côte d'Ivoire/Premier ministre & CNTIG, 1998.

provenait désormais des trois « blocs », également off shore, baptisés Panthère (1993), Lion (1994) et Fox Trot (juin 1999), dont les réserves étaient estimées à près de 20 millions de tonnes. Une unité industrielle déjà en place dans la zone portuaire d'Abidjan et chargée d'assurer un programme de « butanisation populaire » (!) allait commencer à livrer début 2000 des bouteilles de butane et de propane. La raffinerie SIR de Vridi, la plus grosse entreprise du pays, avait été sacrifiée à la privatisation en 1999 ; elle traitait le pétrole brut, et les hydrocarbures représentaient d'ores et déjà plus de 10 % des exportations. Ce n'était qu'un début : la Côte d'Ivoire entendait bien, notamment à l'aide d'un réseau régional de pipe-lines baptisé « Open Access », devenir un grand centre exportateur d'énergie. Dans tout ce secteur, contrôlé officiellement par PETROCI et PETROCI-Gaz, les appétits étrangers étaient aigus et pesante la présence de consortiums non africains, surtout américains.

• Enfin, il fallait mentionner toutes les autres industries présentes en Côte d'Ivoire depuis parfois un demi-siècle : textile, chimique, pharmaceutique, métallurgique, agroalimentaire et automobile. En espérant obtenir 15 milliards de dollars d'investissements supplémentaires d'ici 2004 (selon les estimations du CEPICI), la Côte d'Ivoire rêvait de devenir la première véritable puissance industrielle d'Afrique de l'Ouest et la seconde d'Afrique noire derrière l'Afrique du Sud.

Au fameux tournant de l'an 2000, si la mauvaise santé financière, jointe aux errements politiques, était très préoccupante, le bilan économique n'était donc pas si mauvais, encore que le taux de croissance qui frisait 7 % en 1996-1997 avec un PNB de 670 dollars par habitant fût redescendu vraisemblablement à 4,5 % en 1999. Incontestablement, la Côte d'Ivoire demeurait la locomotive des pays de l'UEMOA, des pays francophones de la zone CEDEAO et même d'Afrique centrale, soit au bas mot un ensemble de 65 à 70 millions d'habitants. Toutes les grandes entreprises françaises y étaient, et y sont encore, présentes : Bouygues et la SAUR solidement installées – on l'a vu – dans les secteurs-clés de l'eau, de l'électricité et du bâtiment ; Bolloré qui, patiemment, « tisse sa toile » (*Le Monde*, 10.11.1999) face à l'armateur danois Maersk ; France-Télécom et Itineris ; EDF, le Club Méditerranée, Nouvelles Frontières,

Hatier, Hachette, Edicef, une Chambre de commerce française de 410 membres et, à la fin de 1999, la première filiale en Afrique de la COFACE, Compagnie française d'assurance-crédit. Ajoutons-y encore les principales agences de communication fabriquant à volonté les images de marque dont les gouvernants et leurs programmes ont, paraît-il, besoin. La maison Tati, elle, soutenue par le groupe Sococe mais naïve et trop sûre d'elle-même, venait de fermer, à l'été 1999, trois de ses quatre magasins.

Le Forum France-Technologies, tenu à Abidjan en octobre 1999, après deux précédents seulement en deux ans à Johannesburg et au Caire, avait été décrit comme un succès manifestant la volonté des entreprises métropolitaines de rester engagées en Afrique, en tout cas ici, en symbiose étroite avec le Club des hommes d'affaires franco-ivoiriens (CHAFI) et le Conseil des investisseurs en Afrique (CIAN). Un nouveau Forum Investir « ICI 99 », le troisième, l'avait suivi en novembre.

Les industriels et commerçants libanais, qui peut-être n'avaient jamais été aussi nombreux et repérables, témoignaient aussi par leur présence de la relative bonne marche des affaires. Après une première année difficile, la Bourse/BRVM, dirigée par un Togolais, ne cotait encore que 37 titres, tous ivoiriens sauf un. En 2007, toujours très nationale et chasse gardée des sociétés ivoiriennes, elle en comptera 40, encore loin, donc, d'avoir fait le plein.

« L'homme qui a faim n'est pas un homme libre »

Les statistiques relatives aux grands produits d'exportation insérés dans l'économie planétaire ne doivent jamais faire oublier l'importance des cultures vivrières dans un pays relativement béni des dieux qui dans l'ensemble, sauf pour le riz, mangeait, et mange toujours, à sa faim. Dans les années 1980, radio et télévision répétaient inlassablement une vérité à laquelle le Vieux tenait beaucoup : « L'homme qui a faim n'est pas un homme libre. » Il entendait aussi gagner ce pari-là et venait d'engager la bataille pour l'autosuffisance alimentaire. On fondait alors de grands espoirs sur le soja, le haricot ailé et la pisciculture scolaire ou familiale, et l'on inventait de nouveaux procédés de conservation et de stockage. Ardente et positive, cette campagne nous permet, aujourd'hui comme alors, d'égrener la joyeuse litanie des produits comestibles pour les mets et les sauces admirables de la gastronomie ivoirienne : riz, manioc, igname, maïs, banane plantain, agrumes, mil, sorgho, arachide de bouche et toutes les plantes maraîchères aux mille vertus : gombo, tomate, poivron, piment, concombre, haricot, niébé, aubergine.

Si l'*atiéké*, couscous de manioc, s'impose aux visiteurs dès leur arrivée dans le pays, on n'a pas toujours en revanche le loisir de s'informer de la longue aventure du manioc en général ou, si l'on veut – puisque le mot est à la mode –, de la « filière *atiéké* ». La préparation de ce couscous typiquement ivoirien, lorsqu'il n'est pas industriel, prend, selon la finesse du produit voulu, deux à trois jours pour l'*agbodiama* grossier, trois ou quatre pour l'*atiéké* proprement dit, le plus connu, et cinq pour l'*ayité* extra-fin qu'on ne consomme guère qu'en famille. Sur la basse côte, dans la région de Dabou, la plus grosse productrice, cette fabrication demeure essentiellement aux mains des femmes de l'ethnie adioukrou. Éliminées ou écartées des palmeraies modernes, elles se sont massivement retournées vers cette activité dont elles ont fait une quasi-industrie plus complexe qu'on pourrait le penser. En revanche, la culture du manioc étant l'affaire des hommes, ceux-ci vendent leur production aux femmes (et même à leurs propres épouses), lesquelles sont entièrement maîtresses de la seconde phase, celle de la fabrication puis de l'écoulement du couscous sous ses trois formes jusque sur les marchés d'Abidjan.

Voici les chiffres de la « grande bouffe » ivoirienne, entre 1996 et 1998, pour 13 à 15 millions d'habitants :

– riz paddy	1 223 000 t
– ignames	2 900 000 t
– taro	340 000 t
– maïs	557 000 t
– manioc	1 660 000 t
– patates douces	39 000 t

- mil   50 000 t
- sorgho   25 000 t
- fonio   9 500 t
- karité   25 000 t
- huile de palme   278 280 t
- graines de soja   4 000 t
- ananas   238 000 t
- bananes   210 000 t
- bananes plantain 1 365 000 t
- arachide   150 000 t
- noix de coco   213 000 t
- noix de cajou   8 000 t
- mangues   30 000 t
- bovins   1 200 000 têtes
- petits ruminants 2 000 000 têtes
- volailles   30 000 000 têtes
- poisson   7 000 t pêchées en 1995,
soit seulement 40 % de la consommation.

En plus des pêcheurs ivoiriens et béninois en mer ou en lagune, 10 000 pêcheurs artisanaux ghanéens étaient sur le littoral, tandis que des Bozo venus du Mali pêchaient dans tous les lacs de barrage, à commencer par celui de Kossou.

N'oublions pas cependant que l'alarme avait été sonnée, qu'un rapport, désagréable mais sérieux, était venu récemment signaler la menace d'un prochain déficit vivrier et qu'en conséquence un Plan d'urgence de relance de la production vivrière avait été mis au point en juin 1998. Selon un rapport de la FAO en 1999, 15 % de la population ivoirienne – essentiellement dans la moitié nord – se trouvait alors en état d'« insécurité alimentaire ».

Quoi qu'il en fût, l'Ivoirien à table était à son affaire et l'étranger avec lui. Il l'est toujours. Souhaitons-nous déjà bon appétit... et rendez-vous quelques pages plus loin.

Une économie sur béquilles (2000-2007)

Après un bilan économique plutôt triomphaliste à la fin des années 1970, un autre déjà rectifié mais encore impressionnant en 2000, il nous fallait encore, à l'automne 2007, en présenter un troisième, frappé, en tous points ou presque, par plusieurs années de désordres, de démantèlements et de violences, sans avoir pour autant – et ce sera notre surprise – cédé à l'effondrement. Passons donc une nouvelle fois en revue tous les secteurs importants de l'économie avec quelques chiffres à l'appui[11], pour mieux déceler les ravages de l'histoire récente, découvrir aussi les zones de résistance et, partant, signaler les germes de renouveau.

Mais d'abord, comment expliquer l'affligeant gâchis de ces sept dernières années, résultat de toutes les mauvaises interactions croisées de l'économie, de la finance et de la politique, qui se sont accumulées en peu d'années pour casser les institutions existantes, démembrer le pays, saccager les équipements, abandonner les acquis nationaux aux affairistes euraméricains, décourager les producteurs, planteurs, paysans, pêcheurs, éleveurs, éternelles victimes d'un ordre mondial impitoyable aux pauvres ? Si la guerre, presque civile, qui a failli rompre le pays en deux et les pernicieux combats de chefs qui la sous-tendent ont une lourde part de responsabilité dans l'effondrement partiel de l'économie ivoirienne, n'oublions pas que le pays se trouve soumis depuis bien plus longtemps à l'arrogante tutelle des institutions de Bretton Woods, aux appétits féroces des bailleurs/prêteurs de fonds, aux séductions multiples des chantres de la privatisation et de la mondialisation à tout prix. Autrement dit, le pays s'est cassé sous le double effet de forces internes et externes conjuguées.

Des grands projets de l'ère Bédié, il n'est plus question... Le troupeau des Éléphants d'Afrique s'est vite débandé lorsque les chantiers majeurs ont été surpris par le coup d'État de Noël 1999,

---

11. Essentiellement de la période 2004-2007, repris pour la plupart de *Marchés tropicaux*, n° 3042 de février 2004, 3108 de juin 2005, 3155 de mai 2006 et 3206 de juin 2007.

qu'il s'agisse du troisième pont d'Abidjan (premier coup de pioche prévu au lendemain de Noël !), du train urbain, du nouveau terminal pour conteneurs dans le port, de la prolongation du chemin de fer et de l'autoroute jusqu'à Yamoussoukro, ou de la poursuite des transferts dans la nouvelle capitale (où la Présidence devait s'installer au début de 2003).

Dans un univers qui menaçait de s'effondrer, de se fractionner en tout cas, le cacao n'a pas trahi et constitue la première des deux « meilleures béquilles » de l'économie nationale (*Marchés tropicaux* n° 3108, du 17.6.2005). La Boucle du cacao, productrice majeure, tout entière située en zone sud gouvernementale, n'a pas vraiment été inquiétée par la guerre. La production a dépassé 1 300 000 t en 2002 et 2004 pour retomber à 750 000/800 000 t en 2006-2007. Abidjan s'offrait encore, en mars 2004, trois « Journées du Cacao ». La FOREXCI (Forages-Exploitations) a poursuivi son programme de forages en zone cacaoyère pour passer de 20 000 points d'eau, encore insuffisants, à 28 000. La Côte d'Ivoire demeure première. Le Ghana et l'Indonésie, rivaux ambitieux, n'ont qu'à bien se tenir. Évidemment, les prix à Londres et à New York ont continué leur valse déconcertante, entre 559 £ la tonne en décembre 2000 et 1 649 £ deux ans plus tard, pour retomber à 932 £ en 2005. Mais, en principe, le gouvernement ivoirien a conservé le droit de fixer lui-même le prix d'achat au producteur, révisé tous les trois ans, quitte à prolonger le bras de fer qui l'oppose aux opérateurs étrangers trop goulus (Cargill, ADM, le suisse Barry-Caillebaut et bien d'autres). Un accord de novembre 2002 a opéré le transfert de Londres à Abidjan du siège de l'OICCO (qui régit à la fois le cacao et le café). La « nouvelle » Caisstab a été dissoute au bout de 14 mois en mars 2000, mais le cacao ivoirien, encore inséparable du café, est toujours, en principe, protégé par un triple dispositif qui combine la Bourse/BCC, chargée de réguler les mécanismes de commercialisation, l'ARCC chargée de faire respecter les règles et agréments d'exportation, et le Fonds de régulation/FRCC, institué en plus par prudence. Pourtant, les problèmes demeurent et, sur le plan interne, la « guerre du cacao » se poursuit. La puissante ANAPROCI, protectrice des producteurs, n'en finit pas de dénoncer la trilogie mise en place comme un véritable système mafieux, « pompe à fric », « filière opaque », obscure et complexe, confirmée dans sa lutte d'ailleurs par un rapport de consultants internationaux dévoilé en janvier 2006. Les grèves des cultivateurs sont à répétition : ils estimaient, en avril 2006, que les trois « monstres » censés les défendre, leur devaient encore 2 milliards sur 3, et la grève a recommencé en octobre. Question suprême et lancinante : où va l'argent du cacao[12] ? Peut-être dans les achats d'armes, à hauteur de 20 % des dépenses militaires, et l'on épingle aussi dans ce domaine la société Darkwood de l'ancien gendarme français Montoya... Quant aux exportations illégales de cacao vers le Ghana, elles n'ont jamais cessé : on parle de plus ou moins 200 000 t chaque année et, à la fin de 2006, une grande opération anti-fraude a été déclenchée dans la région frontalière d'Aboisso.

La culture du cacao a suscité aussi des enquêtes et investigations très particulières concernant le travail (éventuel) des enfants, déclenchées dans le cadre d'un projet WACAP à l'initiative, en 2001, de deux députés états-uniens. Ce protocole Engel-Harkin en six points, piloté par l'OIT depuis Genève, qui concerne cinq pays cacaoyers de la région (dont la Côte d'Ivoire et le Ghana), et arrivé à échéance en avril 2006, semble autant dirigé contre les grandes sociétés chocolatières (Nestlé et Hershey se seraient engagées à rectifier certains de leurs procédés) que contre les pays planteurs qui doivent désormais labelliser tout leur processus de production, sous peine de voir leurs produits refusés à l'importation aux USA. La Côte d'Ivoire, qui avait mis en place un projet-pilote dans six villages du département d'Oumé et un comité de surveillance des normes fixées par l'OIT, ne s'en tire pas trop mal[13].

Avec le cacao, nous voici revenus une troisième fois dans l'univers ultrasensible du couple café-cacao dont l'originale saga se développe depuis un demi-siècle, même si leur destin n'est plus aussi commun qu'autrefois. Car le café, très vieillissant, n'en est décidément plus à son âge d'or. Progressivement,

---

12. Voir K. Edouard N'Guessan, *Gestion des filières café et cacao en Côte d'Ivoire*, Éd. Muse, Abidjan, 2000.
13. À la différence du Cameroun, par exemple. Voir *Marchés tropicaux* n° 3111 du 8 septembre 2005.

la production est tombée de 400 000 à 200 000 puis 120/125 000 tonnes[14]. Les planteurs ne sont pas tous en zone sud et l'OAMCAF, peu après avoir fêté ses 45 ans en janvier 2006 à Yaoundé, a été dissoute en mai 2007. Comment la revitaliser ? Nestlé, qui fait fonctionner son usine d'Abidjan et ses deux centres d'achat de Gagnoa et de Duékoué, reste, comme la défunte OAMCAF, fidèle au café robusta (40 % de l'offre mondiale) et lutte contre les « pressions baissières » plus favorables à l'arabusta.

Dans la catégorie des « béquilles agricoles », deux autres produits résistants et solides font escorte au cacao : l'hévéa (pour le caoutchouc) et la noix de cajou. L'hévéaculture tient ses promesses et la Côte d'Ivoire, talonnée par le Cameroun, se place au 7e rang mondial, première africaine derrière six asiatiques, avec une production qui oscille entre 120 000 et 143 000 tonnes, selon les années, soit presque 5 % de la production mondiale. Depuis 2004, l'espoir est vif dans ce domaine : la demande est croissante, les cours sont à la hausse, la qualité ivoirienne est supérieure à l'indonésienne, l'Europe est proche et c'est une chance pour l'Afrique. Objectif ambitieux pour 2015 : tripler la production pour atteindre 365 000 t sur 330 000 ha. Beau résultat pour un secteur jeune qui n'a commencé qu'en 1953 ! Pour l'instant, ses activités se maintiennent sur 105 000 ha ainsi répartis : 59 500 ha et 44,5 % de la production pour 10 000 planteurs, quelques gros notables et de nombreuses plantations familiales de 2 à 4 ha chacune ; 44 500 ha pour les sociétés productrices et 2 300 ha consacrés à la recherche. Rappelons qu'un arbre planté ne commence à produire que la septième année. Deux associations, divorcées, l'APROCANCI et l'OPCN, défendent les producteurs. Les prix sont incitatifs, assurent des revenus réguliers au mois le mois et sont particulièrement séduisants pour des rentiers, des retraités ou même des bourgeois (255 FCFA/kg en septembre 2005). L'État, qui s'est désengagé du financement, arbitre seulement le fonctionnement du secteur et a réactivé un Fonds interprofessionnel de solidarité hévéa (FISH). Du côté des sociétés, regroupées au sein de

---

14. Interview du ministre Amadou Gon Coulibaly au Salon du Chocolat tenu à Paris du 29 octobre au 2 novembre 2003.

l'APROMAC, la célèbre SAPH, privatisée, demeure en tête, suivie par plusieurs autres : la SOGB à Grand-Béréby, la Tropical Rubber/TRC, la SAIBE libanaise à Bétié, la CCP de Fulgence Koffi, président par ailleurs de l'APROMAC, à Pakidié et la CHC dans l'Ouest sur la Cavally.

Modeste mais prometteuse, la noix de cajou, ou anacarde, assure à la Côte d'Ivoire, première en Afrique, le 4e rang mondial, avec 187 000 t exportées en 2006. Beaucoup de cotonculteurs déçus se sont rabattus sur la noix de cajou dont la production n'est encore usinée qu'à 5 %, en attendant de faire quatre fois mieux. L'usine de Dimbokro, inaugurée en mars 2005, appartient à la société singapourienne Olam Ivoire.

Voilà pour l'agriculture qui marche. On reviendra plus tard sur ses autres composantes. La seconde « béquille majeure », c'est le secteur du pétrole et du gaz naturel, qui a résisté aux années de crise et autorise de solides espoirs. Il faut dire que la production est évidemment « sudiste » puisque off shore et largement concédée à des sociétés étrangères – Ocean Energy, Texaco-CI (Chevron), la Ranger Oil canadienne et Tullow –, présentes sur un bassin maritime de 53 000 km^2 comprenant trois champs majeurs : Est Espoir, West Espoir et surtout Baobab, ouvert en août 2005, pour une production totale estimée à 1 250 000 t, surtout destinée au marché domestique. Évidemment, les distributeurs avaient perdu tous leurs clients du Nord, où les rebelles, depuis septembre 2002, s'alimentaient par le Mali et le Burkina, mais le boom pétrolier – on va le voir – profite largement au port d'Abidjan.

Tels sont, à ce jour, les secteurs solides, parfois même « triomphants » de l'économie ivoirienne. Pour les autres, après tant d'années de crise, le tableau, moins souriant, présente toute une série de pans plus ou moins éprouvés, si éprouvés même parfois qu'on a pu les considérer comme totalement « sinistrés ». Retournons un instant auprès des paysans. Si le café – qu'on n'a pas voulu séparer de son compère cacao – n'est pas brillant, la filière coton, elle, est franchement malade. Tout d'abord, les plantations et les usines d'égrenage sont, en quasi-totalité, situées en zone rebelle. Dès lors, la crise a infligé aux producteurs de multiples problèmes dans des régions privées pour longtemps d'intrants, de banques et de carburant pour traiter, financer puis évacuer la récolte. Tout en se querellant entre elles, les cinq sociétés cotonnières du pays jonglaient chacune du mieux possible pour faire descendre leurs camions vers Abidjan à travers barrages et rackets, financer celles de leurs coopératives qui n'avaient pas réussi à ouvrir des comptes dans les banques du Sud et leur procurer les engrais dont elles avaient besoin. De nombreux cotonculteurs se sont découragés et reconvertis. On disait même que, si les paysans, déçus, abandonnaient le coton pour se consacrer de nouveau aux produits vivriers, il n'y aurait finalement que demi-mal. Pourtant, la Côte d'Ivoire se maintient au second rang africain derrière le Mali et l'ensemble des pays producteurs africains de la zone franc demeure second exportateur mondial. Ici, la Côte d'Ivoire est pénalisée de multiples façons qui sont toutes étrangères à la crise qu'elle traversait : le taux de change dollar-euro, les subventions états-uniennes (décrétées illégales par l'OMC en mars 2005), le maintien d'une culture pluviale aléatoire, alors qu'elle est irriguée presque partout ailleurs. Il y a surtout que le coton, libéralisé sous la contrainte en 1996-1998, n'en finit pas de souffrir des bouleversements imposés de l'extérieur et qui en font le grand perdant de l'économie ivoirienne. La production de coton-graine a d'abord chuté comme suit : 396 000 t en 2002-2003, 186 000 en 2003-2004, 267 000 en 2005-2006, et – peut-être – 226 000 en 2006-2007, avec probablement 50 000 t d'exportation illégale vers le Mali et le Burkina. Le rendement est passé de même de 1,5 t/ha à 1,2. Les prix internationaux, passés de 68 cents la livre à 55 en quelques années, ont entraîné dans leur chute le prix d'achat au producteur : 200 FCFA puis 185 en janvier 2005 et 160 en septembre suivant. Au début de 2007, le coton fait encore vivre 250 000 producteurs, soit environ 3 millions d'Ivoiriens, sur 300 000 ha dont seulement 115 000 encore traités avec intrants. L'État a cessé toute subvention. L'URECOS-CI défend de son mieux les coopératives paysannes contre les agréments et les décisions sournoises de l'OMCV. L'Association cotonnière africaine (ACA), créée à Cotonou en septembre 2002, mène un combat similaire. Cinq sociétés se partagent l'égrenage. À eux tous, en 2007, les industriels devaient 17 milliards de francs CFA aux producteurs, avec, en tête, la LCCI, filiale du groupe Aiglon du Malien Cheikhna Kagnassi et de ses fils, aujourd'hui en complète déconfiture et interdite d'opérer dans le Nord depuis septembre 2005 par les autorités rebelles pour non-paiement de 3 milliards aux paysans. En janvier 2007, l'État a été obligé de se substituer à la LCCI et cherche toujours un repreneur. La CIDT, considérée par le Nord comme une (ex-)société d'État favorable au régime de Gbagbo, a vu son coton momentanément bloqué deux ans plus tôt. En janvier 2008, le coton est au plus mal. En avril 2007, l'Union européenne, une nouvelle fois alertée, a encore débloqué 9,4 milliards au profit des cotonculteurs africains.

Tous les autres grands produits d'exportation, selon les régions concernées, ont plus ou moins accusé le double coup de la crise politique et/ou de la libéralisation. L'État s'est désengagé depuis 1996 de la filière palmier à huile. Les plantations, entretenues sur 200 000 ha par 35 000 exploitants en majorité (70 %) villageois individuels, ont continué de vieillir. La production, qui alimente 15 usines, a chuté de 250 000 t d'huile de palme brute avant 2000 à 220 000 en 2005, et le prix d'achat au producteur avec elle, de 28,50 FCFA le kilo en 2004 à 26 en 2005. Un plan quadriennal « Palm-CI » devrait relancer la production jusqu'à 600 000 t, les rendements jusqu'à 15 et 20 t/ha, et le revenu global des planteurs jusqu'à 150 milliards de francs CFA.

Totalement libéralisée au 1er janvier 2006, la filière bananes, grosse fournisseuse de l'Union européenne, n'en a pas moins chuté elle aussi : 220 000 t exportées (en 2005), 17 plantations seulement sur 6 000 ha et 9 000 producteurs payés (en 2004) 50 centimes d'euro le kilo ! La filière fleurs s'en sort assez bien. L'ananas a vieilli et, avec lui, toute la région d'Ono-Bonoua à l'est d'Abidjan. Sur 15 000 ha de plantations (qui ont déjà plus de cinquante ans), il reste un millier de petits planteurs et quatre grosses sociétés pour une production exportée tombée à 152 000 t en 2004. Les pays d'Amérique centrale en général (surtout les Antilles, le Brésil et le Costa Rica) sont des rivaux redoutables pour l'ananas ivoirien peu prisé en Europe parce que trop pâle ou alors trop jauni à l'étéphon. Tout au long des années troublées, les mangues sont descendues difficilement du nord et soutiennent difficilement aussi la concurrence du Brésil.

La filière sucrière ne se tire pas trop mal de la crise et la Côte d'Ivoire demeure première productrice de l'UEMOA, dont de nombreux membres sont au contraire importateurs de sucre.

Ses 170 000 t (en 2002) couvrent totalement jusqu'à maintenant la consommation nationale (140 000 t) et alimentent un excédent vendu pour moitié sur les marchés européens. Les deux repreneurs de 1997, la SUCAF-CI (Castel) et la SIFCA-CI (Harel), font tourner quatre usines, dont trois en zone nord à Borotou et une à Zuénoula dans l'ex-zone-tampon. S'y ajoute la Sucrivoire, société ivoiro-mauricienne du groupe Sifcom. L'ensemble, depuis 2002, souffre évidemment de ne pouvoir tourner à plein, ainsi que de la fraude et des difficultés de transport. Comme pour le coton, des couloirs « économiques » routiers et ferroviaires protégés avaient été mis en place entre Nord et Sud pour mieux écouler la production.

Quand on en arrive au secteur riz, cette fois il faut bien parler de sinistre. Le programme « Riz pour tous », mis en place avec le Programme alimentaire mondial (PAM) pour assurer aux Ivoiriens les 1 250 000 t qu'ils consomment alors qu'ils n'en produisent tout juste que la moitié, n'a pas tenu ses promesses. L'Agence pour le développement de la riziculture en Afrique de l'Ouest (ADRAO) a abandonné sa base de Bouaké en décembre 2004 pour aller se réinstaller au Bénin. 500 planteurs se partagent 600 000 ha de riz, pluvial pour 90 %, irrigué ou de bas-fonds pour seulement 10 %.

À l'exception, majeure, du riz, les cultures vivrières conservent un bel avenir, de même que l'ensemble des produits dits traditionnels qu'on s'est même mis à appeler « ethniques » (!) : mangues, noix de cajou, papayes, gombos et fleurs. C'est confirmer une nouvelle fois que la « grande bouffe » et la bonne cuisine ivoiriennes se maintiennent et que le pays mange à sa faim, produisant la totalité de ce qu'il consomme, à l'exception du riz et des volailles. L'élevage, en effet, conserve en gros ses chiffres de 1998, avec 1 300 000 bovins, 1 450 000 ovins, 1 130 000 caprins et 30 millions de volailles. L'importation de bétail du Burkina, sur pied ou par le rail, a été interrompue par la crise, et le prix de la viande à Abidjan a facilement doublé et triplé. Le porc aussi se faisait rare. Le 3e Salon agricole et des ressources animales (SARA), prévu pour la fin de 2002, avait été reporté à mars 2003. C'est la production avicole qui demeure insuffisante : seulement 8 000 t pour 24 000 consommées, d'où des importations massives plus ou moins contrôlées qui ont déclenché une véritable « guerre du poulet ». On envisageait (en mars 2005) un grand projet national de fermes avicoles. La pêche dans son ensemble, et notamment la pêche au thon (début 2007), se porte bien.

Donnée comme moribonde depuis trente ans, la forêt ivoirienne continue de nous surprendre : elle occuperait encore, en juin 2007, 6 millions d'hectares (!) mais a produit (en 2005) 1 200 000 m^3 de bois d'œuvre, deux fois moins, toutefois, qu'en 2000. Serait-ce là le résultat, très inespéré, d'une politique sage mais très lente de reboisement, combinée avec l'élimination progressive des petites concessions inférieures à 2 500 ha considérées comme plus destructrices que les grosses ? Le reboisement, paraît-il, se poursuit : 6 500 ha en 1997, 9 500 en 1998... rythme dérisoire quand on sait qu'il faut en moyenne vingt ans pour faire un teck exploitable, trente-cinq pour un arbre à bois blanc et cinquante pour les bois rouges (iroko, acajou...). Seules subsistent deux forêts primaires à peu près intactes : le Banko, aux portes d'Abidjan, et Taï dans le Sud-Ouest. Cette dernière, après avoir souffert des événements dans une zone frontalière avec le Liberia, se retrouve très surveillée et protégée de nouveau. Les optimistes attendent beaucoup d'une « gestion forestière novatrice écocertifiable » (*sic*). Il est vrai qu'on n'est jamais à court d'euphémismes eux-mêmes novateurs, mais réjouissons-nous de la relative bonne santé de la forêt qui, du même coup, redonne vie au port de San Pedro momentanément déserté pendant la crise.

Diamants, or, eaux minérales, nickel... le secteur minier n'est pas brillant. Dix sociétés, dont la Rangold sud-africaine et la SM-Ity, filiale de la Cogema française, s'acharnent à trouver de l'or, dans la vieille mine d'Ity en zone rebelle ou près de Korhogo. Les Canadiens de Falconbridge s'occupent du nickel. Quant à l'extraction des diamants, elle s'est poursuivie dans le Nord de façon totalement incontrôlée, sinon par les petits seigneurs de guerre locaux suscités par les événements. La Sierra Leone de *Blood diamond* n'est pas si loin dans le temps et l'espace et a peut-être inspiré des vocations... La SODECI, propriété de la SAUR française depuis 1990, fournit toujours une eau de qualité, conserve sa bonne réputation et finance de nouveaux investissements[15]. Ces

---

15. Voir, par exemple, l'interview de Marcel Zadi Kessi, PDG de la SODECI et de la CIE, dans *Jeune Afrique* n° 2376 de juillet 2006.

bonnes conditions prévalent aussi pour le secteur de l'énergie électrique avec la CIE (SAUR), la CIPREL (Bouygues) et AZITO-Énergie. Il faut souligner que l'État est demeuré propriétaire de toutes les infrastructures, barrages et usines.

Comme partout, la téléphonie, fixe ou mobile, est en pleine expansion, dopée en outre par la crise elle-même et l'insécurité régnante. Déchue de son monopole en matière de téléphonie fixe, CI-Telcom est talonnée par Arobase-Télécom, et les deux rivaux, en décembre 2005, n'avaient toujours pas consenti à s'interconnecter ! La concurrence est encore plus acharnée pour les « cellulaires » entre Orange, la MTN sud-africaine (depuis juin 2007), l'ACELL-Ivoire émiratie, arrivée en décembre 2005, et la Comium du Libanais Emile Khalife. L'État, de toute façon, se fait payer les licences, en vertu d'une précieuse loi du 14 juin 2001.

Le monde des transports terrestres, fluviaux, maritimes et aériens n'est pas sorti indemne de la crise et certains secteurs ont été très durement touchés, du moins jusqu'à ce qu'un sursaut de réorganisation assez spectaculaire en relance l'activité. Ainsi, en 2002-2003, la fermeture temporaire des axes lourds Mali-Abidjan et Burkina-Abidjan a immédiatement contraint ces deux États enclavés du nord à trouver, ou à élargir, d'autres débouchés maritimes, exigence vitale aussi bien pour le Mali, qui assure par mer 70 % de ses importations de marchandises générales et 25 % de ses hydrocarbures, que pour le Burkina (75 % et 85 % des mêmes catégories). Le port d'Abidjan en a aussitôt fait les frais, puisqu'en temps normal il assurait jusqu'alors, et à lui seul, 95 % des trafics réunis de ses voisins, Tema, Takoradi, Lomé et Cotonou, désormais sollicités à sa place par le Burkina (ainsi que Lagos, beaucoup plus loin). Le Mali, qui souffrait encore bien plus que son voisin oriental, a sollicité davantage non seulement Dakar et le chemin de fer Dakar-Niger (qu'il connaît bien depuis quatre-vingts ans), mais aussi Conakry dont c'est la nouvelle chance, surtout depuis que l'axe routier Bamako-Kankan-Conakry a été complètement bitumé à la fin de 2004. Certes, à la suite d'un tel chamboulement à l'échelle de sept ou huit pays à la fois, les surcoûts routiers devenaient énormes (de 18 à 150 % des anciens coûts ivoiriens !), sur des distances accrues, par des itinéraires plus ou moins praticables et à travers d'onéreux barrages multipliés. Rapide par nécessité, cette restructuration des transports ne pouvait, à terme, se faire irréversible que si le blocage persistait encore assez longtemps pour qu'on ait pu prendre de nouveaux goûts et de nouvelles habitudes. Mais ce n'est pas exactement ce qui s'est passé. D'abord les relations routières et ferroviaires entre nord et sud de la Côte d'Ivoire ont assez vite repris, même malhabiles et partielles, la nécessité des échanges demeurant plus forte que les multiples épreuves imposées aux routiers, aux cheminots, à leurs voyageurs et à leurs marchandises. Sur la voie ferrée Burkina-Abidjan, par Bouaké et Ferkéssédougou, le trafic international, interrompu pendant une année entière, a fini par reprendre modérément, et la Sitarail (de Bolloré), qui s'était fixé – paraît-il – comme objectif « zéro déraillement », conserve sa bonne réputation. Toutefois, un rapport d'avril 2006 de la Conférence générale des entreprises (CGECI) concluait encore, à cette date, à une « chute libre du chemin de fer » estimée à 50 %.

Rouverts également assez vite, les principaux axes routiers nord-sud ont assuré, tant bien que mal, l'évacuation du coton, du sucre et des mangues vers Abidjan, le Nord rebelle se ravitaillant en carburants chez ses voisins du Mali et du Burkina. Anecdote symbolique de cette reprise au moment où la paix revenait : un convoi-test international de 40 camions chargés de coton du Burkina est arrivé à Yamoussoukro le 19 avril 2007. Par ailleurs, les ports du Ghana, surpris par la crise – Tema essentiellement et Takoradi loin derrière –, n'ont pas eu le temps de se moderniser suffisamment pour répondre aux sollicitations inattendues du Burkina à partir de 2003. Lomé et Cotonou, eux-mêmes desservants obligés de Lagos, étaient déjà engorgés. Finalement, si la crise est définitivement réglée alors le port d'Abidjan, plus dynamique et plus essentiel encore qu'on aurait pu le penser, est désormais en mesure de retrouver et de dépasser son trafic d'autrefois. Après une chute immédiate dès septembre 2002, les tonnages traités sont vite remontés de 14 millions de tonnes en 2000 à 17,8 millions en 2004, tandis que, dans le même temps, les recettes douanières passaient de 360 milliards de francs CFA à 700 milliards. En 2006, on en était à 18,85 millions de tonnes, composées pour l'essentiel de coton et graines de coton (malgré tout), de bois débité, de tecks en grumes, de noix de cajou, de caoutchouc et de fèves de cacao. Le port autonome (PAA) est donc solide avec 80 000 conteneurs manipulés (dès 2004) et 35 000 salariés, dont 4 500 dockers. Plus performant que tous ses concurrents, il traite 90 % des échanges extérieurs du pays, rassemble 60 % de ses unités industrielles et ramasse 85 % de ses recettes douanières, tout cela en conformité reconnue, depuis juillet 2004, avec les normes du Code ISPS. Ceci dit, l'affaire des 400 tonnes de déchets toxiques déchargés les 19 et 20 août 2006 du cargo *Probo Koala* et déversés sans précaution dans une décharge de proche banlieue l'a secoué pendant plusieurs semaines. Un véritable roman d'aventures : navire panaméen, armateur grec, équipage russe, affréteur néerlandais, deux intermédiaires français arrêtés... et l'accord officiel pour déchargement évidemment ivoirien mettant en cause quelques haut placés tant au port qu'au gouvernement... Outré, le Premier ministre CKB démissionne, puis finalement remanie son équipe en septembre, le directeur du port est suspendu et son domicile incendié, on purge un peu partout dans les sociétés portuaires, et les déchets, retirés de la décharge, sont réembarqués fin octobre à destination de la France qui, finalement, les traitera. Mais la secousse est profonde : 10 morts au moins, plus de 10 000 intoxiqués, 150 000 plaintes, des quartiers entiers évacués, 26 000 consultations médicales et des dégâts inestimables dans la faune marine proche, 6 experts français pour enquête, 7 milliards de francs CFA pour effacer les traces (février 2007) et 100 autres milliards pour dédommager les victimes, à verser par la multinationale responsable, avec, en prime, une grande manifestation, le 10 janvier 2007, devant la cathédrale d'Abidjan. L'affaire n'est pas close pour autant ; le procès s'est ouvert fin septembre 2008 en Europe.

Les transports aériens sortent eux aussi très perturbés de la crise. Déjà très malade depuis plusieurs années, la multinationale Air Afrique, fleuron des indépendances, dont le siège était à Abidjan, a fini par disparaître en avril 2002. À sa liquidation, le bilan était aussi bref que cruel : un seul avion restant, 200 milliards de francs CFA de dettes et 4 000 employés sur le carreau, dont certains, plus de cinq ans après, attendaient toujours le versement de leurs droits. Dans le vide ainsi créé, plusieurs petites compagnies se sont installées, mais l'esprit de coopération inter-États qui faisait naguère la fierté et l'originalité d'Air Afrique n'existe plus. Air France, encore puissante mais assez mal vue dans la région, s'est trouvée depuis lors en concurrence avec la Panafrican Airways associée à la SAT suisse (début 2004) et l'Ivoire Airways ivoirienne appuyée par la française Eagle Aviation (!), mais elle s'est quand même maintenue à 51 % aux côtés de l'État ivoirien dans Air Ivoire, rebaptisée en janvier 2006 « Nouvelle Air Ivoire ». On s'y perdrait presque. AERIA, qui gère l'aéroport d'Abidjan, totalement remis à neuf en 1996, a particulièrement souffert des années de crise, non seulement à cause de la baisse du trafic passagers mais aussi lors des événements de novembre 2004, les installations, directement affectées par les troubles et les combats, ayant été successivement fermées, occupées par les militaires français, reprises et rouvertes.

« Et pourtant, elle tourne »

Même coupé en deux, le pays n'en a pas moins conservé, en tout cas sur sa moitié sud, un pouvoir légitime, reconnu par la communauté internationale et chargé, sans trêve ni repos, de faire vivre et fonctionner l'État qu'il représente. Et là, la surprise est de taille. « Poids lourd » de la région, élargie même aux seize pays de la CEDEAO, la Côte d'Ivoire dispose toujours, à elle seule, de 40 % de la masse monétaire de l'UEMOA. Elle a bien résisté aux épreuves internes et externes que lui ont infligées la crise et les diverses assistances étrangères censées soutenir et financer ses propres efforts de développement, même contrariés par la guerre.

Revenons un instant à 1999. En dépit de substantielles remises consenties par ses créanciers (911 millions de dollars du Club de Paris en avril 2002 ; 110 millions d'euros des Allemands en juin suivant...), la Côte d'Ivoire demeurait fortement étranglée par sa dette interne et externe. Fin 2001, on prévoyait de la résorber complètement... en 2006. La réduction de la pauvreté et la « soutenabilité » (!) de la dette – disait-on alors – « demeur[ai]ent des objectifs lointains[16] ». Méfiants, inquiets de l'évolution politique depuis 1999, les bailleurs de fonds de toutes origines avaient, sans enthousiasme, repris leur assistance, surtout après la victoire de Gbagbo en octobre 2000, et les normalisations s'étaient alors succédé, avec la France de Fabius (dès la fin avril 2000), l'Union européenne (juin 2001), la BAD (avril 2002), le FMI (juillet 2001) et la Banque mondiale (février 2002). Compte tenu de ces reprises, le budget de 2002, qualifié d'« assainissement », fut fixé à 1 946 milliards de francs CFA mais celui de 2003 prudemment diminué de 20 % et ramené à 1 518 milliards. Déjà étiquetée par la COFACE « C+ » avant le coup d'État de Noël 1999, la Côte d'Ivoire s'est retrouvée « D- » (pays très risqué) en décembre 2002[17] et elle attendait toujours d'être classée « PPTE » pour obtenir un nouvel allègement partiel de sa dette[18]. Bénéficier des dispositions de l'AGOA états-unien[19], elle ne devait plus y songer : elle en a été exclue au début de 2005. Quant au programme NEPAD, lancé en grand triomphe au G8 de Gênes en juin 2001 par quelques chefs d'État africains eux-mêmes pour desserrer l'emprise des institutions du Nord sur leur continent et encourager les initiatives des sociétés civiles, il est aujourd'hui pratiquement abandonné.

Dans un contexte général plutôt sombre, la dette ivoirienne se maintenait donc sur de vertigineux sommets : 6 155 milliards de francs CFA en 2002, 5 844 en 2003 (une autre source donne 6 602), 5 816 fin 2004 (soit 70,5 % du PIB !) et encore 5 787 en 2005. À l'automne 2005, la Côte d'Ivoire devait 135 milliards de francs CFA d'arriérés à la Banque mondiale, 205 à la BAD et 150 au FMI qui exigeait audit sur audit et éjection des « barons » trop incrustés dans les institutions nationales. Pourtant, les budgets

---

16. J. Pégatiénan Hiey, professeur et consultant financier à Abidjan, dans *Marchés tropicaux*, n° 3000 du 9 mai 2003.
17. La classification de la COFACE comporte quatre degrés de risques croissants : C-, C+, D- et D+.
18. Depuis 1996, les PPTE (en anglais HIPC) ou « pays pauvres très endettés » peuvent espérer du FMI et de la Banque un allègement de leur dette des deux tiers en moyenne. En décembre 2001, 35 pays sur 42 ainsi classés étaient africains. On ne semble pas très regardant sur leur « bonne gouvernance ».
19. African Growth & Opportunity Act, permettant l'ouverture des États-Unis à 6 500 produits africains.

successifs faisaient quand même bonne figure : 1 946 milliards de francs CFA pour 2002, 1 518 pour 2003, 1 987,3 pour 2004 (dont 7 pour le « budget de souveraineté » de la présidence), 1 735 pour 2005 et 1 965,3 pour 2006 (en augmentation de 13,3 % grâce au pétrole et financé à 78,2 % par ses ressources propres)[20]. Et tout cela malgré de lourdes pertes, économiques en général et plus spécialement douanières, chiffrées depuis le début à 4 000 milliards de francs CFA, et une énorme fraude fiscale (120 milliards en 2004)[21]. Car, aussi étonnant que cela puisse paraître, l'impôt rentrait quand même assez bien et les autorités affirmaient en 2003 qu'il avait été recouvré à 98 % (?), même si l'impôt foncier, impossible à collecter dans le Nord, n'était recouvré qu'à 54,5 %. Par ailleurs, la Côte d'Ivoire, toujours considérée comme solvable dans certains milieux internationaux, trouvait toujours à emprunter sur les marchés financiers et les prélèvements, mafieux ou non, sur les filières café-cacao, même dénoncés par les producteurs, assuraient probablement de belles rentrées budgétaires, éventuellement utilisées pour des achats d'armes... Jusqu'à 300 ou 400 milliards ? On ne le saura probablement jamais.

Les banques, très éprouvées par les événements, ont d'abord vite abandonné la zone rebelle, découragées par divers hold-up opérés dans leurs succursales du Nord par d'ex-combattants rendus à l'oisiveté ou, comme à la Banque de l'Ouest de Bouaké, le 27 septembre 2003, par deux bandes rivales (une vingtaine de morts), ou même, à Man un an plus tard, par des militaires français dévoyés de l'opération Licorne ! Avant même le retour de la paix, le redéploiement des banques dans la moitié nord s'est

---

20. Sources : DICPE, DG Trésor et DG Douanes de Côte d'Ivoire, reprises par *Marchés tropicaux*, n° 3106 de juin 2005.

21. Glissons ici – comme une simple curiosité – le classement de la Côte d'Ivoire par Transparency International selon l'« indice de perception de la corruption » de son cru qu'elle lui a attribué en octobre 2005 : 152e rang mondial, note : 1,9 ; classement légèrement relevé l'année suivante au 151e rang, note : 2,1 sur une échelle de 10 (haute probité) à 0 (probité nulle). Pour relativiser ce classement (qui vaut ce qu'il vaut, il y en a tant d'autres...), l'Afrique, avec 2,86 de moyenne, est évidemment le plus mauvais continent, le meilleur de ses 53 pays, le Botswana, se hissant quand même au 31e rang mondial avec 5,9. *Marchés tropicaux,* n° 3125, octobre 2005.

amorcé dès 2005 à Bouaké. Les dix-sept sociétés bancaires qui, sauf erreur, opèrent en Côte d'Ivoire, se livrent une concurrence acharnée, à commencer par les quatre plus grandes : la SGBCI (Société Générale), la BICICI et la SIB franco-ivoiriennes, la BIAO-CI belgo-ivoirienne. Elles n'en constituent pas moins le réseau bancaire professionnel le plus dense de la sous-région. L'Institut technique des banques (ITB), créé en 1981, continue d'en former les cadres jusqu'à ce jour. Par ailleurs, avec 119 milliards de francs CFA de chiffre d'affaires en 2004, la Côte d'Ivoire demeure en tête du marché des assurances et, depuis mai 2008, 42 sociétés sont désormais cotées à la BRVM d'Abidjan.

Patronne et régulatrice de l'ensemble, la BCEAO – dont le siège est à Dakar – est particulièrement liée de toute façon à la Côte d'Ivoire, d'abord parce qu'elle lui a fourni – on s'en souvient – un Premier ministre de transition en la personne de son gouverneur CKB à la fin de 2005 ; ensuite parce que, depuis 1973, c'est toujours un Ivoirien qui a occupé ce poste et qu'Abidjan continue, en 2007, de le revendiquer pour son ministre du Plan et du Développement Bohoun Bouabré, au motif que « la rotation n'est pas inscrite » dans les textes fondateurs[22]. La BCEAO, dont les succursales de Korhogo, Man et Bouaké avaient été elles aussi pillées en 2003 et 2004, a procédé à la fin de 2004 au remplacement dans les pays de l'UEMOA de tous les billets « du type 1992 », soit, d'un seul coup, la moitié de la masse monétaire en circulation, et l'on a pu penser que cette mesure était dirigée contre le Nord rebelle si, par exemple, on s'arrangeait pour que l'échange n'y soit pas correctement assuré. Par ailleurs, deux problèmes reviennent périodiquement dans l'actualité :

– celui de la fusion de l'UEMOA avec la ZMOA (qui regroupe les cinq pays anglophones de la région, avec ou sans la Guinée) en vue peut-être d'une monnaie unique à l'horizon 2016 ;

– et celui d'une nouvelle dévaluation du franc CFA toujours lié à l'ex-franc français et donc à l'euro, avec une parité – rappelons-le – de 655,95 FCFA pour 1 euro.

---

22. Finalement, c'est Dakoury Tablé qui a été élu en janvier 2008 pour six ans. Encore un Ivoirien, mais pour la dernière fois.

La BAD, elle, garde ses distances et ses méfiances depuis qu'elle a quitté Abidjan en février-mars 2003 pour un exil essentiellement tunisois. Son siège est préservé et surveillé mais son retour n'est toujours pas annoncé.

Ainsi, en dépit des turbulences, la Côte d'Ivoire financière et monétaire, elle aussi, s'en sort bien. De vastes espoirs lui sont permis dans ce domaine puisqu'elle doit pouvoir compter sur les divers programmes d'appui « post-conflit » qui lui ont été promis. Déjà, au lendemain de Marcoussis, l'Union européenne avait prévu un « programme de réhabilitation post-conflit » de 30 millions d'euros, imitée un peu plus tard par la Banque mondiale et le FMI eux-mêmes, et aussi, un peu dans le même esprit, par l'Afreximbank[23] (200 milliards promis sur dix ans pour les entreprises). À cela s'ajoute encore l'octroi, toujours par l'Union européenne, de 5,5 milliards de francs CFA, annoncé en mars 2007 pour financer le redéploiement des divers services de l'État dans le Nord.

Ainsi, à l'évidence, la Côte d'Ivoire tourne... Qui, stupéfait et incrédule ou au contraire convaincu et rasséréné, n'a pas fait, un jour ou l'autre, tout au long de ces années de gâchis, cette surprenante constatation ? Tous secteurs examinés, tous comptes faits, au moment où la paix semble véritablement de retour, ce pays prouve qu'il est toujours capable de miracles et tient, en somme, quoique sous une forme et dans des conditions différentes, ses promesses des années 1960 et 1970. Ébranlée, choquée par neuf ans de convulsions, coupée en deux pendant cinq ans, la Côte d'Ivoire ne s'est pas effondrée. Elle conserve même sur ses voisins et partenaires la primauté qui fait sa force depuis presque un demi-siècle. Peut-être a-t-on, en France tout particulièrement, après la crise de novembre 2004, un peu vite pronostiqué sa débâcle définitive.

Certes, le coup a été très sévère : départ en catastrophe de 8 000 Français et de quelques autres Européens, perte de 3 000 emplois dans les entreprises abandonnées, dégâts aux sociétés estimés par le patronat à 150 milliards de francs CFA en janvier 2005. Beaucoup des exilés de l'hiver 2004, définitivement découragés, ne reviendront jamais et l'on peut les comprendre. Certains au contraire se sont déjà réinstallés,

---

23. Créée à Abuja en octobre 1993 et installée au Caire.

sachant pouvoir compter sur les amis ivoiriens qui ont, plus souvent qu'on ne le pense, gardé et protégé leurs maisons. D'autres, enfin, avaient choisi de rester malgré tout et nous les retrouverons à Abidjan. En mars 2007, le ministre ivoirien des Finances a annoncé le dégagement de 6 milliards de francs CFA pour aider les entreprises françaises touchées par la crise et la question est toujours d'actualité.

Et si la crise a sérieusement ébranlé de nombreuses PME, elle n'a guère effrayé les grandes firmes françaises qui ont tenu bon, malgré l'agitation de la rue, lorsque déjà les Jeunes Patriotes en rage s'attaquaient à leurs enseignes ou à leurs bureaux pour les punir – disaient-ils – d'alimenter et de défendre les rebelles du Nord. Bolloré a fini par obtenir la concession du terminal à conteneurs de Vridi, inauguré le 3 avril 2008, et reste bien implanté dans les transports terrestres (la SAGA annonçait en août 2005 1,9 milliard d'euros de chiffre d'affaires) et la logistique (SDV Logistique)[24]. Déjà, son directeur général pour l'Afrique déclarait en juillet 2007 à *Jeune Afrique* (n° 2425) : nous sommes restés et « serons en ordre de marche » le moment venu.

Bouygues, présent lui aussi dans de nombreux secteurs, a renouvelé, pour quinze ans encore, en octobre 2005, l'accord qui le liait à la Côte d'Ivoire, accord révisable tous les cinq ans et d'ailleurs très secondaire – paraît-il – si ses activités dans le pays ne représentent vraiment que 1 % de son chiffre d'affaires et un peu moins de 2 % de ses bénéfices.

La CFAO, vieille société familière de l'Afrique longtemps avant les indépendances, va bien, et partageait ses activités entre l'automobile (60 %), la pharmacie (25 %) et les technologies (15 %), avec un effectif de 30 expatriés en 2004 juste avant les événements. Air France – on l'a vu – est toujours là. Une mission du MEDEF est venue, à la mi-avril 2007, s'enquérir des perspectives de reprise. Et puis, à côté des investissements français, il y a ceux de la Grande-Bretagne, de Singapour et des Chinois, bien échaudés par la crise mais toujours implantés dans le commerce, la restauration, les cliniques spécialisées (en acupuncture) et même un laboratoire de pharmacie, en attendant

---

24. Voir son interview de mars 2008 dans *Jeune Afrique* n° 2464-2465.

une offensive économique de Pékin bien plus massive. Quant à la GTZ allemande, seule institution de coopération bilatérale restée sur place pendant ces années troublées, elle gérait (en juin 2006) sept gros projets dont deux liés au cacao.

De toute façon, l'agriculture, qui assure 30 % du PIB ivoirien et les deux tiers des exportations, demeure essentielle, vitale pour 1 300 000 familles. Si le Fonds de développement agricole, longtemps attendu jusqu'en 2001, joue pleinement son rôle, et si la timide loi sur le domaine foncier national adoptée après Marcoussis est élargie et assouplie pour donner confiance à tous les allogènes sans qui le pays ne serait pas devenu ce qu'il est, alors l'avenir de la Côte d'Ivoire sera plus radieux aussi sur les plantations. Par ailleurs, dans une société plus désemparée dans les grandes villes que dans les campagnes, les pratiques de survie et de débrouille se sont rapidement amplifiées, au point que, dès la fin de 2002, certains n'hésitaient pas à chiffrer à 40 et même 50 % la part de l'économie populaire – trop méchamment qualifiée d'« informelle » – dans l'économie générale du pays. Elle doit être comptée elle aussi à sa juste et positive valeur.

Résumons pour juillet 2009. Tout au long de 2008, les mouvements sociaux sont demeurés vifs, notamment à Abidjan, et une émeute de la vie chère a même été réprimée brutalement en avril. Pourtant, dans le domaine économique, en même temps que beaucoup de chiffres, parfois fastidieux mais néanmoins nécessaires, beaucoup de faits aussi, d'observations et de projets donnent désormais aux Ivoiriens maintes raisons raisonnables d'espérer. Les gisements d'hydrocarbures du golfe de Guinée n'ont pas encore livré tous leurs secrets. Avec son nouveau terminal à conteneurs et le futur pont de l'île Boulay, le port d'Abidjan a retrouvé toute sa puissance d'attraction et ambitionne de traiter, après 22 millions de tonnes en 2008 (dont 45 % d'hydrocarbures), 25 millions de tonnes dès 2010. San Pedro, bien que loin derrière, profite aussi de ce nouvel élan. La Côte d'Ivoire s'est donné pour 2008 un budget de 2 129 milliards de francs CFA, porté en 2009 à 2 464 milliards, et alimenté à presque 80 % par des recettes endogènes. La Banque mondiale et le FMI (après six ans de suspension), l'Union européenne, l'Agence française de développement (revenue en juillet 2008 à

Abidjan) et la BOAD sont de nouveau là pour favoriser la relance du pays. Les opérateurs français regroupent 140 filiales de grands groupes et 500 PME de droit local. Fakhoury, l'architecte national plus que jamais sollicité, ainsi que les Chinois ont entrepris à Yamoussoukro et à Abidjan des chantiers qualifiés de pharaoniques. Lancé en mars 2008, le programme Agiroute dispose de 9 milliards et de 13 000 jeunes (des ex-rebelles, peut-être difficiles à manier) pour l'amélioration du réseau. Dans le monde des affaires, la plupart des *golden boys* de naguère, aujourd'hui essoufflés, ont fait place en revanche à une nouvelle génération d'entrepreneurs ambitieux (et, peut-être pour la première fois, sans complexes vis-à-vis de leurs partenaires ou rivaux étrangers), tels Koné Dossongui dans le transport aérien, Victor Nembelessini dans la banque, Eugène Diomandé, ou encore Charles Kader Goré dont la CKG Holding s'est installée à la fois dans la logistique et, aux dépens de la Chocodi suisse, dans le chocolat.

Nous bouclons ainsi une autre « boucle du cacao » qui nous ramène, une dernière fois, à la première fortune du pays. La production de cacao en 2007-2008 a redépassé 1 million de tonnes. Par ailleurs, sur décision présidentielle spéciale, les « barons » du cacao, patrons des trois « monstres » FDPCC – BCC – FRCC, avec quelques comparses et ministres par ricochet, font désormais face à la justice. Si le procès ne déraille pas avant son terme, et si le Comité de réforme de la filière café-cacao créé par décret le 27 février 2009 fait du bon travail, les planteurs sauront peut-être bientôt où passait leur argent et comment il devrait leur parvenir désormais.

6

Abidjan, quand on dit ton nom...
La « perle des lagunes »

« Abidjan, quand on dit ton nom... » chantait la chanson des années 1970 qui m'y accueillit pour la première fois. Mais son seul nom ne suffit pas, il faut en dire encore bien d'autres. Et commencer par rappeler les deux capitales qui l'ont précédée dans l'histoire avant qu'elle n'accède enfin à la première place en 1934. Car, entre autres originalités, la Côte d'Ivoire détient aussi celle de s'être offert en moins d'un siècle trois, et même quatre, capitales successives.

On a vu comment Grand-Bassam, coincée entre océan et lagune et secouée par plusieurs épidémies au tournant du siècle, avait dû abandonner son titre dès 1900. Seconde capitale, Bingerville vécut à son rythme administratif et feutré pendant une trentaine d'années sans entretenir trop d'illusions sur son fragile avenir. Les études puis les travaux du chemin de fer entrepris à 25 km plus à l'ouest la menaçaient depuis l'année même de sa naissance, sinon de disparition totale, du moins d'un inévitable déclin. Rien ne pouvait empêcher en effet l'éclosion à terme d'une troisième cité, définitive celle-là, autour de la gare tête de ligne, des ateliers et des embarcadères déjà installés. Le nouveau site n'était pas quelconque : une belle presqu'île salubre et bosselée, proche de l'océan et juste dans l'axe d'un mystérieux « trou sans fond » qui semblait placé là exprès pour faciliter un jour le percement du cordon côtier et donc l'ouverture d'un troisième établissement sur de vastes horizons maritimes.

Rivale d'abord très modeste – mais indélogeable – tant de Bassam, excentrée et mauvaise joueuse, que de Bingerville assoupie, Abidjean (ainsi écrite à ses débuts) finit par triompher en 1934. Déménageant une seconde fois, le gouverneur (ce n'était plus le même !) vint surveiller du haut de son palais neuf les entrepôts, les maisons de traite et les premières villas du Plateau, quartier colonial prolongé par deux banlieues indigènes : au nord, Adjamé, résolument ivoirienne, et, sur la rive sud de la lagune, Treichville, parfaitement quadrillée, où les Sénégalais eurent aussitôt pignon sur rue. Pour l'instant donc, un triple gros village de 20 000 habitants.

« Manhattan » sous les palmes

Lente pendant une quinzaine d'années, la croissance d'Abidjan allait littéralement exploser à partir de 1950. C'est le cas de le dire : le 23 juillet de cette année-là, dans un grand fracas de mines et en présence d'un jeune ministre de la France d'outre-mer du nom de François Mitterrand, on fit sauter le dernier bouchon du canal de Vridi. Plusieurs fois découragé, peut-être par Mamy Wata ou d'autres génies aquatiques du pays, le vieux projet de percement amorcé cinquante ans plus tôt se faisait enfin réalité. Abidjan devenait port de mer, bien abrité derrière son cordon littoral, tête de ligne d'une voie ferrée internationale poussée cinq ans plus tard jusqu'à Ouagadougou à 1 156 km de la côte, exutoire d'un arrière-pays relativement gâté par la nature, en tout cas courageusement travaillé çà et là par les planteurs ivoiriens et coloniaux, et leur main-d'œuvre immigrée.

Toutes les audaces étaient désormais permises : 60 000 habitants en 1950, 185 000 en 1959, un demi-million en 1971, 1 200 000 en 1977, près de 3 500 000 aujourd'hui, soit environ le cinquième de la population totale (et selon les projections, entre 5,5 et 6 millions en 2010 et 9 millions en 2020). Pulvérisant toutes les prévisions, la population d'Abidjan a doublé tous les sept ans à un rythme soutenu de croissance de 12 %, prenant au dépourvu quatre ou cinq plans d'urbanisme successifs. De son côté, le trafic portuaire, parti de 853 000 tonnes en 1954, a décuplé en 25 ans pour atteindre 8 700 000 t en 1979, 8 850 000 t en 1985 et 14 millions aujourd'hui, avec peut-être l'avenir d'un « Rotterdam de l'Afrique ».

Cette fulgurante métamorphose nous donne aujourd'hui l'une des plus belles capitales d'Afrique noire et des mieux maîtrisées, du moins avant que la folie des jours sombres ne se mette à la défigurer çà et là... La « perle des lagunes » se marie bien à son double écrin forestier et aquatique qui, dans l'ensemble, n'a pas encore trop souffert de l'occupation humaine. Elle mérite donc une longue escale, un chapitre pour elle seule. Et son évolution est d'autant plus étonnante qu'entre 1960 et l'an 2000, en quarante ans, elle n'a usé que trois maires.

Enthousiaste dès ma première visite en 1970, je la retrouvai sept ans plus tard, au pire moment de la saison des pluies, d'abord découragé sous le déprimant déluge de juin que vint aggraver cette année-là l'effroyable incendie d'une boîte de nuit en vogue. Mais j'allais bientôt, chaque jour, au fil de plusieurs années, me laisser captiver par ce jeu-de-la-ville inépuisable, toujours renouvelé, qu'elle suscite et qui n'a comme seul et unique désagrément qu'un climat en quasi-permanence lourd et poisseux, humide à l'excès, dont il faut bien apprendre à s'accommoder.

Abidjan vit au grand jour, Abidjan se montre, annonce ses projets, explique même complaisamment ses problèmes. Dans les années 1980 en tout cas, elle cajolait volontiers ce que le président sénégalais Senghor appelait joliment « les médias de masse », de sorte qu'il était facile, sur place, de suivre les étapes de ses transformations et la succession de ses états d'âme.

Avant 1980, la municipalité n'avait juridiction que sur la moitié à peine de l'agglomération. L'Hôtel de Ville n'en pouvait plus. Désormais, dix communes autonomes coiffées par un « maire central » font plus efficacement face aux mille défis d'une métropole unifiée qui s'étend aujourd'hui dans toutes les directions sur 15 km de rayon, couvrant au total 57 375 ha dont 15 % de lagunes. Le budget global de 1998 était de 32,3 milliards de francs CFA, mais la richesse des communes est très inégale.

La plus pauvre, Abobo, en banlieue nord, est aussi la plus grosse de Côte d'Ivoire avec 900 000 habitants, suivie par Yopougon qui en a 800 000.

Quand on connaît l'affligeant, l'infernal chaos de Lagos, capitale économique de la Nigeria – alors que les deux villes sont pourtant, par le site, le paysage et le port, si étrangement semblables – on ne doute plus de la réussite et de la beauté d'Abidjan. « Maisons cassées, mentalité changée » titrait cyniquement le quotidien *Fraternité-Matin* dès 1973. On a beaucoup cassé à Abidjan, beaucoup trop, et l'on continue encore, pas seulement dans les habitats sauvages de la périphérie ou des bas-fonds insalubres, à coups de bulldozers au petit jour. Pour savoir ce qui demeurait au Plateau des bâtiments coloniaux d'avant 1960-1970, il suffisait déjà de compter, du haut d'un des gratte-ciel de la dernière génération, les quelques toits de tuiles rouges ou orangées encore visibles. Le boom immobilier avait fait réaliser des chiffres d'affaires faramineux, l'accès à l'argent étant facilité à ceux qui en avaient déjà. Les petits épargnants et les petits débiteurs des HLM avaient souffert et un retentissant procès de la société immobilière SICOGI-SOGEFIHA s'était achevé, en 1984, par la condamnation à vingt ans de prison de chacun des deux PDG.

En matière d'architecture moderne, l'inventaire abidjanais est impressionnant et vaut à lui seul le voyage, ne serait-ce que pour le plaisir des yeux. Il paraît – laissons faire – que tous les visiteurs étrangers, en période calme en tout cas, convergeaient d'abord, même s'ils n'y logeaient pas, vers la vedette, le phare, le symbole, la boîte à mirages et à merveilles d'Abidjan qu'est l'Hôtel Ivoire. Construit en plusieurs étapes par les Israéliens, d'abord comme pièce maîtresse du projet Riviera (qui apparaissait à l'époque comme extravagant!), l'Hôtel Ivoire constitue – ont dit Gault & Millau – « une vraie ville dans la ville ». On pouvait, c'est vrai – si l'on aimait et avant que la rue ne se déchaîne – y subsister pendant des semaines sans en sortir : un bâtiment principal aux galeries marchandes de luxe et salons d'apparat, une tour de trente étages illuminée à Noël, un casino (interdit aux nationaux), une patinoire sportive unique sous ces latitudes, un Palais des congrès de 2 000 places d'autant plus précieux qu'Abidjan, pendant longtemps, n'a disposé d'aucun théâtre digne de ses ambitions... Bref, un temple de luxe et de plaisir dominant orgueilleusement les deux villages traditionnels de Blokoss(o) et de Cocody qu'un « mur de la honte » cantonnait autrefois dans les parties basses. Le complexe Ivoire a beaucoup souffert de la crise, notamment lors des événements de novembre 2004, de même que l'hôtel Sebroko, quartier général à Abidjan de l'ONUCI, attaqué par les partisans du régime. À l'Ivoire, un chantier de 150 milliards de francs CFA, convoité par les Américains, a été emporté par l'architecte Fakhoury.

Mais supposons que, très bientôt, vous vous y retrouviez comme autrefois. Sortez et admirez, tournez votre regard vers l'ouest... Qui résisterait à l'appel de cette magnifique silhouette du Plateau, surtout sur fond de soleil couchant ? Manhattan, c'est peut-être vite dit, mais risquons la comparaison avec... Istanbul.

Et poursuivons notre inventaire : voici, tout en vrac, au Plateau, une cité administrative de cinq somptueuses tours mordorées de 24 et 30 étages qui n'ont même pas suffi à rassembler tous les ministères ; un peu plus au sud, une batterie d'élégants gratte-ciel : la BAD triangulaire, la Caisse de stabilisation édifiée au temps de sa gloire, l'immeuble SCIAM, la Cité financière et son dôme en forme de calebasse peule pyrogravée, la BICICI, la tour EECI (devenue CIE) autrefois ruisselante d'électricité mais c'en est toujours le siège, l'immeuble Alpha 2000 aux arcades penchées ocre-rouge, le Centre de commerce international aux 28 étages, et aussi, plus basse mais surprenante, la pyramide renversée de l'ex-Intelci qui reflète en biais sur ses glaces fumées les images de la rue, et enfin la tour Postel 2001 couleur de verre mauve et cuivre avec son bureau de poste de marbre frais.

Signalons toutefois, au sein de ce beau parc immobilier, une pièce ratée : la « Pyramide », signée par deux architectes italiens dans les années 1970, affublée à son sommet d'un semblant d'échafaudage permanent aussi vilain que la cheminée de béton qui loge les ascenseurs. Demandez un peu aux anciens de l'ONPR qui avaient à y travailler, fenêtres soudées, quand la climatisation tombait en panne. J'ai été brièvement des leurs en 1977 et je m'en souviens aussi...

Revenons aux jolies choses : un palais de marbre italien délaissé par les présidents et qui ne sert qu'aux très grandes occasions, le stade Houphouët-Boigny de 35 000 places, des marchés et des hôtels, presque trop, quand l'offre des années 1980 avait imprudemment précédé la demande, et encore maintenant en attendant la reprise du tourisme.

Il ne manquait plus qu'une grande cathédrale et une grande mosquée. La cathédrale est venue la première, inaugurée le 10 août 1985 devant 95 000 spectateurs par Houphouët radieux et Jean-Paul II, dont c'était la seconde visite (éclair) en Côte d'Ivoire. Audacieuse, agressive et très discutée, on l'attendait depuis cinquante ans, depuis l'année même (1934) où Abidjan avait détrôné Bingerville. Quatre projets successifs avaient avorté et N.D. de Treichville, consacrée en 1956, ne pouvait se dilater aux dimensions de la chrétienté abidjanaise. Achevée pour un coût total de presque 4,5 milliards de francs CFA, la nouvelle cathédrale Saint-Paul avait été préfinancée depuis vingt ans par les oboles des fidèles... et des militants, à la suite d'une campagne de cotisations lancée en 1964-1966 par le PDCI pour la construction d'édifices religieux de toutes les confessions. Triangulaire pour honorer la Sainte Trinité, sa voile de béton tendue comme un gigantesque tabernacle par sept haubans pour rappeler les sept sacrements, elle peut abriter 3 500 fidèles assis et 1 500 debout. Trente mois de travail menés à ronde allure. Qualité italo-israélienne (mais oui !) pour la conception architecturale et l'essentiel de la construction. Photogénique sans doute. Réussie ? C'est à voir. Fallait-il que le diable fût jaloux du spectaculaire hommage rendu à Dieu sur la terre ivoirienne pour souffler à l'époque aux sceptiques des qualificatifs désobligeants mais pas immérités : la cathédrale ? Ubu de béton de jour et, la nuit, Goldorak rôdant sur la cité, tout enguirlandé de lumières ! Ils n'avaient pas tout à fait tort. Aujourd'hui, délavée, salie par les intempéries, menacée même dans son étanchéité, elle ne suscite plus guère de commentaires. Les sonneries de cloches dominicales sont électroniques, et, pour avoir plus d'espace au flanc de la presqu'île, on a pratiquement anéanti le joli vallon de l'Aquarium autrefois tapissé de vert vif.

Bien plus tardive, la Grande Mosquée d'Abidjan, dessinée par un architecte chrétien, financée notamment par l'Aga Khan et construite par Bouygues (Setao), est aujourd'hui achevée en plein quartier du Commerce.

Il y a encore au Plateau de vastes espaces de parcs et jardins, non pour faire entrer la nature dans la ville – elle y est déjà – mais pour l'y maintenir : des alignées de vieux ficus noueux dont les racines ont fait éclater partout le goudron des trottoirs et d'où coulent à la nuit tombante des jets ininterrompus de roussettes au museau pointu ; des bosquets de bambous géants tout autour du Musée et de la Bibliothèque nationale, une pergola sur le point culminant de la presqu'île juste sous les marches du Palais de justice ; des frondaisons lumineuses tout au long des boulevards nord-sud qui ont encore tendance à s'appeler Roume, Carde, Clozel ou même Angoulvant ; des pépinières et des jardins maraîchers florissants dans tous les creux et détours des bords de lagunes ; et enfin, presque vierge encore et inhabitée (sauf par les bandits qui s'y cachent) la délicieuse forêt du Banco qui appartient à la commune d'Attiécoubé, où l'on a ouvert un écomusée en novembre 2007.

Au milieu des années 1980, les espaces lagunaires ont connu la rapide invasion de ces jacinthes d'eau qu'on croyait alors réservées au fleuve Congo entre Brazzaville et Kinshasa, mais on a plus ou moins réussi à s'en débarrasser.

Après 1980, la conjoncture est venue freiner un peu les ardeurs architecturales et immobilières d'Abidjan. On avait donc renvoyé à des lendemains meilleurs les projets grandioses alors envisagés pour mieux les retrouver en 1995 : onze des douze grands « chantiers de l'Éléphant d'Afrique » concernaient l'agglomération et la région abidjanaises :

– l'aéroport (entièrement rénové en 1999) ;
– la voie express Abidjan-Bingerville ;
– le troisième pont sur la lagune Ébrié ;
– et la centrale thermique d'Azito (inaugurée en 1998).

S'y ajoutaient encore : la future gare routière, le pont Banco-Sud, un Parc des expositions de 18 ha au-delà de la Riviera-4, le Stade olympique, l'abattoir d'Anyama en grande banlieue nord et enfin le train urbain (qu'on imaginait il y a quinze ans déjà comme un métro de 17 km et de 30 milliards).

Il a fallu évidemment renoncer à presque tout cela jusqu'au retour de la paix. On avait déjà abandonné le projet d'une Voie triomphale géante nord-sud de 120 mètres de large (« comme l'avenue Foch à Paris ») qui nécessitait la disparition de tout le quart nord-ouest du Plateau jusqu'aux vieux quartiers sud d'Adjamé. Et l'on ne sait toujours pas quoi faire de l'ex-Hôtel du Parc, ex-Bardon, ouvert en 1925, haut lieu de l'Abidjan coloniale, aujourd'hui abandonné en plein cœur du Plateau.

Bouygues-Socoprim avait tout juste entamé en janvier 1999 les travaux du troisième pont de 1 600 m entre la Riviera et Marcory, un pont à péage déjà qualifié de « pont pour les riches », et pourtant bien nécessaire car deux ponts seulement, Houphouët-Boigny et De Gaulle – curieusement ressemblants eux aussi à ceux de Lagos – supportent la totalité des échanges routiers entre les deux moitiés de l'agglomération. Double suture et quadruple trèfle entre Treichville et le Plateau, points de passage obligés, saturés aux heures de pointe et vite bloqués ou occupés lorsque la rue se déchaîne. Quand on arrivait pour la première fois du port ou de l'aéroport, l'un ou l'autre de ces ponts vous avalait de sa langue de béton, puissant et souple à la fois, au bord de la rive sud, vous faisait doucement glisser au ras de la lagune où traînent toujours des nuages bas et lourds – heureux celui qui arrive par ciel bleu – et quand il vous déposait place de la République ou au carrefour Chardy, vous étiez déjà bien au-delà de l'an 2000. Nous y sommes, les deux ponts sont demeurés les mêmes mais le troisième ne sera pas celui qui avait été prévu : il reliera Yopougon à l'île Boulay, à l'ouest du port actuel. Il s'appellera Gbagbo et c'est le président qui en a posé la première pierre le 11 juin 2008.

« Taximan n'est pas gentil »

C'était aussi le titre d'une chanson des années 1980 et rien ne prouve que ce ne soit plus valable. Comment la corporation a-t-elle traversé la crise ? Univers de béton, d'électronique et d'aluminium anodisé, trop futuriste, déjà inhumaine même par temps calme, Abidjan ? Mégalopole sans âme ? Voyons cela d'un peu plus près. Il est certain que la cité est dure pour les gagne-petit, les piétons, les banlieusards de Yopougon ou d'Abobo Ntanouan levés aux aurores, les entassés de Blokosso qui vivent à 1 000 personnes sur un hectare au pied d'un palace dix étoiles et pour tous les voyageurs écrabouillés dans les bus de la Sotra aux heures de pointe. Et la « conjoncture » ne les a toujours pas lâchés. On dit aussi que les pouvoirs publics, sous la pression des classes aisées et des nationaux en général, répugnent parfois à œuvrer en faveur d'une population constituée à 50 % d'étrangers évidemment majoritaires dans les quartiers pauvres et insalubres. Il est vrai aussi que les extravagances les plus modernistes et les plus coûteuses se donnent toujours libre cours dans les villas cossues de Cocody et de la Riviera, les magasins de luxe du Plateau, les supermarchés géants des Deux-Plateaux et de Zone IV, et les boîtes de nuit à la mode. Vrai mais si limité ! Comme si c'étaient là la vie, la chance, la réalité quotidienne de quatre millions d'Abidjanais ! Abidjan qui rit et qui pleure, qui souffre et qui danse, qui exulte un jour de grande confrontation sportive sur les gradins du stade Houphouët-Boigny, qui explose le lendemain pour crier sa détresse face aux policiers qui chargent et qui cognent, qui met sa ville en chansons et accroche des noms cocasses à tout ce qui l'agresse ou l'amuse, cette Abidjan-là demeure solidement et légitimement africaine. Mais les corsets craquent, les jeunes s'impatientent, les pouvoirs successifs répriment. Charnier à Yopougon, cités universitaires ravagées, cadavres dans la lagune ou au pied de la superclinique « Pisam », fusillades autour de l'Hôtel Ivoire ou sur le pont Houphouët... en quelques années, le plan d'Abidjan s'est constellé de taches rouges.

Souvenirs en désordre des années calmes. Récréation de dix heures : un essaim de fillettes de toutes races confondues, en uniforme (« Lycéennes d'Abidjan, si jolies en bleu et blanc », encore une chanson...), jaillies, gaies et bavardes, de leur vieux collège Saint-Michel aux arcades jaunes, assaillait sur le trottoir leurs petits marchands de sucreries attitrés. Un prédicateur itinérant, bien embarrassé de sa redingote rétro et de ses bottines à boutons, avait réussi à capter l'attention d'un cercle de curieux sous les frondaisons de l'Hôtel de Ville en leur offrant l'accès à la vie éternelle sous les auspices des Témoins de Jéhovah ou du christianisme céleste. Embusqué au coin d'un carrefour vicieux – on les conservait et au besoin on en inventait d'autres – le policier sifflait, s'approchait l'air méchant, s'emberlificotait vite dans une réglementation qu'il ne maîtrisait pas et finissait par avouer... patron, que la fin du mois était encore loin, que sa petite dernière venait d'être hospitalisée et que si tu voulais faire un geste... Aux feux rouges, c'était l'assaut, rarement agressif, des petits laveurs de pare-brise : certains vous suppliaient de les laisser faire quand même, pour rien, juste pour le principe ; l'assaut aussi des marchands ambulants capables de vous refiler, le temps d'un seul feu (il en faut trois aux enchères !) et avec le même bagou, n'importe quelle pacotille de Taïwan, de Singapour ou de Shanghaï, avec le risque d'un démarrage en trombe avant d'avoir été payés. Amaigris par une longue descente en vingt ou trente étapes depuis les savanes du grand Nord ou même du Burkina, trois bergers faisaient traverser toute la ville à leur troupeau de bœufs pour aboutir à l'abattoir de Port-Bouët au bord de l'océan. Faméliques et cuivrées, deux laitières peules aux grands anneaux d'oreilles allaient livrer leur commande derrière les châteaux d'eau d'Adjamé. Coups de freins en série : le fou du quartier, tout nu et cheveux de laine, indifférent à tout et à tous, faisait son marathon quotidien d'un pas nerveux et saccadé au beau milieu de la chaussée. Au petit marché des souvenirs pour touristes au Plateau, trois marchands sénégalais, grands baratineurs devant l'Éternel, embobinaient sans mal le promeneur pâle qui s'était arrêté un instant devant une toile de Korhogo ou la prétendue statuette d'un ancêtre sénoufo. Mariage d'un grand patron à l'Hôtel de Ville : Mercedes fleuries et enrubannées, toilettes extravagantes, tulle, soie et organdi, avec tous les honneurs de la presse et de la télévision quand, parfois, le Vieux lui-même venait en témoin. Bonne affaire ce jour-là pour les négociants de Reims et d'Épernay...

Vie diurne : la grande bouffe de midi dans les maquis de planches pour des milliers de fonctionnaires au pied de leurs ministères ou de travailleurs à deux pas de leurs chantiers. On assaillait – on assaille toujours – les petites marchandes « tablières » installées sous les bambous géants du Musée, et l'on « faisait le rang » devant les fourneaux de tantie Emma, tantie Léocadie ou tantie Germaine à l'enseigne de La Bonne Marmite, du Grand Chaudron ou de La Cuiller en bois. Quel phénomène extraordinaire que celui des maquis, restaurants populaires spontanés dont certains sont vite parvenus à la catégorie supérieure pour bourses mieux garnies. Nés – dit-on – d'initiatives ghanéennes, les maquis ont d'abord vendu, en fraude, de la « viande de brousse » braconnée et du tord-boyaux artisanal. Leur nom (peut-être lancé à Dakar après la guerre par d'anciens militaires rapatriés et FFI nouveaux venus) les classait bien dans la clandestinité. Plus tard, l'entrée massive des femmes baoulé leur a vite conféré, en même temps qu'une autre dimension socioalimentaire, une quasi-légalité. Évidemment, les tenancières de maquis ont dû croiser le fer avec les hôteliers-restaurateurs mais, défendues avec passion dans les années 1980 par le ministère de la Condition féminine, elles ont fini par s'imposer. Tenus par des femmes courageuses, parfois même novatrices, les maquis du jour, et plus encore du soir, offrent, dans des conditions variables de confort et d'hygiène, les plats courants de la gastronomie ivoirienne : *kedjenou* de poulet ou de pintade cuit à l'étouffée dans un petit chaudron de terre, pieds de bœuf, poisson braisé, poulet rôti, *foutou* de bananes ou d'ignames, *kabato*, *plakali*, « sauce graines », « sauce feuilles » et même – chut ! il ne faut pas le dire mais tout le monde le sait » – une « viande de brousse », biche ou agouti protégés, et enfin l'universel *atiéké* dont nous avons vu la fabrication, bien fait pour absorber les sauces et atténuer le choc du piment. On arrose à la bière, au Coca, au Fanta, au Kiravi, au Boulaouane, et le vin rouge est parfois si ordinaire qu'un titi abidjanais l'avait baptisé un jour « gramoxone », du nom d'un engrais alors très en faveur chez les planteurs de café et de cacao. En petit comité, chez les patronnes qui traitent plutôt le cercle de leurs amis et amants ethniques ou politiques, on déjeune dans l'arrière-gargote d'un ou deux œufs durs, d'arachides bouillies et de plusieurs rasades de gin ou de whisky. Ultra-légers au coin d'une palissade, ou confortables au milieu d'un jardin fleuri, ou encore clandestins au fond d'une petite cour sans enseigne, les maquis sont donc incontournables, et les sociologues attentifs à la vie abidjanaise ont eu raison de les décrire comme des « espaces de liberté », évidemment aussi de rumeurs et d'espionnage.

Toujours en période calme, si l'on était bousculé à midi, on avait, en revanche, tout son temps le soir pour « bisser » plus à l'aise dans les maquis et restaurants nocturnes de toutes les banlieues. Si Bouaké en revendiquait quatre cents, Abidjan en avait déjà au moins mille. Et comme si les maquis couverts ne suffisaient pas, ni ceux des coins de chantier à midi, des rôtisseuses s'installaient à la tombée du soir en certains endroits pour griller debout poulets, pintades et poissons « capitaines » sur des fourneaux haut perchés qu'on s'attendait à chaque instant à voir dégringoler et qui projetaient dans la nuit des kyrielles d'étincelles quand, d'un coup d'éventail, elles en ravivaient un peu les braises essoufflées.

Plus tard enfin, et pour ceux qui aiment, venait l'heure des boîtes et des tripots de Treich' et d'Adjamé avec, en prime, peut-être la désagréable surprise d'une « opération coup-de-poing » : descente de police, sirènes hurlantes, gyrophares, matraque haute, papiers ! mains en l'air !, embarquez-moi tout ça ! pour ratisser périodiquement les coins chauds des mauvais garçons qui s'y entassaient et que les événements ont plutôt encouragés et favorisés. On en avait vite fait une chanson – « Opération coup-de-poing » – sur un air de reggae : l'auteur était un certain Alpha Blondy, alors presque inconnu mais qui venait lui-même d'y passer.

Opérations coups-de-poing

Car Abidjan, dès la fin des années 1970, n'avait pas échappé à la vague montante et rapide de la criminalité au rythme de son urbanisation forcenée et de son propre enrichissement. L'argent était là, mais pas pour tout le monde. L'insécurité prit vite des proportions inquiétantes. Audacieux et impitoyables, les gangsters, dès les premières agressions, n'ont pas hésité à tuer. Au début, ils étaient essentiellement étrangers et descendus du Nord, mais la « conjoncture » avait fini par frapper tout le monde. Dix fois depuis, les pouvoirs publics ont promis des actions énergiques et des moyens renforcés, Force d'intervention rapide, Brigade anti-criminelle, GMI, CRS, Banque de données sécuritaires, documents d'identité infalsifiables, appui d'Interpol (pour les trafics de drogue), matériels modernes français, américains et japonais, nouvelle législation sur les perquisitions (juillet 1996), action anti-corruption au sein de la police, Conseil national de la sécurité... Mais, conjoncture ou pas, la situation a continué de s'aggraver, n'épargnant personne, menaçant désormais à toute heure du jour et de la nuit et en n'importe quel endroit, à la porte du boulanger ou du pharmacien, sur le parking de la poste, à la sortie d'une école ou à la caisse du supermarché. L'ambassadeur d'Italie fut tué fin 1990 dans l'attaque du restaurant où il dînait. Il suffisait souvent de quelques ripoux parmi les policiers pour que les bandits capturés puissent vite monnayer leur libération. De toute façon, les effectifs demeuraient insuffisants. À la fin de 1999, on comptait dans tout le pays 226 sociétés de gardiennage utilisant plus de 20 000 salariés, mais seules 60 avaient été agréées par le Conseil national de sécurité (CNS). Vigiles et gardes privés, étrangers à 40 %, étaient partout mais non armés car le CNS leur interdisait le port d'armes à feu... La méfiance était de règle à l'entrée de nombreux magasins et les contrôles multipliés de nuit par des policiers trop souvent métamorphosés en « coupeurs de bourse » décourageaient les dîners en ville et les sorties tardives. Quand, en outre, la rue commença à s'agiter, grilles, barrières électroniques, panneaux d'interdiction et chevaux de frise prêts à l'usage transformèrent vite quelques rues délicates en zones réservées et certains périmètres politiques sensibles en camps retranchés. Dans les ambassades et les bureaux des grandes organisations internationales, on s'habitua à travailler dans des quasi-bunkers.

Les événements de ces dernières années n'ont fait qu'aggraver encore l'insécurité générale. Au temps du général Gueï, tandis que les militaires jouaient les justiciers et les pillards en toute impunité, les gangsters ont redoublé d'audace. Il paraît qu'une kalachnikov se payait seulement 60 000 FCFA (92 euros !) dans les quartiers louches et, en juin 2002, *Jeune Afrique* (n° 2163) a même cru devoir publier un « petit bréviaire de sécurité à l'usage des Français ».

« Sotrabus est là »

Par chance, l'humour populaire abidjanais sait tout mettre en chansons pour mieux braver les vicissitudes de la vie quotidienne et faire tant soit peu la nique à la « conjoncture », ou même à la guerre civile menaçante. L'augmentation continue des prix dans les années 1980 ? Chanson : « Tout les choses il est cher, partout, partout, partout ! » L'insolence des jeunes qui n'obéissent plus à leurs parents ? Chanson :

> « J'envoyai Pissou, Pissou dit je parti pas ééééé !
> J'ai parlé sa maman, sa maman dit Pissou l'est comm' çà... »

Et les difficultés conjugales, et les chagrins d'amour... On y reviendra.

Tout cela n'est rien en tout cas comparé à la bête noire persistante des Abidjanais : les transports publics et la circulation. Souci pour les automobilistes, à plus forte raison cauchemar pour ceux qui n'ont pas d'auto. Il faut dire que la petite commune du Plateau, cité administrative et commerciale de 394 ha seulement, plaque tournante centrale de l'agglomération tout entière, n'a que 12 000 habitants mais doit chaque jour ouvrable en accueillir 300 000 et en faire transiter entre 700 000 et 800 000 avec deux ponts seulement côté sud ! Flux et reflux fantastiques qu'une flottille de bus et de bateaux-bus (sur la lagune), de taxis-compteur, de taxis-bagages, de petits cars collectifs appelés *gbaka*, de taxis communaux (les *woro-woro*) et aussi de véhicules d'occasion importés par milliers (les « France au revoir » ou « venus de France » même s'ils étaient surtout allemands, suisses et hollandais), s'efforce d'assurer jour après jour, non sans bavures ni hargne de part et d'autre. Il y a trente ans, on comptabilisait déjà une moyenne de 253 accidents par semaine.

En tête de ligne, aux heures de pointe, il fallait déjà, littéralement, prendre d'assaut les bus de la SOTRA et l'on imagine facilement les scènes mille fois répétées : d'un côté, indisciplinés, les usagers qui se bousculent, se cognent et s'insultent ; de l'autre, les chauffeurs, insolents, parfois même cruels. Contraints par leurs patrons de rapporter chaque jour une recette presque impossible, les 4 000 ou 5 000 chauffeurs de taxis pouvaient tout aussi bien se montrer charmants et pleins d'humour, ou parfois agressifs à l'aéroport, mal embouchés, dangereusement désinvoltes ou acrobates. Comme on savait que beaucoup se dopaient pour tenir toute la nuit, on les insultait : « Eh ! va donc ! café-noir ! » Et on en faisait aussi des chansons : *Sotrabus est là !*, *Taxi sougnon* qui fut l'un des succès, en langue bété, de Bailly Spinto à la voix d'or, et surtout *Abidjan taximan n'est pas gentil* qui a eu la vie dure et la parole aussi, mais véridique. Aux dernières nouvelles, la SOTRA conserve le monopole des transports publics abidjanais mais a subi d'énormes pertes tout au long des années troublées. Un emprunt quinquennal de 12 milliards de francs CFA lancé en mai 2007 et la réception de plusieurs centaines de bus neufs, asiatiques ou sortis de la nouvelle chaîne Iveco locale, devraient assurer son avenir. En tout cas, elle est désormais cotée à la BRVM.

Abidjan et ses villages

Toujours dans les années calmes, les journaux qui disaient (presque) tout de la vie de la ville au jour le jour ne manquaient pas de rappeler chaque année à partir d'avril-mai qu'Abidjan-la-belle devenait aussi Abidjan-la-boue. L'un d'eux, en 1992, prit même deux tons plus aigus pour titrer carrément, dès le mois de janvier : « Bonne Année, la merde ! »

Après l'insécurité, l'insalubrité de certains quartiers venait au second plan des préoccupations tant municipales qu'individuelles. Dame ! Il tombe ici bon an mal an 2 500 mm de pluie : grand déluge en juin, deuxième pointe en septembre-octobre. Les gares routières, même par temps sec, demeurent d'infâmes cloaques défoncés ; les avenues en pente, ravagées par de véritables torrents à chaque forte tornade, charrient des alluvions de toute nature qui permettraient parfois d'ouvrir en contrebas un vaste marché aux puces. Les belles allées de Marcory-résidentiel au ras de la lagune ne s'en distinguent bientôt plus et il faut parfois une barque pour passer de sa voiture à sa terrasse. On abandonne des rues entières de Koumassi ou de Treichville-Biafra aux marécages et aux tas d'ordures pourrissantes. Marcory-sans-fil et Koumassi-Potopoto s'enfoncent un peu plus dans leurs vilains noms et un petit entrepreneur audacieux y prospérait dans les années 1980 pour avoir installé des passerelles à péage. On glissait sur les pentes glaiseuses et ravinées de Williamsville, d'Agban, d'Attiékoubé, de Pélieuville-Bromakoté et de la Cité Fairmont, et un pan de colline pouvait s'ébouler sur des victimes innocentes surprises dans leurs cabanes.

Dans les rues commerçantes du Plateau où l'on a cent refuges pour s'abriter, on n'utilise pas volontiers les imperméables, littéralement insupportables à cause de la chaleur. Mélancolie des heures sombres de tornade... le jour est devenu nuit, les jardins se font aquariums, la pluie tambourine rageusement sur des toits qu'aucun architecte – qui dira pourquoi ? – n'ose plus concevoir en pente comme si le climat était méditerranéen. La sortie de midi provoque une amusante cohue de parapluies qui, après quelques mesures de valse-hésitation, s'éloignent, parfois généreusement collectifs, sur l'asphalte lessivé par le déluge. On y gagne un répit de fraîcheur de quelques heures au plus, après quoi la pesante touffeur du climat se réinstalle. Déjà, et pour l'éternité, les bureaux, les penderies, les armoires et les magasins sentent le carton mouillé et les dossiers moisis.

Et même s'il ne pleuvait pas... Abidjan avant la crise produisait journellement entre 2 300 et 2 500 tonnes d'ordures alors qu'on ne pouvait en enlever que 1 800 à 2 000. À Port-Bouët, madame le maire conviait elle-même ses collègues à jouer du balai et du râteau. Abidjan a connu aussi deux ou trois fois la marée noire, par la faute de quelque grosse société trop désinvolte. En revanche, lorsque parfois un caïman réapparaissait à l'air libre dans la lagune, à deux pas de l'échangeur de l'Indénié, on s'en amusait : il était chez lui et Abidjan tri ou quadrimillionnaire pouvait très bien s'en accommoder.

L'enquête n'a pas été facile, nous racontent Henriette Diabaté et Léonard Kodjo[1], mais on y voit enfin plus clair dans l'étymologie d'Abidjan. L'histoire du vieux qui revenait de couper des feuilles (*ntchan mbidjan*) ne tient plus. Cette petite

---

1. Voir la bibliographie (tourisme).

Carte postale. Cliché Mission Eysséric entre fin 1896 et avril 1897.

Carte postale. Cliché Fortier CgF. 966, mai 1908.

Carte postale. Édition LS.20, vers 1905.

Carte postale. Cliché Fortier CgF. 942, mars 1909.

Colonies Françaises — COTE D'IVOIRE
Une Élégante de Grand Bassam

arte postale. Cl. Anonyme vers 1905.

Carte de la Côte d'Ivoire. Agenda Association France-Togo.

'hôtel Ivoire. Édition IRIS/EdiPresse 7148, vers 1975.

Abidjan. Sortie du collège Sainte-Marie. Photo : Ph. David.

Foule au stade. Album anonyme, 1967.

Basilique Notre-Dame de la Paix à Yamoussoukro. Édition : Fondation N.D. de la Paix, vers 1992-1993.

Abidjan. Le Plateau et la cathédrale. Photo : P. Mérand.

Embarquement des grumes. Album anonyme, 1967.

Pisciculture à Kouassikro. Photo : Ph. David.

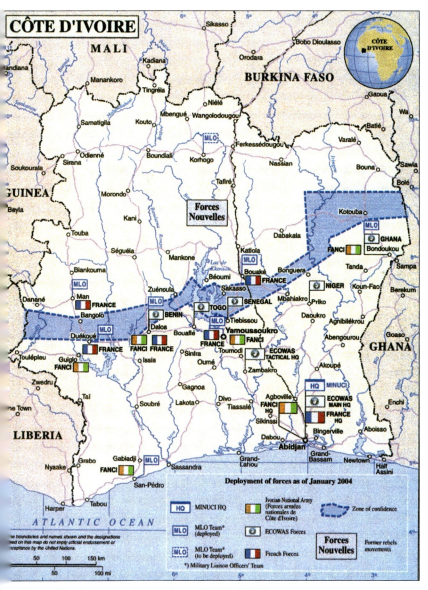

La Côte d'Ivoire coupée en deux (2002-2007).

Séance à l'Assemblé[e] nationale. Album an[o]nyme, 1967.

Henri Konan Bédié, président de l'Assemblée nationale, et Alassa[ne] Ouattara, Premier ministre, janvier 1993. Photo : AFP/I. Sanogo.

président Houphouët-Boigny en 1991. Photo : AFP/I. Sanogo.

Le Premier ministre Guillaume Soro, octobre 2008. Photo : AFP/K. Sia

Le président Laurent Gbagbo et sa femme, Simone, janvier 200
Photo : AFP/I. Sanogo.

région appartient aux Ébrié, venus du nord-ouest et qui s'appellent eux-mêmes Tchaman, les choisis, les élus[2]. Leur premier sous-groupe, les Kwé, s'installèrent autour de (la future) Bingerville ; le second, les Bidjan, fondèrent quatre villages, Santé, Lokodjro, Anoumabo et Cocody, tous, à partir de 1904, chassés par les Français de la presqu'île qui était leur pays : Abidjan... Non seulement les Bidjan s'en souviennent – à peine un siècle – mais, pour eux comme pour les Lébou de Dakar ou les Indiens de Manhattan, le temps est à la mémoire et aux revendications. Ils n'étaient pas loin, récemment, de se considérer comme les seuls Ivoiriens à part entière, d'ivoirité pure et indiscutable ! Une métropole de quatre millions d'âmes aux lieu et place de quelques modestes villages ! Les Bidjan et les Kwé ont fait confirmer officiellement leurs droits en 1979 par le Vieux, se sont progressivement familiarisés avec la procédure des litiges fonciers et guettent maintenant toutes les occasions de se réaffirmer : en octobre 1999, le doyen de la communauté tchaman de Vridi était présent à la cérémonie d'inauguration du Salon France-Technologies pour prononcer les prières d'usage et bénir l'« heureuse initiative des Français » (y compris celle de 1904 ? Je n'en jurerais pas). De son côté, le Musée d'Abidjan a accueilli, en 1999, des sculptures de bois géantes inspirées par l'univers traditionnel des Tchaman.

Tous les vieux villages périphériques, comme Lokodjro, Agban ou Anono, ont été petit à petit rejoints, encerclés, asphyxiés par l'expansion frénétique de la cité, mais ils n'ont pas encore tout à fait disparu. Autour du Plateau et de ses deux premiers satellites de l'époque coloniale, Adjamé et Treichville, s'étale toute une constellation de quartiers autonomes pour la plupart bien individualisés lorsqu'ils se trouvent retranchés sur une colline-acropole comme Attiékoubé ou sur leur presqu'île, bien séparés les uns des autres par des vallons de bananiers, des marigots encaissés ou des bas-fonds sauvages mis à profit par les autoroutes urbaines. Et de tous ces villages-quartiers, quand on dit ton nom, Abidjan-Adjoufou (comme on dit Paris-Paname), il faut dire aussi les leurs...

---

2. Encore un cas d'ethnonyme-insulte : en les appelant Ébrié, leurs voisins Abouré les traitent en fait de « gens sales ».

La terminologie officielle n'est jamais à court de néologismes pour désigner la complexe hiérarchie des habitats, derrière laquelle se cache évidemment toute une gamme de niveaux de vie, de clivages économiques ou ethniques, de destins familiaux et individuels. Ainsi, vers 1985, Cocody, la plus riche des dix communes, ne regroupait pas moins de vingt « quartiers », (combien de « précaires » et combien de « planifiés » ?), six « quartiers-villages » et quatre « habitats spontanés », ceux-ci n'étant que la quatrième et dernière classe des « habitats » qui sont d'abord « résidentiels » ou « de standing », ou « économiques » ou « évolutifs ». On se doute qu'il n'y a pas dans chaque foyer deux Mercedes 330 au garage, la télé couleurs dans chaque pièce et trois caisses de Moët & Chandon à l'office pour l'ordinaire de la semaine.

Les noyaux des vieux villages phagocytés par la ville gourmande s'efforcent de conserver leur décor à défaut de leur âme. Cocody et Blokosso sont toujours là pour défier de bas en haut l'orgueilleux Hôtel Ivoire ; les villas élégantes et les lampadaires à boule de la Riviera-1 viennent buter – un simple sentier les sépare – sur Anono et son vieux cimetière ; une rocade nouvelle, saignée dans le lœss rouge, a pris à revers la butte d'Attiékoubé d'où l'on a toujours une vue magnifique sur le soleil couchant par-dessus la baie du Banco. Et puis les déchets toxiques de la décharge d'Akuédo sont venus modifier le paysage...

Samedi soir, sous les palmes de Gonzagueville, dans l'odeur astringente du poisson fumé, les pêcheurs ghanéens se pressent à la porte d'un guérisseur venu de leur pays, et, du tripot voisin, derrière les cloisons de paille tressée toutes grasses d'embruns et de poussière, fusent des rires de filles saoules et des vilains jurons en fanti ou en nzima quand les hommes ont le *koutoukou* un peu trop violent.

Dimanche de liesse sur le parvis de N.D. d'Afrique de Treichville : l'archevêque était en visite pastorale dans la deuxième plus vieille paroisse d'Abidjan et les petites filles habillées de tulle, nœuds rouges dans la chevelure, faisaient la révérence à leur cardinal.

Dans les ateliers des chaudronniers-marmitiers maliens du Km 14 sur la route d'Anyama, des dizaines de jeunes garçons, dont beaucoup n'avaient pas quinze ans, préparaient avec une étonnante dextérité des moules de sable jaune pour la prochaine louchée d'aluminium fondu qui était encore à bouillir un peu plus loin.

Deuil public en plein cœur de Marcory-populaire : le défunt, un chef de famille gouro, revêtu de son plus beau costume, était exposé depuis deux ou trois jours déjà, couché sur son lit, veillé par les pleureuses et ses proches. Tam-tam sur une place de Koumassi : des Sénoufo apparemment. Ivoiriens ? Burkinabé ? Maliens ? Comment savoir ? Des gens du Nord en tout cas, intégrés peut-être depuis deux générations mais peut-être aussi spoliés et chassés depuis lors.

Vaine recherche d'un ami dans le dédale, numéroté mais en désordre, d'un des sous-ensembles de Yopougon. Voix traînante d'une femme dans la pénombre : « Maaaarceeeel, viens ! y a un Blanc qui te demande... » Je croyais toucher au but. Quel nom vous dites ? Il est de quelle ethnie? Va savoir ! À des gens du pays, le seul nom devrait suffire. Quel numéro encore ? Sogefiha I ou II ? Nyangon nord ou sud ? Ah ! il y en a plusieurs ? Il n'a rien précisé le traître... Piste incertaine. J'abandonne[3].

Dans tous les recreux et recoins des Deux-Plateaux, bien planqués sous les bananiers et les papayers, se nichent encore des villages sauvages de planches jaunes qu'on édifie en quelques heures et qu'on ira remonter un peu plus loin quand on aura été chassé. Habitat « spontané, illégal, précaire » comme ils disent. On avait « déguerpi » Washington, mais il en restait bien d'autres : Petit-Bouaké, les Bas-Fonds du Golfe, Gobélé, Blingué dit aussi Petit-Ouaga, toute une population cosmopolite à dominante burkinabé, privée d'eau et d'électricité. La vie y était plutôt calme, quasi-rurale, jusqu'à ce que les « irréguliers » soient transformés en « déguerpis » par les bulldozers qui débouchaient un petit matin sans sommation. En certains endroits, il y avait déjà eu tant de menaces et depuis si longtemps qu'on avait l'audace de ne plus y croire. Mais la Ville a de la suite dans les idées. « Plus un taudis en Côte d'Ivoire dans une dizaine d'années ! » avait promis Houphouët au IVe congrès

---

3. On a fait depuis un gros effort d'adressage et chacune des voies des dix communes porte désormais un numéro d'identification, un nom (ivoirien) si possible et les plaques bleues nécessaires pour le savoir.

de 1965 ! Son successeur a dit aussi, trente ans après : « Un Ivoirien, un toit ! » Promesses imprudentes, difficiles à tenir. Anarchie foncière, dossiers décourageants, laxisme administratif... Il fallait encore au moins 300 000 ou 400 000 logements neufs à la fin de 1999.

À la mairie d'Adjamé, conquise par l'opposition pour cinq ans, on m'expliquait fin 1999 que la municipalité voulait bouger, devenir propre et honnête. Il fallait assainir les repaires à bandits, renforcer la police, élargir les avenues transversales, construire deux CEG et un CHR et édifier un immense nouveau marché. En matière de supermarchés, les Libanais d'Abidjan ont déjà battu tous les records – dit-on – d'Afrique francophone. Mais si ces lieux ont déjà la couleur et l'ambiance des années 2010, l'Afrique, elle, n'y est plus guère.

C'est surtout à Treichville que le pire côtoie le meilleur. Tout y coexiste à la fois : élégance du front-de-lagune avec le nouveau Palais de la culture chinois et misère des vieilles rues défoncées. La vanité des élégantes « friquées » chez les esthéticiennes, des loueuses de bijoux et des noctambules dans les boîtes, n'éclipse pas la vie précaire des sans-travail et des sous-logés. Des bambins innocents jouent entre les jambes de leurs mères qui vendent à la pièce – cinquante francs, cinquante francs ! – des citrons verts ou des boîtes d'allumettes, porte à porte avec les chambres en batterie de sept ou huit prostituées ghanéennes, ces pièces uniques qu'on appelle « rentrer-coucher » et dont les rideaux de perles flottent au vent pendant que ces demoiselles sont parties se faire poser des bigoudis. Treichville s'est aussi offert un nouveau marché après l'incendie de l'ancien en 1997. Il paraît d'ailleurs qu'à cette occasion le concept d'« ivoirité » a été fortement agité au moment de l'attribution des nouvelles stalles aux marchands. Il faut dire qu'il a fallu attendre 1975 pour que les Ivoiriens d'Abidjan soient enfin majoritaires dans leur capitale !

N'en déplaise aux statistiques : à Abidjan et dans tout le pays, on compterait – mais à quelles bonnes sources se vouer ? – un seul emploi « moderne » contre trois « informels ». Le sociologue Abdou Touré a bien montré comment dans cette métropole immense, où l'existence est dure aux petits, mais l'épargne, si minime soit-elle, jamais absente, l'imagination vient « au secours de la conjoncture[4] ». Et nous abordons déjà ici l'immense monde de l'économie populaire. On connaissait bien sûr les petits laveurs-gardiens de voitures. Mais quand la police, pendant quelques mois en 1979, entreprit de dégonfler les quatre pneus des véhicules en stationnement irrégulier, on vit aussitôt proliférer... des regonfleurs auxquels on était trop content de donner 100 ou 150 francs pour se tirer d'embarras en quelques minutes. Quand revient le temps d'Abidjan-la-boue revient aussi celui des porteurs de parapluie et des petites laveuses de pieds. Pour les vendeurs d'aphrodisiaques en tous genres et de « cure-dents démarreurs sexuels », pas de morte-saison, ni pour les coiffeurs-teinturiers-perruquiers coiffés, eux, du nom ghanéen de *yomo makers*, ni pour ceux qui ravitaillent en boissons les clients des maquis de midi dont les patronnes, trop affairées à leurs marmites, n'ont pas le temps de s'occuper, ni pour les circonciseurs itinérants, ni pour les vendeurs d'eau, même si l'achat d'une touque ou d'un bidon au coup par coup est en définitive bien plus cher qu'un abonnement en bonne et due forme à la SODECI.

À Abidjan, tout se mêle, complémentaire, enchevêtré : le vice et la vertu, l'ingénuité et la scélératesse, la douceur et la violence, le sourire lumineux d'une petite communiante et le rictus haineux d'un drogué aux yeux rouges. Chaleur, moiteur, promiscuité, concentration, et ce bruit, ce bruit infernal, permanent, qu'on aggrave encore par mille, dix mille, cent mille transistors crachotants, inutiles, grand ouverts, oubliés, devenus aussi indispensables que la femme ou la cigarette. Qui peut dire, « dans son au-fond », les vrais bonheurs et malheurs de Treichville ?

On en était là en janvier 1983 lorsque éclata une bien curieuse bombe. Souriant, très à l'aise en descendant de l'avion qui le ramenait de Dakar, Emmanuel Dioulo, « maire central » depuis trois ans, venait de déclarer d'une voix suave : « Mais oui ! je confirme : j'ai proposé tout récemment au chef de l'État le transfert de la capitale à Yamoussoukro. » Sacrée petite

---

4. *Les petits métiers à Abidjan. L'imagination au secours de la conjoncture*, Karthala, Paris, 1985. Les chiffres pour Abidjan cette année-là étaient les suivants : 243 520 emplois salariés reconnus, dont presque autant dans la rue (53 850) que dans la fonction publique (56 490).

phrase ! Ce fut la stupéfaction à peu près générale, sauf pour ceux, peu nombreux, qui étaient déjà dans le secret. Débat national immédiat, empoignades verbales vite étouffées sous un raz-de-marée d'approbations qui donnait à penser qu'en réalité l'affaire avait été bien préparée en coulisses pour surgir au moment le plus propice. C'était très ivoirien et sans bavures, conforme aux habitudes politiques de l'époque. En quelques semaines, la cause fut entendue : « Le Bureau politique se félicite et prend acte du désir unanime des militants et décide de saisir les instances compétentes. » Politiquement, l'affaire était bouclée. En mars, à l'unanimité moins une voix (il avait osé, le malheureux !), l'Assemblée nationale vota le transfert, et les plus malins filèrent dès le week-end suivant à Yamoussoukro voir un peu les prix des villas et des terrains à bâtir. Moussa, le chroniqueur de la rue, en reprenant en juin son amusante rubrique dans *Ivoire-Dimanche* après quelques mois d'absence, n'en revenait pas :

> « Quand j'arrive Abidjan ici net, en même temps on parle qué Abidzan sanzé son figure jusqu'àààà c'est Yam qui commandé lui mainant. Diiis donc ! dépis j'ai quitté Abidzan, y a beaucoup de choses qui passent derrière moi, dè ! Moooon vié ! »

Bien sûr : Brasilia, Dodoma, Lilongwe, Abuja... On ne manquait pas de précédents dans le monde et en Afrique. Un double pôle urbain ne serait ni moins viable ni plus absurde qu'au Cameroun avec Douala et Yaoundé. Une légère saignée soutirant à Abidjan ses fonctions politiques et administratives ne pouvait nuire à sa santé, au contraire. D'autant que Yamoussoukro était manifestement conçue depuis vingt ans déjà pour attirer un jour à elle les plus hautes institutions de la République, les ambassades et les grandes écoles. La décision était juridiquement et sentimentalement irrévocable. Du coup, la Côte d'Ivoire en était à sa quatrième capitale en moins d'un siècle. Après tout, à Abomey, au Caire ou à Mérowé, chaque souverain ne construisait-il pas son palais à côté de ceux de ses devanciers ? Nous verrons bientôt si la vocation de Yamoussoukro, proche pendant la guerre de la ligne de démarcation, s'est confirmée et si ses « taximans » sont plus « gentils » que ceux d'Abidjan.

Aujourd'hui, la paix revient. Pendant neuf ans, Abidjan a souffert, abandonnée à ses démons, livrée aux manifestants, aux casseurs et aux pillards, balafrée par les mitraillages et les fusillades, défigurée par les vitrines brisées, les arbres abattus, les montagnes d'ordures, les chevaux de frise et les façades trouées. Mais les traces de la crise devraient vite disparaître, les quartiers recroquevillés sur eux-mêmes se rouvrir les uns aux autres, et la « perle des lagunes », après un si long temps de *gban-gban* et de « coins gâtés », retrouver, en même temps qu'une saine démocratie, celui de la frime, de ses « petits soirs » et du *makossa* à tout va.

7

Randonnées ivoiriennes
Le pays ressoudé

Si l'on vous « donne » la route

Sans parler évidemment des années difficiles qui viennent de s'achever, on ne voyage pas n'importe comment en Côte d'Ivoire, comme ça, juste quand on en a envie et sans prévenir personne. Car il est un usage encore vivace dans le Sud, chez les Baoulé et les Akan en général, et auquel la crise a évidemment donné des colorations politiques et militaires encore plus contraignantes : il faut « demander » la route à celui qui vous héberge et qui se considère, ne serait-ce qu'un instant, comme responsable de vous et de votre déplacement. Il vous faut donc prévoir le temps nécessaire pour obtenir la route « demandée » : c'est votre hôte qui dira s'il est satisfait de la durée et de la qualité de votre présence. S'il vous accorde la route aussitôt, ce sera le signe de son indifférence. En revanche, s'il fait la sourde oreille à votre premier appel, c'est signe d'intérêt, d'estime et d'amitié. Il sourira légèrement : partir déjà ? tu n'y penses pas ! disons que je n'ai rien entendu ! Il faudra alors jouer la prolongation – quelques trouvailles verbales supplémentaires, hésitations amicales et compliments diplomatiques feront l'affaire – et poser la question une seconde, peut-être même une troisième fois. Pour ne rien vous cacher, il arrive même qu'on punisse de ses manières cavalières un visiteur désinvolte qui n'a pas pris la peine de s'asseoir, prétendant régler l'affaire qui l'amenait en cinq secs alors qu'il en fallait bien davantage, et qu'alors on lui refuse délibérément et concrètement l'autorisation de partir si vite et si grossièrement. On a vu un jour des villageois baoulé subtiliser les clefs de sa voiture à un jeune agronome, coopérant français, trop pressé de donner des ordres et de penser le développement de haut en bas à la place de ceux qui le recevaient, sans avoir pris le temps de révéler un peu de son cœur et de son esprit.

Si grosse tête qu'elle soit, à plus forte raison désormais découronnée, Abidjan n'est pas toute la Côte d'Ivoire. D'autant qu'elle se trouve sur la côte, très excentrée, tout au sud d'un pays qui, ne l'oublions pas, est vaste comme les trois cinquièmes de la France et dont les plus lointaines extrémités sont à 800 km de l'Hôtel Ivoire. Le littoral, long de 520 km entre Liberia et Ghana, comporte encore quelques belles séquences de nature intacte, mais l'océan a déjà rongé la côte en maints endroits, de nombreux villages et plusieurs vieux wharfs ont été emportés depuis un siècle, et la clôture de l'aéroport d'Abidjan est aujourd'hui à 250 m du rivage. Sérieusement trouée ou décimée – nous l'avons vu – la grande forêt occuperait encore l'essentiel de la moitié sud si elle n'était percée, en plein centre, de Bouaké à Yamoussoukro et Toumodi, d'une profonde pointe de savane qu'on appelle le V du Baoulé. Un office national, l'OIPR, gère dix parcs ou réserves, massifs forestiers ou réserves de faune de tailles très variables (de 3 000 à 1 150 000 ha), parfois mis à mal par les riverains ou toutes sortes d'intrus à la faveur de la guerre. Les lacs de retenue derrière les grands barrages sur la Bia, le Bandama et la Sassandra modifient aussi beaucoup le paysage, forestier ou non, de la moitié sud. La savane plus ou moins arborée qui couvre la moitié nord monte rejoindre sans contrastes notables la Haute-Guinée, le Mali et le Burkina Faso. Les plus belles montagnes sont à l'ouest du pays, aux confins du Liberia et de la Guinée forestière avec, sur les monts Nimba, leur point culminant : le pic Richard-Molard, haut de 1 752 mètres.

L'organisation administrative, plusieurs fois retouchée, encore en mars 2009, découpe le territoire national en 19 régions, 90 préfectures, 441 sous-préfectures, et près de 1 500 communes, dont trois générations de communes urbaines, 196 au total, dont

10 qui constituent le Grand Abidjan. 110 « pays ruraux » intelligemment définis et dessinés autrefois par l'ONPR facilitent l'augmentation progressive de « communes rurales » créées au coup par coup dans les endroits suffisamment structurés pour les recevoir.

On a dit, d'entrée de jeu, la situation déjà peu brillante du tourisme ivoirien avant même que la crise actuelle ne le réduise provisoirement à zéro. Mais « la guerre est finie », le pays ressoude ses deux moitiés, notre voyage paraît « sécurisé », nous disent les militaires. On nous « donne la route » et, chemin faisant, nous accrocherons les réalités d'aujourd'hui aux souvenirs d'autrefois, précédant de peu – nous l'espérons – un retour massif des visiteurs.

Le vieux Sud-Est et l'histoire

À moins de se diriger vers l'une des plates-formes pétrolières en activité au large, on ne peut sortir d'Abidjan, et pour cause, que vers trois directions. Allons vite au plus proche, au plus classique, au plus beau (préférence terriblement subjective) : le Sud-Est. Dans le prolongement du boulevard Giscard, la route contourne une curieuse statue blanche censée symboliser la fraternité (ou la paix ? ou les voyageurs ?), laisse ceux qui nous quittent filer vers l'aéroport, bute contre l'océan au coude du phare de Port-Bouët et court plein est sous des palmes bien clairsemées sans jamais friser la plage toute proche. C'est la route des courts week-ends qu'il me fallait refaire en sens inverse le dimanche soir, roue dans roue, jusqu'à Gonzagueville, célèbre pour ses « bouchons » ; la route des vanniers tresseurs de rotin, et des marchands de souvenirs en tous genres (la dernière mode était aux papillons géants et aux personnages de Walt Disney) ; la route des bungalows et cabanes de plage signalés par des pancartes aux noms étranges ou farfelus qui balisaient les repères des Alsaciens, des Basques, des Bretons... et des naturistes.

À 40 km, Bassam, le Grand, l'Ancien. La vie active s'arrête au rond-point du quartier Impérial à l'entrée du pont où un monument glorifie la marche des femmes de 1949. Le phare, désuet, se profile sur un ciel gris et lourd. Derrière la lagune Ouladine apparaît le vieux quartier déchu et respectable qui s'appelle toujours France. Moiteur des tropiques de carte postale, nostalgie du passé, somnolence au présent, l'ombre crissante des cocotiers, quelques baigneurs sur la plage en fin de semaine. Les miasmes de la fièvre jaune et de la peste se sont-ils accrochés aux tombes du vieux cimetière jusqu'à en effacer les noms ? La piste rouge pousse un peu vers l'ouest jusqu'à Azuretti, village de pêcheurs en cul-de-sac où l'océan, plutôt que d'azur, est d'un vert glauque, avec une barre toujours menaçante.

Bassam est bien assoupi mais deux programmes publics de remise en état l'ont réveillé par endroits à la fin des années 1990 : le Programme de développement des communes côtières (PDCC) et le Projet d'appui au développement culturel (PADEC) qui ont permis de requinquer les bâtiments publics les plus intéressants. Les initiatives privées feront le reste. Voici la vieille prison que vint battre, sans l'ébranler ni l'ouvrir, il y a soixante ans, la vague des femmes du RDA en furie ; et aussi l'hôpital jaune et sa passerelle au premier étage, et les arcades de fer de l'ancienne école. Pendant longtemps, on pouvait encore escalader jusqu'aux galeries supérieures la ruine branlante du palais de justice. Le musée du Costume qui faisait revivre le Palais des gouverneurs de 1900 a refermé ses portes ; le monument aux morts n'a pas bougé ; un grand patron ivoirien a rhabillé et modernisé l'ex-banque anglaise et des artisans ont pris çà et là possession de boutiques et de hangars abandonnés. Quelques restaurateurs et un voyagiste célèbre ont construit dans le désordre et la laideur, manifestement sans souci des règles d'harmonie architecturale (si tant est qu'il en existe). Disparus et bien oubliés les négociants qui croyaient pouvoir tenir tête à Abidjan jusqu'aux années 1930, et probablement aussi ce M. Ganamet qui se fit construire cette extraordinaire maison aux fioritures modern style 1925, aujourd'hui à l'abandon. Privilège rare : la présence française a ici plus d'un siècle déjà et s'y laisse encore retrouver. En général, la corrosion tropicale n'a pas cette patience, même si le souvenir des hommes est, lui, plus durable : on raconte que les Bassamois ont eu très peur, vers 1975, lorsque les allées et venues de touristes non annoncés leur firent croire qu'on venait retirer la statue de Treich-Laplène qui est un peu leur saint patron. Pour revivre l'atmosphère étrange et ambiguë du Bassam des années 1930-1940, avec ses boutiques, ses messes et ses curés, son port au bois, ses bals à l'Hôtel de France, le baratin de ses marchands et de ses ex-tirailleurs, son premier autobus, ses 14 Juillet, tout un monde moins féerique qu'on pourrait le penser (car les Blancs y avaient encore la chicote fréquente et l'injure facile), il faut lire ou relire Bernard Dadié et son inoubliable histoire des *Jambes du fils de Dieu*.

Bassam ne fait plus qu'un, de nos jours, avec Moossou, capitale des Abouré (qui n'ont jamais été très dociles) et village de naissance de Simone Gbagbo, première dame du pays. Un double pont, autrefois à péage, franchit le confluent de la Comoé et de la lagune Ébrié. Plus loin sur la côte, si les petits gardiens vous assaillaient au parking, c'est que vous étiez arrivé à Assouindé et Assinie, double exclave vacancière, formule-club, plaisirs tarifés et confortables, l'Afrique aseptisée sans les inconvénients, pour ceux qui ne consommaient que les S : sable, soleil... et quelques autres à l'occasion.

En approchant de Bonoua, on entre au royaume de l'ananas, un royaume bien décadent. Dans le sillage d'une société alsacienne qui fut autrefois la première à s'y risquer, et après quelques années de relance juste après la dévaluation, on essayait de rester optimiste. Mais, derrière sa lagune particulière, la petite cité d'Ono, adossée à des collines chauves ourlées de champs ondulants, ne vit plus au rythme de son usine marquée à l'entrée d'un ananas géant de stuc ou de carton-pâte, et liquidée dès 1989. Même Bonoua, « commune à la pointe du progrès », s'essouffle. Rétive aux militaires, rétive aux missionnaires, la communauté abouré locale tenait autrefois très fort à ses chefs et à ses fétiches : les Français décidèrent de casser les uns et les autres. Il y a vingt-cinq ans, elle surprenait par son dynamisme et la richesse de ses initiatives. Bien avant la municipalisation de 1980, l'association de développement locale dénommée AREBO, animée et financée par des fils du pays haut placés à Abidjan, avait déjà de nombreuses réalisations à son actif, comme un hôtel-restaurant, un parc de loisirs et d'artisanat, un réseau de télévision communautaire avec studio central à la Maison des jeunes et cinq postes d'écoute publique, plus un centre d'appareillage pour handicapés moteurs. On doit s'y souvenir encore de la fête magnifiquement organisée pour les Journées de promotion rurale de 1982 : toutes les forces vives de la sous-préfecture avaient été mobilisées en fonction des classes d'âge traditionnelles qui manifestaient ainsi leur permanence et leur cohésion, en tout cas en pays abouré. On doit trouver encore, dans le parc Mploussoué, les pavillons de terre battue du mini-musée original inauguré à cette occasion. En ville, pour venir aux rendez-vous du roi dans son salon, on traversait d'abord une cour extraordinaire où trônaient, comme sur les tombeaux agni ou abron, une vingtaine de statues de stuc polychrome, la plupart grandeur nature, soldats, anges et archanges, odalisques aux trois quarts nues et le roi lui-même en toge d'apparat, représenté déjà de son vivant comme il l'est maintenant... sous six pieds de terre rouge.

À Bonoua, on savait aussi faire les fous : une fois par an, aux environs de Pâques, le Popo Carnaval ou Carnaval des masques suscitait un défilé tout à fait burlesque de masques modernes, juste pour s'amuser, sans aucune connotation religieuse ou sacrée. Cette fête parfaitement profane, démocratique et ouverte à tous, demeurait placée, elle aussi, sous la responsabilité de la classe d'âge qui détient le pouvoir jusqu'au jour où, vieillissante, elle le transmet, solennellement, dans de nouvelles réjouissances, à sa cadette.

Sur les rivages de la lagune Kodjoboué, non loin de la ville, se sont bâtis des bungalows discrets. On doit s'arracher maintenant à prix d'or les terrains de cette future mini-Riviera pour Abouré nantis, chefs traditionnels, planteurs d'ananas chanceux malgré la crise, patrons abidjanais retraités, leurs fils, leurs filles et... leurs gendres – qui sait ? – peut-être les plus heureux de tous. Mais nous avons vu aussi, hélas, quelle folie d'un autre genre s'est emparée des jeunes de Bonoua au nom de l'ivoirité.

Une fois sorti du royaume moribond de l'ananas, on arrive à Aboisso, capitale du Sud-Est, havre de tranquille beauté et longtemps cul-de-sac touristique avant que la route internationale ne soit prolongée jusqu'au Ghana. À Aboisso, la Bia traverse la ville en bondissant sur des rochers propices aux pêcheurs en eau rapide : elle vient d'échapper aux deux barrages d'Ayamé, qu'il faut aller voir, enchâssés dans un écrin forestier paisible, en aval d'un lac étrange et calme où pointent encore les troncs des arbres noyés par le progrès. En ville, même à la veille du Nouvel An, on pouvait trouver un gargotier sénégalais empressé capable de faire face à toutes les urgences d'un groupe affamé. Une vieille plaque rappelle toujours l'apparition des Français dans la contrée. Références croisées : mes traités de 1843-1844 et les vôtres. Krinjabo, capitale du Sanwi, est d'ailleurs toute proche, assoupie autour de son arbre-fétiche géant. Pas de frontière ni de douane à l'entrée du petit royaume récalcitrant qui a fini par se fondre dans la Côte d'Ivoire après sa bouderie. Mais il conserve quelques armes secrètes dont il savait faire un usage redoutable sur les voyageurs de passage. On le verra bientôt.

La lagune Aby est délicieuse mais aussi farouche, agitée parfois comme une petite mer intérieure. Au sud, par des chenaux complexes, elle contourne le bel archipel (et « parc national marin ») des îles Eotilé, cher aux archéologues, et réussit encore à déboucher sur l'océan. Depuis la disparition d'Assinie, engloutie par un raz-de-marée, il reste la pointe Mafia et, de l'autre côté de l'embouchure, un autre Quartier France plein de pêcheurs ghanéens et d'assommoirs pour leurs loisirs. Sur la rive ouest de la lagune, Adiaké se plaint qu'on la délaisse. Effectivement... c'est la rive opposée qui est fascinante. Dans les creux, sous des collines couvertes d'une épaisse forêt, se nichent Eboinda, Etioboué, Ekrébé, Ehoumakro, tout un chapelet de villages en E ou en A qui méritent pleinement le qualificatif de polynésiens. L'endroit le plus émouvant de la côte est sans nul doute, Elima, berceau en Côte d'Ivoire tout à la fois du café, du cacao, de l'exploitation forestière, de la formation agricole... et même des prospections aurifères. Souvenez-vous : Brétignère, Jeand'heur et Treich-Laplène. Modeste effort, immense effet, on en conviendra. Fascinante, la ruine imposante de leur maison dominait encore la lagune du haut de sa colline : balcons à colonnades, lattes pourries, végétation foisonnante... Elle était sur la liste sacrée du ministère de la Culture. Qui est venu la sauver ?

Prenez garde à Aby et au Sanwi ! Pas au point de vous abstenir d'y passer, ce serait dommage, mais sachez qu'il n'y a pas si longtemps encore, on capturait les voyageurs innocents qui s'y égaraient et qui n'étaient relâchés qu'après plusieurs heures contre rançon de convivialité et de bouffe partagée, même si leur captivité coûtait bien plus cher aux geôliers qu'aux otages. À Maféré aussi, on obligeait les prisonniers à manger et à boire au-delà de leurs forces. Que diable Fleuriot de Langle allait-il faire dans cette lagune paradisiaque ? Ou bien les Sanwi voulaient-ils gaver les Français pour se venger de leur indépendance ratée ?

Admirable Sud-Est. La route s'élance, franchit de haut vol la Tanoé et entre au Ghana. Avant qu'elle ne soit achevée, la traversée de la frontière était plus acrobatique : on avait le choix entre un trajet de cinq petites heures dans un tombereau à noix de coco à partir d'Assinie-Quartier France ou la traversée vers Jewi Wharf sur un bac minuscule qui prenait péniblement les voitures trois par trois. Restons sur la bonne rive, le cordon littoral est déjà ghanéen. Ce recoin sud-est du pays n'a pas été troublé par la crise, sinon que des opérations de police ont essayé de temps à autre d'enrayer les exportations clandestines de cacao vers le voisin oriental.

De Bassam, Bingerville, la traîtresse qui le remplaça, ne serait qu'à une trentaine de kilomètres par la route si le bac d'Eloka était fiable, un bac prétentieux qui n'en fait qu'à sa guise, paresseux et cabochard comme tout depuis qu'il a eu, en 1921 et pour lui tout seul, les honneurs de la haute jurisprudence française : celle du Tribunal des conflits, s'il vous plaît ! Tous les anciens étudiants en droit vous le diront. Il a même provoqué – ce n'est pas étonnant – quelques pèlerinages de tourisme juridique. À condamner par défaut et sans pitié, s'il s'obstine encore à fausser rendez-vous aux randonneurs...

De toute façon, Bingerville est là, au débouché de la belle plantation de palmiers à huile (d'Eloka elle aussi) et son usine-jouet. Dans la vieille capitale, il est bien difficile de parcourir et d'entretenir les rues nord-sud ravagées par le ruissellement. On ne sait plus très bien où se situait l'embarcadère ni par où les petits wagonnets Decauville remontaient jusqu'au Plateau. Mais le Palais des gouverneurs, tarabiscoté comme une pièce montée, ordonne encore toute la ville autour de lui : converti en orphelinat national, il n'a pas été ménagé non plus par les intempéries ni par ses pensionnaires. Bingerville a regroupé de nos jours plusieurs écoles civiles et militaires qui lui conservent une jeunesse. Le soir, les internes habillés de kaki étudient sous les bosquets de bambous géants éclairés au néon.

Plusieurs petites pistes, acrobatiques mais qui ménagent d'agréables surprises, sautent de colline en colline pour aboutir à Ankouyaté, Adjin ou Akandjé, culs-de-sac cachés d'où l'on découvre un panorama exceptionnel sur la lagune Adjin et les immenses plantations d'hévéas et de palmiers de sa rive nord. Paysages du bout du monde à quinze minutes d'Abidjan, qui finira bien un jour par les avaler. Entre la mégalopole et Bingerville, du côté d'Akouédo dénaturé par les déchets toxiques de fin 2006, la brousse non bâtie n'a plus qu'un ou deux kilomètres de large.

L'Est, le Nord-Est et les ignames

Second départ d'Abidjan. La première route du nord, la plus verticale sur la carte, s'élance des longues banlieues d'Abobo et c'est à Anyama qu'elle commence vraiment à jouer avec le paysage. Agboville est coquette avec son vieux quartier libano-colonial autour de la gare, une mosquée féerique sur sa colline et tout un écrin de rizières aveuglantes de verdeur quand c'est la bonne saison. Un peu plus au nord, à Rubino – c'était le nom d'un colon tué par les Abbey en colère au temps de la « manière forte » – le village est double : les habitants travaillent ensemble sur un périmètre maraîcher moderne qui occupe le bas-fond mais, le soir venu, les chrétiens remontent sur leur colline et les musulmans sur la leur. Notre mosquée est plus belle que votre église... On le pensait mais on ne le disait pas. Espérons que la nuit continue de les bercer tous sous la même lune, c'est l'essentiel.

Un peu plus loin encore, c'est le pays attyé qui fournit lui aussi un bon contingent de toponymes en A à la liste nationale, et des bizarres, puisqu'on ne les comprend pas : il y avait déjà Yakassé-Mé (!), voici Adzopé, Akoupé et Aniassué, où les hippopotames savent peut-être encore faire le pont sur la Comoé comme ils l'ont fait pour la reine Pokou. Abengourou est la capitale des Anyi Ndényé, un nom dont les forestiers coloniaux firent l'Indénié : leur corporation puissante a loti tout un joli quartier haut perché d'Abidjan-Plateau. Ici, la forêt est encore épaisse mais pour combien de temps ? La vallée de la Comoé est pleine de méandres et de rapides inoubliables... quand on réussit à les atteindre.

Une longue étape de forêt mène à Agnibilékrou, qui commande la route de Kumasi et du Ghana central, puis à Bondoukou, capitale des Abron et en même temps vieille cité dioula et étape caravanière, à l'extrême pointe nord des zones forestières. Bondoukou, « la ville aux trente mosquées », séduisait autrefois tous ses visiteurs très sensibles à l'hospitalité et à l'érudition de leur hôte, l'almamy musulman Timité. Héritier d'un long passé, le royaume abron a conservé, à titre exceptionnel, ses quatre cantons traditionnels. Embrouillamini politico-juridique : il s'étend si loin vers l'est en territoire ghanéen qu'une bonne partie des sujets du roi y résident et que celui-ci doit donc déléguer ses pouvoirs au-delà de la frontière. Bondoukou avait fait peau neuve à l'occasion de la Fête nationale en 1971, mais on a, ici aussi, beaucoup cassé et construit en désordre. On voulait transformer l'ancien marché colonial en Musée régional et sauver les maisons dites de Binger et de Samory. La ville, fière d'elle-même et de ses traditions à la fois marchandes et intellectuelles, se prétend bien antérieure à l'arrivée des Abron et n'est pas loin de se comparer à la docte Tombouctou.

Il est certain que, de Krinjabo et Zaranou à Bondoukou, tout le pays anyi et abron, comme le Baoulé, comme les Lagunaires, maintient fermement les traditions akan apportées de l'est par les ancêtres. On offre aux notables décédés de superbes tombeaux polychromes isolés au bord des routes. La fête – capitale – des ignames, tubercules nourriciers essentiels et faciles à conserver, accompagne chaque année en février le renouvellement des alliances avec les dieux, leurs symboles terrestres et les plantes vivrières pour une fructueuse campagne agricole. Partout à cette occasion, le chef revêt ses insignes royaux d'or massif (souvent des copies de bois doré, par prudence) et manifeste solennellement son pouvoir sur son peuple. À Abengourou, il descend jusqu'à la rivière sacrée pour s'y baigner, et la foule, très excitée, l'en ramène en un long et joyeux cortège. Les femmes ont apporté des fagots à leur reine et les féticheuses invoquent les ancêtres pour un bon déroulement des festivités. Répliques des tabourets d'or descendus du ciel sur l'Ashanti originel, les tabourets sacrés sont exceptionnellement sortis de la resserre où on les conserve. Ronds, carrés ou rectangulaires, selon qu'ils sont destinés à des rois et princes, ou à des reines et princesses, reliés entre eux comme les personnes elles-mêmes par une hiérarchie complexe, ils sont bénis, lavés et enduits du sang de quelques bêtes sacrifiées et de poudre d'igname tandis qu'on évoque les noms des rois disparus.

Fêtes des ignames et fêtes mortuaires constituent en pays anyi ou akan en général ce que Marcel Mauss appelait un « phénomène social total ». Claude H. Perrot[1] décrit parfaitement la complexité du pouvoir royal, la subtilité des lignages et l'importance – on y reviendra – de l'or dans une petite société anyi dont la richesse matérielle et culturelle est d'autant plus frappante que ses dimensions démographiques sont très modestes : le Ndényé de 1911 ne comptait encore que 16 227 habitants, à raison d'ailleurs d'un captif pour six ou sept hommes libres.

Retenons aussi que, pour l'essentiel, les traits de civilisation analysés chez les Anyi Ndényé et rapidement évoqués ici sont également vrais des autres groupes ivoiriens de tradition akan, notamment les Baoulé que nous trouverons plus tard chez eux quand notre itinéraire y aboutira, au-delà de l'ex-ligne de démarcation. Les symboles royaux des uns – le tabouret « *bia* », le sabre « *aoto* » et le sac « *dya* » – sont aussi ceux des autres. Il en va de même de l'humour : on appela les premiers Blancs « *Adiakokotibebli* », les gros-orteils : il fallait bien qu'ils eussent à chaque pied un orteil unique et envie de le cacher, puisqu'ils ne quittaient jamais leurs chaussures !

Il y a trente ans toujours, l'école des féticheuses de Tenguélan était célèbre dans toute cette région. Mais existe-t-elle encore ? La vieille Akoua Mandédja, déjà octogénaire, y formait des guérisseuses dont elle était la mère spirituelle et la

---

1. *Les Anyi Ndényé et le pouvoir aux XVIIIe et XIXe siècles*, Ceda Abidjan et Sorbonne Paris, 1982.

principale initiatrice. À demi nues, le visage et la poitrine passés au kaolin, symbole de pureté, vêtues de pagnes blancs à franges, harnachées de cordelettes et les cheveux en tignasse comme signe de totale abstinence sexuelle, les élèves se produisaient en fin de semaine, exécutant en public les pas de danse qui témoignaient du progrès de leurs connaissances. Dès l'admission, la vieille excluait du rang des candidates les simples malades et les sujets – expliquait-elle – insuffisamment doués pour communiquer avec les génies. Après trois années de cours en partie secrets, les guérisseuses de Tenguélan, expertes en pharmacopée traditionnelle, savaient comme leur maîtresse non seulement guérir la folie, l'épilepsie, l'impuissance, la stérilité et la fièvre jaune, mais aussi prédire l'avenir. Étrange spectacle, assurément, que cette sortie de promotion incompréhensible s'il n'y avait quelqu'un pour en expliquer la rationalité. Bien entendu, on envisageait de l'inclure dans les circuits touristiques pour compenser – disait le ministère – « la pauvreté de la région en sites et monuments ». Tourisme balnéaire ou tourisme de découverte ? La Côte d'Ivoire a toujours hésité et le temps passe. Pour l'heure, les touristes sont encore en uniforme.

Les lagunes et le littoral

À l'ouest d'Abidjan, le littoral, encore vierge en maints endroits, s'étire sur 400 kilomètres jusqu'au cap Palmas qui marque la frontière avec le Liberia. Il nous réserve bien des merveilles. Depuis 1994, le Programme de développement des communes côtières (PDCC), financé par l'Union européenne (7e et 8e FED), touchait, à l'exception d'Abidjan, les 20 communes du littoral et leurs 200 000 habitants, réparties sur les quatre régions bordières, s'efforçant de soutenir la décentralisation et l'autonomie communale, de susciter quelques pôles secondaires capables de mieux équilibrer Abidjan, d'y installer les équipements essentiels et d'aider les municipalités à bien maîtriser les ouvrages et les procédures techniques ou administratives.

De ce côté, tout commence avec la magnifique lagune Ébrié qui baigne Abidjan et se prolonge sur 80 kilomètres, paisible, invitant aux escapades nautiques, parcourue aussi par les pirogues des pêcheurs de crabes et de crevettes, les radeaux de bois flottant qui ont descendu l'Agnéby et le cordon littoral de Jacqueville devenu île depuis qu'il a été coupé à ses deux extrémités.

Cette côte à lagunes est vraiment étonnante. Au cours des millénaires, les mouvements marins ont doublé, sans vraiment le rectifier, le profil primitif du rivage, façonnant un long cordon de sable rectiligne qui emprisonne à l'arrière-plan une voie d'eau naturelle bien protégée, aux indentations multiples, aux criques secrètes, aux golfes mystérieux dont certains sont encore inconnus quand d'autres, trop proches d'Abidjan, succombent déjà à la pollution. Sur la baie d'Adiapodoumé, les pavillons de l'ancienne base de l'ORSTOM[2] et surtout de l'Institut Pasteur jouissaient d'une vue merveilleuse. Et que dire des villas de la SAPH au-dessus du « fjord » de Toupah ! Sur cette même rive nord alternent les vieux villages lagunaires ivoiriens et les campements provisoirement définitifs des Béninois de Grand-Popo spécialistes de la crevette.

Dabou, vieille escale coloniale polychrome assoupie derrière son fort Faidherbe, commande un arrière-pays magnifique tout de plantations de palmiers et d'hévéas, et la fédération des villages adioukrou si longtemps rebelles à la soumission. À Faidherbe et à Angoulvant, ici aussi, on a pardonné. Tous les villages : Osrou, Orbaf, Orgaf, Débrimou, Bouboury, Pass, Mopoyémé, Bodou, si innocents, si bucoliques aujourd'hui, avec chacun leurs trois églises et leurs maisons jaunes enfouies sous les bosquets de bananiers, méritent le détour. C'est le plein pays de l'*atiéké*, dont on a raconté la fabrication. Mais, attention ! rien n'est plus inévitable que de se perdre dans les plantations aux laies rectilignes, incapable qu'on est de retrouver d'une fois sur l'autre le bon itinéraire.

---

2. Fermée aujourd'hui. L'ORSTOM, devenu Institut de recherches pour le développement (IRD) en 1998, s'est replié très modestement sur Abidjan/Zone IV.

À Toupah, la visite de l'usine de la SAPH vous laissait une horrible et tenace odeur de latex pour une bonne semaine, mais l'accueil de la société était au-dessus de tout éloge. Un vieux pionnier sénégalais, installé à Nigui-Assoko, racontait quarante années de souvenirs lagunaires et, comme pour lui donner raison, passait au même instant l'une des dernières pinasses sans couleur qui avait encore le courage de faire la liaison Abidjan-Lahou par la lagune en vingt-quatre heures. Demi-couronne insulaire de maisons grises aux pignons pointus au pied d'une butte rouge, Tiagba, le village relativement « lacustre » le plus célèbre de Côte d'Ivoire, est la dernière merveille de la lagune Ébrié à son extrémité ouest.

Sur la côte proprement dite – qu'on atteignait par le bac en attendant les appels d'offres pour le futur pont – toute une enfilade de villages alladian aux églises austères, presque laides, précède et prolonge Jacqueville, pimpante autour de son lac municipal et de l'orgueilleuse résidence du président Philippe Yacé ramené ici, dans son fief, pour y être inhumé en grande pompe en janvier 1999. On y baragouine peut-être encore l'anglais des marchands de Bristol en laissant crouler les ruines des factoreries d'autrefois. Tout au bout de la piste côtière qui court sous les coco-tiers, à Toukouzou, « Hozalem » (pour Jérusalem), la résidence-cathédrale-caravansérail de Papa Nouveau, le pape harriste de la région aujourd'hui décédé, ne s'ouvrait que sur rendez-vous. Pas un homme politique un peu important, candidat à une élection quelconque, qui ne soit venu un jour ou l'autre implorer la béné-diction de ce personnage haut en couleurs, chef de file de plusieurs autres « prophètes » ivoiriens.

Au-delà de ce littoral vraiment lagunaire, animé, peuplé et moderne, beaucoup moins de monde mais du nouveau encore...

Zone-tampon, entracte géographique, l'Assagny, bordé au sud par le canal du même nom, avait vocation de parc national et, là aussi, on a sacrifié les villageois et leurs plantations pour mettre les gros animaux plus à l'aise.

Une fois franchi le Bandama, on sort des terrains de parcours habituels des Abidjanais pour arriver sur la Côte qu'on pourrait nommer des Fantômes, mais la modernisation est galopante et cette appellation ne lui convient plus autant qu'autrefois. Le premier des fantômes, c'était Grand-Lahou, escale coloniale jadis active, déchue et désertée après 1950, transférée en 1975 à l'intérieur des terres. Son patrimoine immobilier, bien inventorié, est aussi riche que celui de Bassam mais plus difficile à conserver et à restaurer compte tenu de l'éloignement. Aux dernières nouvelles, cependant, on envisageait d'y établir une zone franche.

Le dernier complexe lagunaire qui commence à Lahou et qui regroupe la Tagba, la Makey, la Tadio et la Nyouzomou est peuplé sur ses rives mais difficile à atteindre et encore bien délaissé. Abandonnée après une dizaine d'années seulement d'exploitation, l'ex-mine de manganèse de la Mokta-el-Hadid n'était plus que chevalets rouillés, wagonnets renversés, ateliers crevés, saignées cailouteuses à ciel ouvert dans la forêt. Quant à l'extraordinaire village insulaire de Lozoua, trop à l'étroit sur son refuge, il se résignait déjà à son transfert progressif sur la rive proche. Futur fantôme ?

La vieille Fresco, elle, est déjà rayée de la côte et la nouvelle sous-préfecture s'est réinstallée en arrière de la lagune Nyi. Seuls des pêcheurs ghanéens, comme à Lahou, occupaient encore autrefois l'emplacement primitif au long de l'océan. Une petite heure de marche permet d'atteindre la première falaise du littoral ouest. La mangrove ourle les contours de la lagune et de ses îles intérieures et l'on y trouve toutes sortes de bestioles succulentes quand on a le temps de pique-niquer sur le sable.

À partir de Fresco, les plans d'eau qui s'appellent encore « lagunes » ne sont plus en fait que des embouchures de marigots côtiers en cours d'obturation – ou déjà bouchées – par le cordon littoral et isolées les unes des autres. À moins de disposer d'un petit avion pour suivre la côte et l'observer de la plus belle des premières loges, il fallait, par la route, faire un long détour par l'intérieur pour passer d'un point côtier accessible au suivant. Aussi la côte entre Fresco et San Pedro était-elle restée sauvage. De nos jours, une nouvelle route bien plus courte, la « côtière », relie presque en ligne droite Dabou à Sassandra, San Pedro et Tabou, sur 425 km...

Sassandra qui se mourait, prochain fantôme désigné, a donc été sauvée de justesse. Atteinte par les Portugais le jour de la Saint André, d'où son nom, elle est très belle, installée en cul-de-sac à l'embouchure de la rivière homonyme. Une rivière un peu maudite d'ailleurs, tourmentée, coupée de multiples rapides, impraticable, anastomosée sur tout son cours inférieur et désertée par les hommes pour insalubrité grave. Harnachée pour le développement, elle a désormais deux barrages à franchir, Buyo et Soubré, avant d'arriver, un peu assagie, à l'océan. Le dernier wharf de Côte d'Ivoire est là, encore visible. Une fine presqu'île boisée – du genre que les géographes appellent « tombolo » – barre presque la moitié de l'estuaire. Les pêcheurs venus du Ghana étaient là aussi : ils avaient massé sur la plage leurs lourdes pirogues de mer polychromes dont les inscriptions, invocatrices de Dieu dans leur propre langue, comportent d'étranges ɛ et ɔ pris aux alphabets missionnaires du XIXe siècle. La falaise qui monte la garde dans l'angle sud de la ville est impressionnante et s'abaisse doucement vers l'ouest sur une quinzaine de kilomètres, ménageant des creux délicieux au débouché des marigots d'eau douce sous les cocotiers.

Plus loin encore, à part ce qu'on vient de dire des « lagunes » locales, la côte, frappée par une forte houle très oblique, est rocheuse, dentelée, offrant entre ses multiples pointes à mini-falaises un chapelet de superbes plages encore difficiles à atteindre et sans véritable aménagement avant les années 1980. Monogaga est la plus belle, la mieux abritée, mais on peut choisir aussi Poli, Taki, Ménéké, Boubélé et Béréby à l'enseigne de la « baie des Sirènes ». Actif et souriant, le député-maire de Béréby est venu, à l'été 2007, solliciter la participation des Orléanais aux divers projets de sa région. Nostalgie encore : il y a vingt-cinq ans, au bout d'une mauvaise piste étroite et défoncée, on débouchait sur la plage déserte, on apportait ses provisions, on louait à l'habitant, discret et caché, une paillote des plus sommaires pour la nuit et l'on rêvait aux étoiles, malgré l'inconfort, à la chance qu'on avait de précéder en pareil endroit les promoteurs-aménageurs de demain... C'était avant-hier. De crochet en crochet, de plage en plage et après s'être levé une dernière fois de sa couche humide sous cabane pour courir se jeter dans l'océan à l'instant précis où surgissait le disque écarlate du soleil levant, on finissait par arriver à Tabou.

Tabou du monde. C'est encore un peu une performance. La capitale des Krou ivoiriens, bien délabrée elle aussi, a peut-être profité des oboles du PDCC.

« Tabou 192... – écrit un inconnu sur une carte postale – il commence à faire très chaud. Quelques types du bord ont les fièvres. Heureusement, moi, j'ai été acclimaté progressivement. Tous ceux qui sont atteints le sont à leur premier voyage. C'est le cas de le dire : je suis Tabou et c'est tant mieux. »

Pour les jusqu'au-boutistes, il reste encore trente kilomètres jusqu'à la Cavally, frontière qu'on franchissait, quand on avait vraiment besoin d'aller au Liberia, sur un vieux bac à manivelle qui prenait son temps. Le rythme des traversées – probablement guère plus de trois ou quatre véhicules par semaine (!), du moins avant la guerre – exposait évidemment, sur la rive d'en face, où l'on n'avait que ça à faire, à des inquisitions plus ou moins interminables.

Retraités des sept océans, les derniers Krou – ou *crewmen*, le jeu de mots était pleinement justifié –, au terme d'une vie de chien que nul d'entre eux ne regrette vraiment, ne savent plus très bien à l'heure actuelle ce que leur pays est devenu sans eux puisqu'ils n'y étaient pas. « La grande aventure des Krou », ce n'est pas tellement eux qui la racontent. Et quand ils font leurs confidences, ils estimeraient plutôt qu'on leur a joué un mauvais tour pendant deux et même trois générations. « Trois beaux navir's sont arrivés / viv'nt les marins, beaux mariniers... » Que sont-ils allés faire sur ces galères les premiers Krou, trop curieux peut-être ou trop aventureux au fond de leur cœur ? Toujours est-il que bien avant la fin du siècle, l'habitude était solidement prise par les capitaines étrangers d'embarquer des équipages indigènes sur cette partie du littoral. Krou libérien, le prophète Harris lui-même – on le verra – passa plusieurs années de sa jeunesse à naviguer. Du côté français, on a organisé dès 1894 ce recrutement qui fut limité à Tabou après 1909. En 1902, à Béréby, où l'on recrutait encore, les capitaines, qui payaient un franc par jour les marins ou les dockers krou, avaient accepté une augmentation de 50 % et la prime globale était de 90 francs (-or) après une campagne de deux mois. Quand on la payait vraiment, et de toute façon la vie à bord était dure, la nourriture épouvantable, la couchette inexistante. Quel bel avantage que de faire Loango, Le Cap, Marseille et Yokohama, ou même le tour du monde, dans ces conditions ! Il est curieux d'ailleurs que le séjour ou l'installation en France ne les ait jamais tentés, ou bien ils n'en avaient pas le temps. L'inconnu de la carte postale ajoute :

> « Les Kroumen naviguent mais rarement vont s'expatrier en Europe. Ils sont marins et une fois le voyage fini rentrent à Tabou où ils ramènent des pagnes à leurs femmes, des bracelets et des futilités achetées sur les bateaux de la côte...
> Ils ont des noms français : Lucien Prévost, Pierre, Adolphe Basson, Théodore Bombo, Jules Lenoir. Notre "grand cacatois" a même un casque colonial, une veste kaki, une chemise qui ne sort pas du pantalon et un pantalon... Les pieds nus naturellement. Les autres ont des pagnes de couleur, des madras sur la tête, des écharpes... »

De nos jours, leur « grande aventure » est bien close. Chaque pays côtier a organisé la conscription au profit de ses nationaux et le port d'Abidjan, depuis longtemps, n'accepte plus de dockers extérieurs à la capitale. Les tout derniers Krou font encore – paraît-il – San Pedro et le Gabon. Mais, pour beaucoup, la réinstallation à terre après trois générations de vadrouilles maritimes n'est pas seulement difficile : par déformation professionnelle, elle est mal vue. Dans le Bas-Cavally, « celui qui plante devient la risée des autres » expliquait en 1982 le premier planteur krou qui avait eu le courage de s'embaucher à Palmindustrie. Est-ce par jalousie ou, plus vraisemblablement, par manque de terres que les Krou ont chassé leurs « étrangers » burkinabé en novembre 1999 (12 000 ont abandonné la région) à la faveur du réveil de l'agitation xénophobe ? Cette fièvre s'est encore renouvelée. La petite commune de Grabo n'était pas au bout de ses peines : gonflée et perturbée par les cousins libériens réfugiés pendant la guerre (comme d'ailleurs toute la zone frontalière jusqu'à Toulépleu et Danané), irritée par la présence des allogènes au point de se retourner contre eux, ignorée du programme PDCC parce qu'elle n'est pas « côtière », elle fut en outre obligée de mettre à contribution les opérateurs économiques locaux (Palm-CI, plus quelques forestiers et transporteurs) pour l'entretien minimal des routes abandonnées par les Travaux publics depuis que ceux-ci, sans crédits ni matériel lourd, se déchargeaient de leurs tâches sur une ou deux entreprises soumissionnaires.

Un peu en arrière de Tabou, le Parc national de Taï, classé « réserve de biosphère » dès 1972 et vaste de 350 000 ha, a été inscrit dix ans plus tard sur la liste du patrimoine mondial pour son intérêt bio-scientifique. L'inventaire animalier qu'en donne encore l'UNESCO en 1996 est impressionnant, mais Taï nous confirme la crise générale, pour ne pas dire la grande pitié actuelle, des parcs ivoiriens, tiraillés entre le Tourisme et les Eaux & Forêts, mis au pillage par les forestiers, les grandes sociétés de plantation, les orpailleurs clandestins et les braconniers, auxquels se sont ajoutés les réfugiés libériens à partir de 1989 et les rebelles du MPIGO depuis la fin de 2002. On l'a aussi éventré, ou en tout cas rogné, pour implanter sur la Tabou, la Néro ou aux Rapides Grah des milliers d'hectares d'hévéas et de palmiers à huile. Toutefois, sérieusement repris en main aujourd'hui, il devrait pouvoir être sauvé.

Dans ce pays comme dans d'autres, ce fut longtemps la mode, souvent justifiée d'ailleurs, de pleurer sur son « enclavement ». Quand son désenclavement a commencé vers 1972-1975 à coups de milliards, au grader, à l'explosif, au béton et à l'acier, le Sud-Ouest s'est mis à respirer, à produire, à exporter. Il faut savoir ce qu'on veut. Et pour lui donner un poumon moderne, on n'a pas manqué d'audace non plus : le port et la ville de San Pedro sont le fruit des années triomphantes d'avant la conjoncture, en même temps qu'un très bel exemple de « géographie volontariste » servie par une rapidité d'exécution peu commune.

Il fallait un second port, en eau profonde, à l'ouest d'Abidjan. Après élimination de trois autres emplacements possibles, on opta pour l'embouchure de la rivière San Pedro. Tout l'arrière-pays était vide ou presque et il n'y avait, pour garder l'estuaire, qu'un petit campement krou de 48 âmes ! L'affaire, ivoiro-germano-franco-italienne, fut rondement menée, car la volonté politique qui l'avait suscitée ne fléchit pas un seul instant. Les travaux commencèrent en 1968. On n'hésita pas à détourner la San Pedro vers un ancien chenal pour en récupérer l'estuaire ainsi transformé en cul-de-sac propice à une rade bien abritée. En trois ans, l'essentiel était achevé. Coût de l'opération : entre 11 et

15 milliards de francs CFA (d'avant la dévaluation, 22-30 milliards d'anciens francs). Le nouveau port reçut son premier navire commercial en mai 1971 et chargea sa première bille de bois trois mois plus tard. Aucun qualificatif élogieux ne fut de trop lors de l'inauguration officielle, en décembre 1972, de la « deuxième porte océane » du pays. La prouesse était certaine. Port avant tout d'exportation de bois précieux, San Pedro portait d'énormes espoirs. On était passionné, des heures durant, par les travaux de manutention des grumes sur les terre-pleins du port au bois coincé entre les collines. Pour les transporteurs, planteurs et ingénieurs de ce far west ivoirien, San Pedro c'était aussi l'escale revigorante et récréative. Pourtant, la ville, parvenue à 60 000 habitants, s'était vite essoufflée et demeurait sommaire : précédée du côté nord par un immense bidonville – le Bardo – à demi enfoncé dans les marécages, elle conservait encore la grossièreté d'une « nouvelle frontière ». La conjoncture de 1980 et la chute du trafic des grumes firent stagner le port pendant une bonne dizaine d'années. Après quoi, sous l'effet conjugué de la dévaluation de 1994, de l'intensification de la production cacaoyère dans le centre-ouest du pays, de l'achèvement de la route « côtière » d'Abidjan à Sassandra et Tabou, le port de San Pedro, après une nouvelle éclipse de quelques années, a aujourd'hui récupéré toutes ses chances au débouché d'un Sud-Ouest apaisé, du moins si les pouvoirs publics veillent à les préserver dans le duel inévitable qui l'oppose à celui d'Abidjan dix fois plus puissant.

Retour sur Abidjan ? On a le choix : l'avion ou trois-quatre heures de route désormais au lieu du double autrefois. Mais gare aux camions grumiers et aux gendarmes de bleu-gris vêtus, évincés ou doublés pendant les années de crise par les jeunes barragistes-patriotes en quête d'aubaines et plus ou moins agressifs.

L'Ouest et les masques

Troisième sortie d'Abidjan. La vieille route, qui fut la toute première vers le centre et l'ouest de la colonie, quitte la côte à

Dabou pour s'enfoncer dans les hévéas. Si c'est dimanche, le marché de Sikensi est là, plein de gens et de marchandises extraordinaires dans un site agréable : petits kiosques de bois pour déguster le café, chapeaux de paille à franges, beignets de toutes sortes, sacoches simili cuir, pièges à rats et à agoutis, et aussi des petits tubercules inconnus qui s'appellent *toron* en dioula, croustillants et semblables à nos crosnes. Il y a aussi un marchand de charmes et médicaments « indigènes » en tous genres qui attire les chalands par un triple panneau de bois illustrant d'images naïves les affections qui trouveront soulagement dans sa boutique au ras du sol : règles tardives ou douloureuses, maux de ventre, « enfant qui pisse au lit », « kôkô » et « kôkôbo » qui touchent au bas-ventre, ainsi que « superkankankan » dont le dessin est des plus suggestifs (« C'est quoi ? Ah ça... c'est trop vilain... On dit pas ô ! ») et puis aussi la « bague accidents », la « bague contre venin » et « attachement d'amour ».

Au grand carrefour de Ndouci animé jour et nuit, les grumiers qui descendent vers la côte passent sur la bascule. Assagi comme la Sassandra par la traversée de deux barrages, le Bandama se faufile dans les rapides de Tiassalé, puis d'Akoudié et de Broubrou plus en aval. Au-delà de Tiassalé, qui fut autrefois la plus grosse escale du centre sud, commence à Divo le pays dida et bété. Les principales agglomérations ont troué la forêt de vastes clairières : Lakota, Issia, Soubré et plus encore Gagnoa dont les quartiers se mirent dans leurs rizières comme Paris dans la Seine ou Genève dans le Léman. Les villages ont des noms en -lilié puis en -gnoa si longs qu'ils s'annoncent sur des panneaux de signalisation de deux ou trois mètres. Que diriez-vous d'une escale à Zozooliziriboué, Kahitoourililié ou Daliguépalégnoa ?

Il faut passer aussi par Oumé, la petite capitale, pimpante et riche, des Gban (mal nommés Gagou). Mais la voie royale est évidemment l'autoroute du centre – qualité suisse –, ouverte en deux temps en 1979-1980 : 143 kilomètres qu'on prolongera un jour jusqu'à Yamoussoukro et Bouaké. Elle joue à tranche-collines et à saute-marigots par des petits matins humides au brouillard épais, révélant en lettres géantes des noms de villages insignifiants jusqu'alors enfouis au plus profond de la forêt. Elle a surtout terriblement vieilli, et très vite : si les chaussées sont encore bonnes, on roule obstinément à gauche ; les panneaux de signalisation, délavés par les intempéries ou cachés par la végétation, ne sont plus lisibles ; les glissières de sécurité sont tordues ou brisées, les bas-côtés sont envahis par les petites marchandes, les stoppeurs en attente et d'énormes tas de charbon de bois en sacs apportés par ceux qui continuent de saccager la forêt sans contrôle.

Quand on l'a parcourue de bout en bout, il faut encore écorner le sud du Baoulé, frôler Yamoussoukro, traverser par Bouaflé le pays gouro mal connu et longer le Parc national de la Marahoué pour atteindre Daloa, l'opulente capitale bété de la kola séculaire et du cacao plus moderne. Gohitafla avec ses pierres étranges n'est pas loin mais gageons qu'il n'y a plus guère de chances d'en trouver encore. Et longtemps, le Sud fidèle à Gbagbo s'arrêtait là.

On ne vient pas voir les Bété et les Dida comme les Lobi, les Sénoufo, les Dan ou les Abidji de Gomon quand ils fêtent le « Kipri ». On a raison, ils ne se montrent guère et ne le supporteraient probablement pas. Et tant pis si l'on dit que c'est subjectif : particularistes, fiers, susceptibles, ils se savent et se veulent différents. Par tradition sociopolitique, ils se méfient des grands ensembles structurés, ayant, peut-être dès l'origine, préféré vivre en petites communautés littéralement anarchiques, n'admettant comme chefs que de prestigieux chasseurs secondés par des guerriers efficaces en temps de combats. Qui sait ? S'ils avaient été plus organisés à l'époque coloniale, ils se seraient peut-être, comme les Sanwi, opposés à l'indépendance globale du pays au nom de leur identité particulière.

Quelle belle revanche, en tout cas, les Bété prennent – sans parler ici de la politique – sur la scène du spectacle, avec les plus grands noms de la chanson et de la musique ! Nous retrouverons, le moment venu, les artistes bété lançant au pays et à l'Afrique des succès qu'on fredonne même dans leur langue, pourtant difficile, et sans la comprendre.

À Gagnoa ou à Daloa, on est à pied d'œuvre pour entamer la découverte de l'Ouest qui commence au pont de Guessabo sur la Sassandra noyée par les barrages de Buyo et Soubré. Naguère encore, la « zone de confiance » surveillée par les casques bleus le traversait en écharpe, depuis la frontière libérienne jusqu'à la vallée du Bandama, laissant au Nord les grandes montagnes de Man et de Danané. Pour souhaiter la bienvenue aux voyageurs, la région administrative « des Montagnes », longtemps coupée en deux, détache à leur rencontre, aux approches de Duékoué, un troupeau d'énormes rocs chauves tachés de dégoulinures blanchâtres comme des pierres à sacrifice et qui font le gros dos, telles des baleines échouées dans la forêt.

On a dit des Dan et des Wé, autrefois fiers de leurs vertus guerrières, qu'ils conservaient depuis la période coloniale une certaine « pauvreté aristocratique ». Ces deux grands groupes ethniques forment l'essentiel des populations de l'Ouest ivoirien, mais, en dépit de leurs similitudes, ils n'appartiennent pas à la même famille, puisque les Dan (improprement appelés Yakouba) sont des Mandé très méridionaux (comme les Gouro) tandis que, sous le terme générique de Wé, on réunit deux grands sous-groupes des Krou : les Guéré et les Wobé.

Sur les Guéré – qui sont aussi Libériens et Guinéens – on a écrit beaucoup de bêtises. Le livre le plus intelligent, c'est-à-dire exact, à leur égard est certainement celui du père Lelong, qui vécut longtemps parmi eux avant la guerre, du côté guinéen[3]. Que certains s'attardent encore à les qualifier de « farouches peuplades cannibales », c'est leur affaire. Il est certain en tout cas que leur pays, difficile, le fut surtout au moment de la conquête.

Tout au fond de l'Ouest, par exemple, en bordure du Liberia frère, le département de Danané n'est qu'une longue rue de villages dan en -pleu ou -bli (deux transcriptions pour une même syllabe), chacun dans une clairière minuscule : concentration de cases coniques décorées en brun-rouge d'animaux stylisés, où il y a toujours un feu qui fume et parfois en prime un pont de lianes mystérieux. La population y est serrée, c'est une des taches de densité de la Côte d'Ivoire. En 1906, le chef Toulo – qui a laissé son nom à Toulobli (ou Toulépleu) – n'avouait pas moins de 50 femmes, 200 rejetons et 500 personnes à nourrir dans sa seule maisonnée. La région, très peuplée mais paisible en temps normal, s'est trouvée fortement perturbée pendant

---

3. *Ces hommes qu'on appelle anthropophages*, marqué par un doute plein d'humour et de bon aloi. Éditions Alsatia, Paris, 1946.

toute la durée de la guerre civile au Liberia : fuyant les combats, les populations frontalières – jusqu'à 400 000 personnes en juin 1995 – sont venues se réfugier en territoire ivoirien, aggravant la pression démographique ainsi que l'exploitation exagérée des sols et des forêts, inondant (à Danané notamment) la fragile francophonie locale sous un flot de sabir américano-libérien, perturbant la vie sociale et développant le trafic d'armes avec le reste du pays. La rébellion de septembre 2002 n'a évidemment rien arrangé, des supplétifs libériens ont servi dans les deux camps adverses nord et sud, et la frontière a longtemps échappé à tout contrôle du gouvernement et des militaires de l'opération Licorne.

Au-delà de Danané, qui a poussé en désordre, la piste des monts Nimba, où se rejoignent les trois frontières, est devenue très difficile, mais géographes et scientifiques continuaient, avant les événements, en petit nombre et dans des conditions plutôt sportives, de visiter ce sanctuaire très fragile de faune et de flore classé « réserve intégrale » dès 1944. La Côte d'Ivoire ne possède d'ailleurs que le plus petit (500 ha) des trois secteurs du massif, précieux château d'eau dont le sommet, point culminant du pays (1 752 m), perpétue le nom de Jacques Richard-Molard[4].

L'ensemble constitué par les monts de Dan et les monts du Toura, qui courent un peu en biais d'ouest en est entre Man et Biankouma, révèle d'admirables paysages de moyenne montagne. De tous les itinéraires routiers de Côte d'Ivoire, le tronçon Touba-Biankouma-Man est assurément le plus beau. À proximité de Touba, il faut voir les mosquées malinké de Waninou et des localités voisines et monter sur la montagne de Zala pour le panorama en direction du nord. Biankouma, jeune préfecture, protège le vieux village originel intact avec ses quinze quartiers, ses quinze cases à masques et ses petits autels à sacrifices enclos dans la rocaille. Le centre touristique de Gouéssésso et son Hôtel des Lianes ont été intégrés harmonieu-

---

4. Jacques Richard-Molard (1913-1951) : brillant géographe français, le meilleur spécialiste peut-être de l'AOF, trop tôt disparu, victime d'une chute mortelle à 38 ans dans ce même massif qui fut sa passion.

sement au village traditionnel existant. Caché quelque part dans la montagne, celui de Guélémou (ou Guéoulé) fut, en 1898, le dernier bivouac de Samory avant sa capture. Le paysage est fantastique : de tous côtés, la végétation s'accroche à des pics verticaux striés comme des montagnes d'estampes chinoises. Man, la « ville aux dix-huit montagnes », agréable mais mal entretenue (ce sont les Manois eux-mêmes qui s'en plaignaient), a été plusieurs fois secouée pendant la crise, mais on y respire avec délice un air léger et frais qu'Abidjan ignore. Les militaires du Génie ont creusé un lac en pleine ville, l'hôtel est perché sur une colline et on vous signalait autrefois avec malice que l'évêque du cru s'appelait Mgr Agré[5]. La Dent de Man, canine bleue et mauve, élancée, élégante, bien détachée, veille du nord sur la ville du haut de ses 881 mètres. Le mont Tonkoui, plus farouche, lui fait face un peu à l'ouest, coiffé à 1 223 mètres d'un relais hertzien qu'on peut atteindre au bout de quinze kilomètres de piste rocailleuse.

Le pays dan aurait-il la parole rare ? Ou bien est-il si respectueux des divinités de la brousse, des rivières et des monts qu'il suffit d'une fraction de seconde pour en chuchoter les noms ? Man, Ko, Glo, Ga, Zan, Nzo, Gbé, Gbo, Pé... à l'infini : toute l'oronymie et toute l'hydronymie de la région sont curieusement monosyllabiques !

À moins que la parole soit d'abord réservée... aux masques. En tout cas, c'est ici, en pays wé et dan, leur terre d'élection. Et s'ils ne sont pas toujours visibles par n'importe qui, ils n'aiment pas non plus qu'on traverse la région sans leur accorder un regard, quand ils prennent la peine, en grande liesse, de « sortir ». On les avait un peu négligés jusqu'au moment où un ministre du tourisme originaire de la région décida, en avril 1979, de les prendre comme fleurons de sa politique, organisant à Man le premier Festival national des masques. Cette année-là, on en apprit beaucoup sur les masques de l'Ouest.

Les masques wobé sont toujours mâles et la légende explique pourquoi :

---

5. Agré-Man, devenu par la suite archevêque d'Abidjan, fut contraint, par les événements de Noël 1999, de reporter au 31 décembre sa messe de minuit !

« Autrefois, les femmes et les garçons se faisaient la guerre. Puis un jour, les hommes allèrent consulter le génie Kosri. "Comment faire pour devenir les amis des femmes ?" demandèrent-ils. Le génie leur remit le masque Gueougo et les garçons retournèrent chez eux. Obéissant au conseil qu'ils avaient reçu, ils prirent le masque et se rendirent chez les femmes. Après un an de marche, ils approchèrent enfin de leur village et se mirent à chanter :

"Que Dieu nous donne courage et qu'il donne aussi courage aux femmes, afin que nous entrions en relation."

En apercevant le masque, la cheftaine des femmes, Iroudekan, rasa sa barbe, en jeta les débris et s'enfuit, suivie par toutes les autres. Alors les garçons se lancèrent à leur poursuite. Ceux qui pouvaient courir longtemps attrapèrent au moins vingt femmes. Ceux qui le pouvaient moins en saisirent trois ou quatre. Ceux qui ne le pouvaient pas du tout restèrent célibataires durant toute leur vie.

C'est depuis ce jour-là que les femmes n'ont plus de barbe. »

Les « grands masques », d'utilité publique, sont presque toujours rouges ; secrets, ils sont en général interdits aux femmes et aux étrangers, mais certains peuvent être vus par tous ; ils conservent une puissance ancienne et toujours bénéfique, n'importe qui ne peut pas les porter et tous les interdits les concernant sont sévèrement punis.

Les « petits masques », en revanche, sont individuels pour la course ou pour la danse et destinés à assurer surtout la puissance physique – et virile – de leur propriétaire. Celui-ci a été entraîné dans sa jeunesse à les fabriquer pour pouvoir, le jour venu, une fois circoncis et fait homme, se façonner lui-même celui de son choix, adapté à la forme de son visage, taillé dans les règles de l'art, noirci, béni et assorti d'une prière de circonstance qui dit : « Beau masque, mon beau masque, mon saint et heureux masque, je t'offre de diriger ma famille et mon village pendant toute ma vie. »

Ainsi, à Béoua près de Guiglo, chez les Guéré, en avril 1979, dans la foulée du Festival de Man et juste après la récolte du riz, on a vu, par exemple, sortir :

– le masque de la sagesse qui est le plus ancien et qui s'impose à tous par l'âge et le savoir-faire ;

– le masque-griot qui vante les mérites du précédent et raconte des blagues pour la joie des spectateurs ;
– et le masque-mendiant qui rôde, humble et suppliant ou voleur, de cuisine en cuisine.

Chez les Dan de Danané, chaque masque est le symbole d'une partie du savoir collectif jalousement et peu démocratiquement détenu par une grande famille spécialiste d'une fonction sociale ou d'une technique particulière : famille des forgerons, ou des charmeurs de serpents, des laboureurs, des guérisseurs (avec dans ce domaine de nombreuses sous-spécialités). Les masques sont protégés en permanence et attachés pour l'éternité au lieu où on les conserve. De ce fait, toute exportation, tout trafic commercial dont ils seraient les enjeux sont littéralement impossibles. Et quand, par hasard, on en a emporté un de force loin de son terroir, l'acheteur – fût-il américain ou japonais – a reçu d'inexplicables volées de coups de bâton ou est tombé victime d'un mal secret, jusqu'à ce qu'il se décide à le rapporter au village, tandis que le vendeur, traître à sa communauté, s'enfuyait pour aller noyer sa honte à l'autre bout du pays.

Il en va tout autrement, bien sûr, quand il s'agit de masques « non révélés », sculptés par imitation et qui, aux yeux des villageois, ne sont que des faux sans aucune valeur ni marchande ni encore moins affective, que les étrangers – ils sont fous ces touristes ! – s'arrachent pourtant parfois à prix d'or.

Un autre Festival des masques de Man a encore eu lieu à Pâques 1999. De son côté, Yamoussoukro en a organisé au moins deux (le second en 1988).

Chez les Dan toujours, le secret continue d'entourer également la fabrication des ponts de lianes, merveilles techniques réalisées – dit-on – en l'espace d'une nuit par les seuls initiés dans une zone au préalable interdite sur plusieurs kilomètres à la ronde.

Les confréries d'hommes-animaux caractérisent aussi les sociétés dan. Certaines de ces confréries sont masculines mais ouvertes aux femmes, tandis que d'autres sont exclusivement féminines. En général, les cérémonies sont ouvertes aux étrangers s'ils se montrent respectueux et discrets. En février 1979, après sept mois de pénitence, les « danseurs de panthères » de Vaou, près de Vavoua, sont sortis de leur bois sacré et le doyen de leur compagnie a commenté pour les journalistes cette tradition venue de Biankouma jusqu'au pays des Kouya, eux aussi du groupe krou. Il semble qu'à force d'une longue pratique exigeant ascèse et discipline, les membres de ces confréries, surtout s'ils sont chasseurs, parviennent à s'identifier plus ou moins à l'animal dont ils ont fait leur modèle, non pour faire régner la terreur mais pour une meilleure efficacité cynégétique ou, dans le cas de la société du léopard, pour faire régner la paix sociale au sein de la communauté, à condition que les sociétaires soient eux-mêmes vertueux, paisibles et dignes en tous points de s'imposer aux autres. Notons enfin que chez les Dan (comme chez les Baoulé), on raconte la légende du pont d'hippopotames qui a aidé les hommes à franchir une rivière. Universalité du mythe à l'échelle africaine.

Les danses du pays dan sont parmi les plus extraordinaires de Côte d'Ivoire, et plus particulièrement :

– la danse du « masque long » ou des échasses, au cours de laquelle l'échassier, vêtu de cotonnade rayée bleue et blanche comme son escorte, tournoie à trois ou quatre mètres au-dessus de la foule et parvient même à faire la pirouette sur les mains ;

– la danse du « génie de la beauté » de Biankouma ;

– la danse de guerre de Bangolo ;

– la danse, surtout féminine, de la récolte du riz, ou *témaré*, de Souébli, soutenue par quatre tambours différents, œuvre d'un créateur encore bien vivant il y a quelques années ;

– et surtout la fantastique *mninnin*, ou danse des jongleurs de Man, qui lancent, haut en l'air en les faisant tournoyer, avant de les recevoir sur la pointe de deux poignards – l'illusion est extraordinaire –, des petites filles dressées toutes jeunes à cet exercice périlleux : choisies à quatre ou cinq ans et formées en deux ou trois, éloignées de tout contact familial, soumises à une discipline des plus strictes, elles dansent – c'est leur manière de faire des pointes ! – vêtues d'un gilet écarlate, d'un pagne de toile ou de fibre, d'un bonnet rouge à cauris et poils blancs, le visage décoré au kaolin de motifs symétriques, puis sont rendues à leur famille au moment de leur puberté.

Le Centre, le Baoulé et le Bandama

Et les Baoulé alors ?
Quelle impatience ! Savez-vous ce qu'ils disent, justement, les Baoulé ?

« Si tu te presses à te marier, ta belle-sœur sera plus belle que ta femme ! »

Dans toute conversation africaine sérieuse, on apprécie d'abord les propos éloignés du sujet, presque anodins, qui l'effleurent à distance, qui tournent autour, qui s'en rapprochent insensiblement, par petites touches, le temps de baliser l'espace, de colorier l'atmosphère, de jauger l'interlocuteur ou l'adversaire, de le chauffer, de le mettre à l'aise ou au contraire de commencer à lui montrer que la partie sera rude... bref, un discours très exactement dis-cursif. Le temps est un bien abondant et la parole un jeu inépuisable.

Nous venons de visiter toute la moitié sud du pays. Nous voici parvenus à l'orée du pays baoulé, centre et cœur de la Côte d'Ivoire, que les facéties de l'histoire viennent pourtant de couper en deux pendant plus de cinq ans.

Géographiquement, le Baoulé n'est pas tout à fait homogène : partiellement forestier à l'est au contact des Anyi, des Abron et, au sud-est, des Attyé, il est surtout fait d'une belle savane arborée qui s'avance curieusement en pointe vers le sud à moins de 150 km de la côte, dessinant sur la carte son célèbre V, presque jusqu'au pied de la montagne sacrée Orumbo Boka.

Au sortir de l'autoroute qui se rétrécit sans préavis à 143 km d'Abidjan, à hauteur de Singrobo, pour devenir brusquement la « route qui tue », jalonnée sur 80 km de poids lourds renversés, de carcasses brûlées, de « Titan » en panne et d'épaves abandonnées, on entre au Baoulé par Toumodi, frustrée en 1994 de voir passer le cortège funèbre du président Houphouët sans pouvoir rendre un dernier hommage, même très court, à celui qui, soixante ans plus tôt, y avait été jeune médecin de brousse.

Pour cette montée d'Abidjan vers le nord, on aimerait pouvoir proposer, pour changer un peu, de goûter au chemin de fer, mais celui-ci, sous le coup des privatisations, de RAN en SICF et de SICF en Sitarail (prise par Bolloré), a connu bien des vicissitudes. Fin 1999, les gares ivoiriennes étaient à l'abandon. La route, pourtant dangereuse, était devenue l'itinéraire obligé. Plus de « Bélier » ni de « Gazelle », avec leur climatisation glaciale et leur super-disco à vous briser les tympans. Dimbokro, à l'écart des grands axes économiques, conserve quand même son superbe pont métallique argenté sur la Nzi au PK.181 mais, à part quelques convois de marchandises peu fréquents, les trains avaient disparu. Après les longues coupures imposées par les événements, la Sitarail a repris les choses en main.

Demeurée sudiste et très peu inquiétée pendant la crise, la « Boucle du cacao » qui tourne en forêt par Bongouanou, Daoukro (la ville de l'ex-président Bédié), Ouellé et Bocanda, traverse en juin, à la bonne saison, le royaume des flamboyants alignés au long de la route. À Abongoua, on bat le riz après la récolte sur de vastes aires cimentées. De nombreux tombeaux de luxe pour chefs et notables parsèment la région, montrant, presque en grandeur nature, le défunt sur son lit de mort comme un gisant polychrome, ses épouses préférées en larmes, deux ou trois anges pour le mener au ciel et aussi, pour dissuader les troubleurs d'âmes ou les pilleurs de cercueils, un policier en uniforme, pistolet au poing. Cette tradition de tombeaux monumentaux demeure très forte en pays anyi et abron, et aussi plus à l'ouest, entre Duékoué et Man. Partout, quand c'est la saison – en hiver –, on fait sécher au soleil les fèves de cacao, très amères à croquer : il y manque encore le sucre. Suchard, Menier, Van Houten, Lindt et Cadbury faisaient ça très bien autrefois, avant que d'autres matières grasses ne soient proposées, ou imposées, au goût des consommateurs.

Un « village » nommé Yamoussoukro

À soixante kilomètres de l'immense barrage de Kossou, juste sur la lisière ouest du V du Baoulé, au centre de ses rizières miroitantes et de ses plantations infinies, voici Yamoussoukro, Yam' quand on veut faire court. À la différence des Krou non-témoins de leur « grande aventure », ici, les gens sont là pour raconter et au besoin discuter la leur.

Yamoussoukro, métamorphose volontaire (comme San Pedro), un peu féerique, déraisonnable peut-être. La petite phrase du super-maire d'Abidjan Dioulo en 1983 en avait fait une affaire d'intérêt national et même plus. On a longtemps fait la fine bouche au nom des principes, plutôt flous, du développement orthodoxe. Mais, qu'on le veuille ou non, Yamoussoukro était l'avenir et fut l'apothéose d'un homme et de son régime. Le Vieux, seul avec lui-même, sa famille et sa cassette personnelle, avait décidé, il y a cinquante ans, de transformer son petit chef-lieu de canton de 1 300 âmes en une cité verte et vertueuse, où le marbre travertin, la faïence et la céramique pourraient défier quelques siècles.

Comment retrouver aux lieu et place du « village » futuriste d'aujourd'hui celui d'autrefois, le Ngokro de Nana Yamoussou ? Que reste-t-il d'ailleurs, sinon dans quelques mémoires âgées ou quelques cœurs faiblissants, des fastes et des signes extérieurs de cette petite chefferie akoué dont Dia Houphouët vint prendre la tête en 1940 ? En cherchant un peu, on trouve encore – paraît-il – le tribunal coutumier compétent pour les petites affaires civiles et, bien sûr, les trésors de la présidence, insignes d'une royauté cantonale dilatée par le jeu de l'histoire aux dimensions d'une nation tout entière.

Jusqu'en 1983, beaucoup n'ont vu dans le projet du Vieux que lubie somptuaire et folle démesure. À quoi pourrait jamais rimer ce complexe lâche et flou d'avenues asphaltées menant sans raison à une brousse vide, où 45 000 résidents, éparpillés dans des quartiers sans âme ni beauté, se partageaient (en 1977) la bagatelle de 10 578 lampadaires et points d'éclairage public ? Avant de s'y rallier, l'architecte Cacoub lui-même, en 1968, avouait ne pas très bien saisir la finalité de cette cité irréelle qui, après avoir effacé du paysage le village originel, multipliait les rues sans construire de maisons. Mais Yam' était œuvre inspirée, sinon pour l'éternité, du moins pour quelques siècles, un pari fou sur l'envol, malgré tout, de l'Afrique. Et qu'il n'est pas absurde de comparer aux folies qui firent ailleurs l'aquatique Venise et Versailles la royale.

Après la décision, officielle en 1983, de faire de Yamoussoukro la capitale ivoirienne, l'affaire prit de la consistance. Jusqu'au jour de cette proposition de transfert, le président avait eu beau jeu de dire qu'il n'y avait jamais songé lui-même et il n'a jamais signé le décret d'application de la loi de 1993 ! Le paysage, encore largement fantomatique, commença à se remplir et Yam' se mit à fonctionner comme une capitale de fait : plusieurs chefs d'État et visiteurs de haut rang étaient désormais reçus à la résidence du président sans même passer par Abidjan. Quand sont apparus, progressivement, l'Hôtel Président, cinq étoiles, sanctuaire du golf africain avec son restaurant panoramique tournant ; les bassins où les caïmans offerts par l'ex-président du Niger étaient nourris à heures fixes par des Bozo venus tout exprès du Mali ; l'extraordinaire École nationale des travaux publics et son carré d'arcades ; le Palais des congrès qu'on dirait couvert de plaques d'or ; la Fondation Houphouët (cédée depuis lors à l'UNESCO) ; l'Agropole, très fier d'annoncer les premiers succès du cacao bio cultivé depuis trois ans sur les anciennes plantations d'Houphouët ; l'Hôtel de Ville or et pourpre qui surpasse, à lui seul, bien des palais présidentiels, africains ou non ; et dix autres ensembles d'architecture futuriste, les commentaires narquois ou agacés des observateurs se firent plus admiratifs. Et puis les carpes braisées des maquis de Yam' se révélaient aussi succulentes que celles de Treich' ou d'Adjamé. Sous l'afflux des motions de soutien télécommandées et surtout après le vote de l'Assemblée, le droit commençait à rejoindre le fait. Yamoussoukro, longuement mûrie, soigneusement préparée à sa tâche, venait au secours d'Abidjan « victime de son succès ». La tête rendait hommage au cœur, village natal du père-de-la-nation. La note du transfert promettait d'être lourde mais le sort en était jeté. Restait à savoir si ministres, diplomates et futurologues des séminaires à venir allaient se précipiter dans la capitale nouvelle, recréer sur les berges du lac de Kossou les plages abandonnées à l'océan, et si les ruraux les plus concernés, « portefaix » de la quatrième capitale, auraient encore longtemps des motifs de s'inquiéter : car Yam', dévoreuse d'espace, comme l'AVB, n'en finissait pas de leur régler les indemnités foncières promises...

Yamoussoukro existe, mais l'homme qui l'a voulue et qui l'a faite n'étant plus, on pouvait douter de son avenir, d'autant qu'aucun transfert décisif ne s'était fait pendant les dix dernières années de sa vie. On avait prévu à terme 500 000 habitants sur 27 000 ha, la ville n'en avait encore que 160 000 ou 180 000 sur 9 300 ha en 1999. La ronde des capitales ivoiriennes allait peut-être se poursuivre : déjà Bédié investissait lui aussi, allègrement, dans sa petite ville natale de Daoukro, à 150 km à l'est. Interrogé fin 1996 sur l'avenir de Yamoussoukro[6], il avait, habilement et sans vraiment s'engager, confirmé la « capitale politique » dans ses droits tout en précisant que le transfert n'était pas pour demain : « Nous nous donnons le temps. Nous dégagerons les moyens nécessaires au fur et à mesure... Nous ne nous fixons pas de date, c'est une œuvre de longue haleine... » Après le goudronnage de 2 km de route en direction du futur palais présidentiel et un Conseil des ministres insolite en janvier 1997, trois ans après les obsèques du Vieux, la merveille allait-elle devenir simple enclave historique avec son petit musée privé Adja Swa ?

Et puis Gbagbo est arrivé, pour donner enfin sa chance à cette capitale idéale, encore incertaine. Yamoussoukro a abrité, ces dernières années, plusieurs rencontres majeures de la vie politique ivoirienne et reçu, en mai 2007, sa « maison des députés », qualité chinoise. Pour elle, l'architecte franco-libano-ivoirien Pierre Fakhoury, réalisateur depuis vingt-cinq ans de cette grande aventure, a repris ou lancé d'autres projets fantastiques[7] : une voie triomphale de 6 km, un plan directeur de 12 à 15 km de diamètre, un nouveau palais présidentiel et surtout « le plus grand Parlement d'Afrique » qui coûtera 100 milliards de francs CFA et sera achevé en 2010. Et puis les Chinois sont là aussi.

De toute façon, même si son destin n'avait pas récemment rebondi, Yam' serait inoubliable pour s'être offert la basilique Notre-Dame-de-la-Paix, première merveille de Côte d'Ivoire et phare potentiel d'un tourisme religieux pour toutes les chrétientés africaines. Ici, on a voulu et su faire plus fort que Saint-Pierre de Rome, plus fort que Bernin et Maderna : un chantier de 40 milliards de francs CFA, 7 400 m^2 de vitraux aux 5 000 nuances de couleurs, 158 mètres au haut de sa croix sommitale,

---

6. Voir *Jeune Afrique*, Naissance d'une capitale : Yamoussoukro, n° spécial 2769 de juin 2006.
7. *Jeune Afrique Économie*, n° 232, 6 janvier 1997.

250 colonnes de granit rose hautes de 31 mètres, ascenseurs, climatiseurs, 2 428 projecteurs, cloches de bronze, orgue numérique, 18 000 places à l'intérieur (dont 7 000 assises) et 300 000 dehors sur l'esplanade, appartements pontificaux (et un hôpital annexe encore à venir). La Basilique, ouverte au public en janvier 1991, a fait l'orgueil de l'ingénieur français Antoine Césareo, son concepteur, directeur des Grands Travaux, superministre de fait pendant douze ans jusqu'à sa disgrâce ; de la DCGTx elle-même avec ses 330 ingénieurs (180 européens et 150 ivoiriens) ; de l'architecte Pierre Fakhoury, son bâtisseur déjà nommé ; et à plus forte raison d'Houphouët lui-même, déçu cependant d'avoir dû attendre deux ans, jusqu'au 10 septembre 1990, pour que le pape Jean-Paul II, plutôt désapprobateur, accepte enfin de venir la consacrer.

Tardivement un dimanche, plusieurs années après une brève et insuffisante visite aux ordinateurs de la DCGTx, je prends à mon tour, avec un ami du Nord, l'autoroute puis la « route qui tue » jusqu'à Yamoussoukro. Par curiosité longtemps insatisfaite bien sûr, un peu aussi par mimétisme, puisqu'il est entendu qu'il faut voir la Basilique. Je suis calme, raisonnablement heureux de l'aubaine, prêt à constater et à repartir, le devoir d'information personnelle accompli ; prêt, en somme – lâchons le mot ! – à la déception.

La voici là-bas, dans le quart nord-ouest de la ville, et, comme la coupole se voit de très loin, elle a déjà perdu de son mystère. La voici plus proche encore, au bout de quelques avenues désertes dans un quartier inanimé, nue, visible de partout, presque banale sur une brousse plate sans beauté, au fond et au centre d'un immense périmètre grillagé sans ouverture. C'est tout ? Inaccessible ? Faut-il en faire tout le tour à pied sous l'écrasant soleil de midi ? Un court instant, je songe à renoncer et passer mon chemin. Mais, plus loin, un petit pavillon d'accueil, quelques voitures et quelques silhouettes indiquent sur la gauche un accès latéral.

J'y suis, je l'aurai... seul avec moi-même : l'ami qui vient du Nord, chrétien et baptisé, m'a laissé à la grille d'entrée en me disant : « Je reviens te prendre. Moi, je n'y mettrai pas les pieds tant qu'ils n'auront pas goudronné la route qui mène à mon village ! » Et c'est alors le miracle, plus intense à chaque pas, un enchantement à la fois tranquille et de plus en plus étreignant à mesure que je m'approche. La messe dominicale de 10 h 30 est finie depuis longtemps, les visiteurs ne sont qu'une poignée et plus j'avance, plus la Basilique s'impose, se gonfle, se dilate, grandit, grossit, se hisse jusqu'aux cieux. La coupole emplit l'horizon, la double colonnade m'écrase de hardiesse et aussi de beauté : la pierre, que j'imaginais chaude et lourde, d'un rouge latérite, se révèle légère et douce, d'un élégant beige rosé. Un peu de musique chorale enregistrée tombe de sources discrètes. Instant d'extase. Quel merveilleux sanctuaire ! Les vitraux modernes équilibrent, entre la gauche et la droite, leurs dominantes bleues[8]. Riche et sobre à la fois, un lustre géant pend du centre de la voûte. Et que vois-je ? *Nté kuma téké yan* ! Foin du latin : c'est bien l'Afrique qui a pris place sur les pancartes en plusieurs langues qui invitent les visiteurs au silence.

Tout cela vu du sol par le petit, l'humble promeneur, subjugué, consentant, émerveillé déjà de tant de beauté calme et triomphante. Or, ce n'est pas tout et ce n'est pas assez : je viens de trouver, en vente derrière le maître-autel, un jeu de photos aériennes de la Basilique sur cartes postales et mon émotion décuple encore quand je les contemple. Vue du ciel, avec son dôme solidement assis sur le carré à lignes brisées qui lui sert de plate-forme, sa double colonnade qui ne la touche pas et la longue allée blanche s'élançant au milieu de pelouses géométriques, la Basilique change totalement de rôle et de signification, se transforme en un stupéfiant cosmodrome destiné à lancer vers Dieu jusqu'au plus haut des cieux un équipage de cosmonautes chrétiens de tout premier choix ou, au contraire, à recevoir les émissaires de Dieu venus d'une lointaine galaxie au secours de l'humanité souffrante. Et cette image s'impose d'autant plus à l'imagination que la base tout entière, à peine signalée par quelques croix discrètes, s'enfonce, inachevée, vers une brousse infinie, encore intacte, comme pour annoncer, enveloppés d'épais mystères, des prolongements encore plus fantastiques. Quel étrange sentiment ! Nous fera-t-on croire qu'on doive l'essentiel de cette œuvre merveilleuse à une

---

8. Ils cachent aussi quelque part, pour qui saura les découvrir, les portraits d'Houphouët et de Cesareo !

batterie de vulgaires ordinateurs ? Ce serait assurément nier l'homme et sa foi, seule capable de conférer à sa création quelque légitimité anoblissante et justifiante, excuse en l'occurrence tout à fait absolutoire de mégalomanie et de démesure, non pas à l'encontre mais au-delà et au service de l'Afrique.

Bouaké, capitale rebelle

Il n'y a pas si longtemps encore, la route vers le nord n'était pas donnée aussi facilement. Quittant Yamoussoukro, on butait à Tiébissou contre une autre sorte de barrage qui marquait l'entrée dans la « zone de confiance » tenue par les casques bleus de l'ONUCI, une grande balafre plus ou moins large qui prenait toute la Côte d'Ivoire en écharpe du Liberia au Nord-Ghana, ligne de cessez-le-feu figée le 6 janvier 2003, sans aucune justification administrative, ni géographique, ni ethnique, qui laissait au nord quatre régions entières et deux demi-régions, au sud treize régions et les deux demies complémentaires. Tiébissou, symbole de cette douloureuse partition, a vu démanteler ses barricades et ses chevaux de frise dès le 16 avril 2007. Désormais, la route est de nouveau libre vers Bouaké, seconde ville du pays et capitale, pendant cinq ans, des rebelles nordistes et des militaires de surveillance.

Bouaké, capitale du Baoulé, était déjà, avec un million d'habitants, la seconde ville du pays. Dessinée large sur la savane plate, elle n'a pas de beauté particulière. Mais bien tenue, bien équipée, bourgeoise, dynamique, elle était de l'avis des Bouakéens eux-mêmes agréable à vivre et sans complexe vis-à-vis d'Abidjan dont la vie frénétique lui était épargnée. Son marché de gros agricole sous-régional (MGB), inauguré en avril 1998, lui a donné un atout supplémentaire. Les Français s'y sont installés un peu avant la fin du siècle dernier, le rail y est arrivé en 1912 et son importance économique n'a fait que croître depuis lors. L'usine textile, fondée par Gonfreville, un fonctionnaire en retraite inspiré par les tisserands et les fileuses baoulé, date de 1921. Une élégante tour de télévision, quelques bons hôtels, une grande mosquée aussi superbe que les jardins maraîchers qui l'entourent, des institutions de formation et de recherche, un couvent de moniales bénédictines, un champ de course et quatre ou cinq cents maquis du type Tantie j'ai faim ou La Grande Marmite se conjuguent pour donner à Bouaké son charme et son confort.

Bouaké, étape majeure à mi-distance entre Abidjan et les frontières septentrionales, est évidemment cosmopolite, même si son blason officiel – avec une devise en latin dont on vous fait grâce ! – combine le V du Baoulé, l'épée double et le tabouret d'or des Akan. Chassés d'Abidjan à la fin de 2002, les rebelles des Forces nouvelles en ont fait rapidement leur capitale et leur quartier général. Les journalistes qui y sont passés pendant cinq ans en ont fait des descriptions très contrastées. Sale, délabrée, anarchique pour les uns, la capitale nordiste paraissait aux autres presque miraculeuse, bien gérée : eau, électricité et téléphone gratuits, écoles plus ou moins rouvertes après la fuite des enseignants vers le Sud, banques en convalescence après plusieurs hold-up, université rouverte le 23 mars 2005 pour 6 000 étudiants. Il faut aussi noter que les dirigeants des Forces nouvelles, Guillaume Soro en tête, n'ont jamais évoqué la proclamation d'une république nordiste en rupture totale avec le Sud de Laurent Gbagbo.

Même provisoirement coupé en deux, le pays alentour, lui, demeure résolument et massivement baoulé. Il descend jusqu'à Toumodi et Dimbokro, englobe Mbahiakro à l'orée de la grande forêt côté est, Didiévi (« cure-dents amer ») et Sakassou, première capitale fondée vers 1760 par la reine Akoua Boni, qui succéda à la reine Pokou à l'issue de sa longue marche : maisons rectangulaires « à cheveux », cotonnades bleues, partout d'habiles bijoutiers et tisserands, des villages presque toujours en -kro et des chefferies parfois dévolues aux femmes puisque le matriarcat y demeure vivace et puissant[9].

---

9. Plus parfois qu'un savant ouvrage d'ethno-socio-linguistique, un livre d'images rehaussé d'un texte intelligent et généreux peut donner de la vie quotidienne d'un peuple un témoignage véridique. Signalons – mais où le trouver encore ? – celui qui est né de la rencontre, en 1967, d'un illustrateur

La première merveille technique du Centre – qui regroupe principalement la région de la vallée du Bandama (Bouaké) et la région des Lacs (Yamoussoukro) – date de 1972 : il s'agit du barrage de Kossou, établi sur le Bandama blanc un peu avant son confluent avec le Bandama rouge. Financés par les États-Unis, le Canada et le budget national, et exécutés essentiellement par les Italiens, les travaux ont duré trois ans. Il fallait voir, à l'époque du chantier, les camions Euclid de 10 ou 12 tonnes patauger dans la boue jaune, minuscules au fond d'une tranchée gigantesque : un spectacle qui a marqué mon premier séjour. Haut de 57 mètres et long de 1 500, l'ouvrage, inauguré en novembre 1972, fut salué d'un message spécial du président Nixon. Il retient en principe un lac de 1 710 km^2 prévu pour 30 milliards de mètres cubes, qui a noyé 85 000 ha de terres cultivables ou cultivées et qu'il a fallu des années pour remplir complètement. Comme pour l'aménagement du Sud-Ouest, une société d'État pour la vallée du Bandama, l'AVB, fut chargée de recaser, reloger et reconvertir les 75 000 « déguerpis » de Kossou, plus les 5 000 du barrage de Taabo quelques années plus tard, un peu en aval. Mais l'AVB a été dissoute en 1980 avant que toutes ses tâches de réinstallation, de dédommagement et de formation (notamment à la pêche) aient pu être achevées. Si la production d'énergie électrique a évidemment fait des bonds spectaculaires, il n'en reste pas moins que les doléances sont demeurées vives chez tous ceux qui estiment avoir été sacrifiés à l'époque sur les autels du développement sans avoir été correctement indemnisés.

---

célèbre et d'un instituteur animateur de jeunesse, ex-coopérant VSN tombé amoureux du pays baoulé : « Konan et Amina, la vie quotidienne de deux enfants... du pays baoulé en Côte d'Ivoire », dans *Jeunes Années Magazine* (FFC/Francs et Franches Camarades), n° du 15 mai 1967, texte de Jean-Charles Marceau, illustrations de Pierre Joubert.

Le Grand Nord, le sucre et le *poro*

Au-delà de Bondoukou, nous voici dans les savanes du Grand Nord (c'est l'expression consacrée) auxquelles le président Houphouët avait promis en 1974 un effort de développement particulier. On verra ce qu'il en a été. Pour l'instant, une dernière étape nous amène dans l'angle nord-est du pays, la partie la plus pauvre : le pays des Lobi et des Koulango qui plaida longtemps pour son autonomie économique, loin d'Abengourou, loin de Bondoukou, et bien différent mais toujours dépendant de Bondoukou au sein de la région du Zanzan. La route goudronnée atteint aujourd'hui Bouna mais il faut encore avaler beaucoup de poussière rouge (par temps sec) pour arriver aux confins du pays lobi burkinabé, à Tehini et Nassian, où l'eau courante et l'électricité ne sont pas assurées depuis très longtemps. Il y a peu encore, on était là dans les sous-préfectures les plus déshéritées du pays : la télévision était mauvaise quand on arrivait même à la capter, les petits fonctionnaires qui devaient aller se faire payer à Bondoukou mettaient trois jours pour y descendre et parfois une semaine pour en remonter et, pour les malades graves, hormis la benne du sous-préfet, pas de salut. À bien y réfléchir, chaque pays, du Sénégal au Congo (et probablement au-delà), ne déteste pas avoir quelques sauvages en réserve : en Côte d'Ivoire, ce furent longtemps les Lobi, et malgré eux. Ne boudaient-ils pas l'école du gouvernement qui ne faisait que continuer, à leurs yeux, l'école-des-Blancs ? « Qu'on nous donne des bergers pour garder nos bêtes – disaient-ils – et votre école aura ses élèves ! »

L'extrême Nord-Est, c'est aussi le Parc national de la Comoé, ex-« réserve de faune », qui est, avec 9 500 km^2, le plus vaste de Côte d'Ivoire et le premier que nous visitons. On a vu, à propos du tourisme, que leur situation est dans l'ensemble peu brillante et celui-ci ne fait pas exception. Il est peut-être encore le plus riche, le plus touffu, et de ce fait pas toujours très propice à l'observation des nombreuses espèces d'animaux qu'il rassemble : antilopes de toutes sortes (céphalophes bleus de Maxwell, cobes de buffon, ourébis gracieux, bubales, etc.) et singes en tous genres (chimpanzés, patas, colobes-magistrats, etc.), encadrés eux-mêmes par des plus gros (éléphants et buffles) et des minuscules : des termites, architectes (eux aussi !) de surprenantes cathédrales rouges et déchiquetées, et des mouches tsé-tsé... dont les surveillants disaient qu'elles étaient les meilleures gardiennes du parc contre les intrus à deux pattes ! Mais qu'en reste-t-il aujourd'hui ? Et quel est l'effectif des braconniers ? Il semble que l'ancien président ait fait abondamment puiser dans les troupeaux du parc pour alimenter son zoo privé de Yamoussoukro. En outre, comme partout où on a préféré les animaux aux communautés humaines et à leurs besoins traditionnels, il ne convient guère de larmoyer sur « l'incompréhension-des-masses-rurales-et-leur-nécessaire-sensibilisation-aux-intérêts-bien-compris (pas par elles)-du-grand-tourisme ». Les exemples ne manquent pas en Afrique de l'Ouest. On dit actuellement que l'agent du Fonds mondial de la faune sauvage (WWF) responsable du parc lance des commandos musclés et sans pitié sur tous les villageois alentour et que la tension est vive. À propos : même s'il est ancien et toujours aussi mystérieux, un événement également lié à ce parc vaut d'être rappelé : en janvier 1959, le Français Raphaël Matta, surveillant en chef de la réserve et « député des éléphants » un peu exalté, fut tué (peut-être assassiné) par de jeunes Lobi dérangés en pleine fête sabbatique du Dioro. L'affaire rebondit encore en 1983 dans les colonnes de *Fraternité-Matin* et la polémique fut alors d'autant plus intéressante que, dans l'intervalle, les Lobi étaient devenus capables de dire eux-mêmes qui ils sont et ce qu'ils en pensaient. En tout cas, même si la tombe de Matta, en bordure de l'ex-mare sacrée de Dalandjogou, est inscrite aujourd'hui à l'inventaire touristique du département, ce ne sont pas des masses de visiteurs qui peuvent atteindre le lointain parc de la Comoé.

Entre le vide du parc et la tache de densité du pays sénoufo, loin de l'un et à l'écart de l'autre, Kong, petite localité aujourd'hui insignifiante, parvient à peine à se survivre. Cette capitale, autrefois glorieuse, des Malinké Dioula vit la rencontre des deux explorateurs Binger et Treich-Laplène en 1889, puis fut détruite par Samory, excédé de sa résistance, en mai 1897. Elle ne s'en est jamais relevée.

Il faut donc atteindre et franchir, à Ferkéssédougou ou à Tafiré, le double axe lourd ferroviaire et routier sud-nord pour entrer dans le vrai « Grand Nord ». Immensités fauves, vertes ou rouges, piquetées d'arbres nérés ou karités, d'où pointent parfois, de plus en plus nombreux vers l'ouest, quelques cailloux gigantesques, véritables îles de granit, devenus, comme Sienlèwo (« le Vieux ») de Korhogo, des montagnes fétiches pour le pèlerinage et la méditation. Cet univers de savanes souvent monotones, aux horizons sans fin, qui couvrent en gros le tiers supérieur du pays, a été soumis, dans les années 1970, à un sérieux effort de modernisation économique. Populeuse, ébranlée nuit et jour par les convois de poids lourds qui remontent d'Abidjan sur le Burkina (sauf fermeture de la frontière de septembre 2002 à septembre 2003) et le Mali, Ferké(ssédougou) est à proximité immédiate des transformations les plus spectaculaires qui soient intervenues : les deux premiers complexes sucriers de Ferké I (1974) et Ferké II (1979) ont totalement défiguré le paysage originel, mis en place un impressionnant système d'irrigation et provoqué – phénomène unique à l'époque – des migrations de main-d'œuvre du sud vers le nord. Ici, on a valsé avec les milliards, réglé sans vigilance des factures faramineuses scandaleusement gonflées, et compromis ainsi l'expansion ultérieure du Plan sucrier national cependant capable de s'offrir, en 1980, ses cinquième et sixième complexes. La privatisation – on l'a vu – est passée par là depuis.

En dépit des accidents de parcours, le développement du Nord était parvenu à de solides résultats, non seulement pour le riz, le coton et la canne à sucre, mais aussi pour les tomates de Sinématiali ou les tilapias des étangs de pisciculture. On avait même rouvert les anciennes mines de diamants de Tortiya, également proposées aux touristes, et créé des plantations de bois de chauffe villageoises pour compenser un peu les effets d'un déboisement hélas aussi incontrôlé qu'au sud.

On conservait donc une image globalement très favorable du Grand Nord lorsqu'en août 1999 la visite du président Bédié (très acclamé) avait ramené à plus de réalité : la région, sérieusement délaissée, n'avait pas revu de président depuis... 25 ans ! Les complexes sucriers avaient vieilli, les routes étaient défoncées partout, à part le coton rien ne marchait plus vraiment, et le taux de scolarisation des filles demeurait très bas. Bref, partout à chaque étape, une longue liste de doléances : le délaissement de cette région fortement musulmane, culturellement proche des deux pays voisins et déjà sensible de surcroît aux thèses du RDR de Ouattara, illustrait bien la répartition, somme toute inégale, du développement de la Côte d'Ivoire.

Korhogo, capitale du Nord et des Sénoufo, souffre souvent de la sécheresse, comme celle de 1983-1984 qui vida 70 % des barrages agro-pastoraux et l'obligea à rationner l'eau en plein mois de décembre, ou encore celle de 2005. La ville, troisième de Côte d'Ivoire avec 200 000 habitants, s'est organisée elle aussi pour traverser les années de guerre, et certains reportages ont décrit la vie quotidienne du Nord rebelle partagé en « secteurs » relativement bien gérés par des « com-zone » militaires, plus ou moins seigneurs de guerre, habiles à jongler entre les 4x4 flambant neufs, les taxes prélevées aux barrages, sur les populations civiles et sur les matchs de football, l'électricité gratuite et les boîtes de nuit en plein essor[10].

Quadrillés à l'infini de vert et de roux, alignant sur terrain plat leurs cités ouvrières comme des rangées de dominos, les grands complexes de l'ex-Sodesucre ont imposé des images géométriques inconnues et résolument modernes aux vieux terroirs séculaires du pays sénoufo. Il est vrai qu'on ne s'étonne plus guère aujourd'hui de pareils contrastes en Afrique. Et pourtant...

Aucune des civilisations agraires comprises dans l'espace ivoirien actuel n'offre la complexe cohésion, la tranquille permanence, l'inébranlable sagesse du pays sénoufo. Obstinément attachées à leur univers spirituel et terrestre à la fois, ces communautés villageoises, portant désinence en -kaha, dessinent sur le terrain leur structure même : chaque unité familiale se regroupe autour d'un manguier central et l'ensemble du village rassemble en panachage des maisons rectangulaires modernes, des cases coniques et surtout d'adorables petits greniers-champignons souvent tripodes, résolument jaune et ocre.

Comme déjà les champs des Koulango en parfait éventail, les terroirs sénoufo offrent le spectacle surprenant d'un espace fortement humanisé, intensément travaillé parce que la pression démographique y est forte, mais qui respecte les « bois sacrés »

---

10. Voir par exemple *Jeune Afrique* n° 2401 de janvier 2007.

essentiels pour la cohésion et la continuité socio-religieuse de chaque communauté. Fauves comme la Beauce en été quand on y faisait encore des gerbes, les champs de mil, de maïs, d'ignames, d'arachides, à plat, sur buttes ou sur billons selon la culture pratiquée, composent à l'infini un vaste parc ouvert et rassurant sur la sagesse de l'homme et sa durée.

« Complexe cohésion » du pays sénoufo, disions-nous... Elle mérite en effet qu'on s'y attarde un peu, si galvaudée et si incomprise à la fois qu'il a fallu qu'un colloque international, réuni justement à Korhogo en août 1979, essaie de faire le point sur ce qu'on savait, ou croyait savoir, des « civilisations sénoufo ». Un pluriel intentionnel, pour montrer d'emblée l'émiettement du sujet en dépit d'une indéniable unicité. Il faut le redire encore : l'Afrique n'est pas simple, et les non-Africains la méconnaissent de plus en plus. Bien entendu, on n'a pas pu éviter, à Korhogo cette année-là, l'empoignade entre historiens et sociologues qui s'opposaient sur les concepts de culture et de civilisation, mais on y a admis en tout cas que le problème demeurait complexe sous presque tous ses aspects. « Pacifiques jusqu'à la passivité poussée à l'extrême », totalement résignés, « vaincus de la vie »... Quelle dureté dans les qualificatifs ! Certes, les Sénoufo n'ont pas cherché à constituer des ensembles politiques puissants ; pourtant, ils ont presque mieux résisté que beaucoup de leurs voisins aux turbulences des siècles passés, au prix quand même d'un fractionnement en de nombreuses sous-ethnies assez marquées et surtout d'une « purée linguistique » bien difficile à maîtriser : la langue sénoufo – sauf découvertes plus récentes – semble comporter une soixantaine de variantes plus ou moins éloignées, plus ou moins mutuellement intelligibles ! Chez les Sénoufo, en outre, pas de traditionnistes spécialisés comme dans les sociétés manding leurs voisines. La structure matrilinéaire est encore si vivace que les chercheurs ont décidé d'accorder une plus grande attention aux connaissances détenues par les femmes. Enfin, la densité démographique, remarquable, explique la cohésion des communautés de cette partie du Nord ivoirien, notamment autour de Korhogo, et perpétue la vivacité dans ces régions de l'expression artistique, artisanale et culturelle. Rendez-vous bientôt chez les tisserands de Waraniéné...

Mais évoquons tout d'abord le *poro*, triple cycle de formation et d'éducation communautaire étalé en principe sur vingt et un ans, dont on n'arrive pas encore à tout savoir. Les deux premiers cycles, autrefois imposés aux jeunes garçons de 5 à 20 ans, tendaient à disparaître, tandis que le troisième, appelé *tyologo*, se maintenait presque partout. Le mur du silence aussi : société secrète d'initiation traditionnelle, le *poro* voulait rester une institution fermée, dotée de son langage ésotérique qui se superpose, pour ses activités, à la langue quotidienne. Même menacé à terme par la modernisation – à supposer que les détenteurs de la tradition en aient conscience –, le *poro* refusait encore, il y a vingt ans, de confier tous ses secrets, au risque de disparaître sans avoir pu s'expliquer.

Pareille situation montre bien, ici plus encore qu'ailleurs, que toute danse, toute cérémonie rencontrées au hasard des itinéraires – ne parlons pas de celles organisées à des fins purement touristiques – ne sont en réalité pour celui qui y assiste de l'extérieur que spectacles incompréhensibles. Il faut avoir l'humilité de les regarder comme tels, en voulant bien admettre qu'ils se fondent toujours sur une rationalité solide, une logique propre que, simplement, l'on ne connaît pas.

Ceci dit, la sortie des Tyolobélé, grands gaillards de 25 à 30 ans, du troisième cycle *tyologo* constitue une explosion de joie collective qui s'appelle *kafo*, en somme une cérémonie de fin de promotion. De dures épreuves ont précédé puis accompagné, par une nuit sans lune et d'harmattan en novembre-décembre, leur re-création, leur re-naissance au bois sacré. Devenus enfin adultes pour leur communauté, ils dansent, et avec eux dansent les masques du *kafo* salués parfois, comme à Ferké en 1979, par quelque haute personnalité du gouvernement. Mais il est aussi des masques pour les funérailles ou pour les cérémonies liées aux rites agraires, essentiellement inspirés par la faune environnante : oiseau, caméléon, phacochère, buffle, antilope, singe ou crocodile. Et aussi des amulettes et des bagues fondues par les bronziers ; et encore des casques décorés de coquillages « cauris » pour les célèbres ballets des jeunes filles aux seins nus de Boundiali ou de Sinématiali dont les apparitions obéissent elles aussi à un calendrier rituel précis. Contrairement à ce que pourrait faire croire une publicité touristique ignare, l'Afrique travaille plus souvent qu'elle ne danse. Il n'est pas superflu de le rappeler.

Tout autour de Korhogo, une constellation de villages d'artisans spécialisés témoigne, devant les visiteurs, de la créativité populaire en pays sénoufo. Les sculpteurs sur bois sont en ville même, au quartier Koko. Les tisserands, qui le sont de père en fils, calmes, presque indifférents aux clients possibles, sont à Waraniéné. Titulaires d'une antique alliance avec le feu de leur forge et les autres forces telluriques, les forgerons de Koni, maintes fois décrits, et ceux de Popo, dans le département de Tengréla, sont en même temps mineurs et fondeurs : de trous profonds, plus étroits et plus dangereux que des puits, ils extraient, seulement pendant les jours favorables, le minerai qui leur est nécessaire, le transportent à vélo jusqu'au marigot pour le laver et le presser en boulettes avant de le fondre dans de mini-hauts-fourneaux chapeautés de paille (!) et chauffés au charbon de bois pendant vingt-quatre heures. Les dessinateurs sur toiles sont à Fakaha et Pimékaha : assis sur le sol, ils peignent sur des bandes de coton blanc assemblées, à gros traits brun-clair ou brun-noir, à l'aide de spatules recourbées à lame épaisse, tous les animaux stylisés de leur environnement ainsi que les chasseurs masqués qui les traquent. Il y a aussi les fondeurs de cuivre et de bronze à la cire perdue, mais ceux-ci – nous l'avons vu – ont surtout affaire aux domaines de la danse et du sacré.

Odienné, capitale historique du Kabadougou et aujourd'hui chef-lieu de la région du Denguélé, est dans l'angle nord-ouest, aux confins de la Côte d'Ivoire, de la Guinée et du Mali, trois pays particulièrement frères en ces contrées uniformément manding, surtout à l'heure où les gens du Sud entreprenaient de faire la chasse à leurs « étrangers ». Deux ou trois guirlandes de montagnes bleutées la séparent de Boundiali, un goudron neuf la relie depuis peu (en 1999) à Bougouni, sa voisine malienne, tandis qu'à l'ouest le petit massif du Denguélé fait sentinelle sur la route de Guinée. À Odienné aussi, les fêtes de 1972 avaient trop vite détruit et l'on n'a jamais eu la persévérance – ou les moyens – de créer la petite Brasilia qu'y avaient prévue les urbanistes. Écartelée, très extensive, la ville, disaient les vieux, n'a plus ni son âme ni ses arbres d'autrefois, mais la grande mosquée est superbe.

Dans l'ensemble du Denguélé et du Worodougou, pays-de-la-kola, plus au sud, les villages -dougou ont pris le relais des villages -kaha, mais il y a toujours quelques interférences et des Sénoufo qui peuvent s'appeler Touré ou Coulibaly. Les champs de mil et de fonio, de maïs et de coton, alternent avec les casiers rizicoles dans les bas-fonds favorables. Je n'ai jamais eu le temps de vérifier si le village existe encore où René Caillié, moribond, fut hébergé, soigné et sauvé par une vieille qui avait l'âge de sa grand-mère. Il y a vingt ans, les femmes de Kaniasso, aidées par les Belges, organisaient leur développement intégré.

Tout le nord-ouest malinké est riche aussi de ses ressources humaines. La classe spécialisée des commerçants dioula y prospère depuis deux bons siècles, contrôlant autrefois les routes de la kola jusqu'au centre-ouest, des armes à feu, de l'or et des esclaves avant même l'installation des Blancs. La paix française forcée a servi, après Samory, les intérêts de leur négoce. De nombreuses grandes familles de la région ont autant de fils transporteurs qu'universitaires, ingénieurs ou administrateurs civils. Ivoiriens bien sûr, si on n'a pas déchiré leurs cartes d'identité en ces temps de crise identitaire et xénophobe et avant qu'on leur en redonne de nouvelles.

L'islam – n'en déplaise à l'évêque de Korhogo – règne assez exclusivement sur le Grand Nord malinké. Il a semé un peu partout d'antiques et frustes mosquées de terre battue hérissées de bois comme des pelotes d'épingles pour consolider la maçonnerie et faciliter la grimpée au moment des travaux d'entretien. Certaines d'entre elles ont réussi à défier deux ou trois siècles, à Kouto, Kassoumbarga, Ferké, Tengréla et aussi à Kawara, à deux pas de la frontière sur la Léraba avec le Burkina. Quand les communautés de croyants sont riches et puissantes, elles élèvent de nos jours au Miséricordieux d'orgueilleuses mosquées modernes longues comme des paquebots, équipées d'une sonorisation dernier cri, décorées à l'extérieur de fines dentelures ajourées, qui font l'orgueil par exemple d'Odienné et de Sinématiali. Parfois, comme à Ganhoué, la neuve a respecté l'ancienne, toute de banko rouge et minuscule en comparaison.

Peut-être étiez-vous fatigué des longues étapes du Grand Nord ? Peut-être aviez-vous le gosier desséché, les yeux irrités de poussière ocre ? Si vous souhaitiez revoir dès le lendemain l'océan, ce n'était pas si difficile : il était, il est toujours, à huit... plutôt dix heures de route et dans d'assez bonnes conditions. Le goudron ne touchant pas encore les frontières du nord en tous points, il fallait accepter encore un peu de « tôle ondulée » et de poussière. Départ d'Odienné, six heures du matin. Mais en promettant de revenir dès que possible flâner dans toutes les régions de l'Ouest et du Centre que vous alliez traverser rapidement cette fois-ci. Surtout l'Ouest, sinon... les masques ne vous le pardonneraient jamais.

Dernier retour à la côte. Dix degrés de moins de température, et cinq en latitude, mais humidité maximale. Nous n'y pouvons rien sauf si, hélas, la forêt disparaissait.

C'est quel vous... le vieux ou son jeton ?

Source : *Gbich*, avril 2009.

Mon frère tu as force oh !

Source : *Gbich*, avril 2009.

8

Les Ivoiriens et les autres
Photos et fautes d'identité

Clivages et fusions

La société ivoirienne est en fait si multiple, si polychrome, qu'une fois affirmés les droits et retrouvés les traits fondamentaux d'une universelle nature humaine elle se révèle dans le menu des découvertes quotidiennes d'une inépuisable diversité, d'une infinie variété qui peut aller parfois jusqu'à des oppositions bien tranchées là où deux ethnies fort différentes sont au contact l'une de l'autre. Le visiteur ne pouvait, bien sûr, que s'en réjouir. Il était en revanche moins certain que les responsables politiques se félicitent en permanence de ce kaléidoscope susceptible de ralentir la marche vers l'unité nationale et de perturber le partage harmonieux en famille des richesses du cru, si toutefois les Ivoiriens souhaitaient réellement partager.

Pour raconter en une synthèse rapide qui ne soit ni trop incomplète ni trop déformante les femmes et les hommes de Côte d'Ivoire, il faut bien, comme pour la présentation ethnolinguistique, accrocher d'abord quelques points de repères essentiels sur un schéma souvent, mais pas systématiquement, dualiste. Par exemple, pour diversifier, sans nécessairement les opposer, le Nord des savanes et le Sud forestier, en sachant que l'Ouest, si original, clame aussi ses droits. Ou bien les États traditionnels à structuration politique forte et hiérarchisée (disons des royaumes, même s'ils sont de petite taille) et les communautés plus égalitaires, plus anarchiques, plus méfiantes de tout pouvoir concentré.

En matière de religion, part à trois : outre l'islam et le christianisme, l'animisme forme un tiers très actif que n'effarouchent nullement les hybridations possibles.

Ajoutons-y aussi le clivage plus banal entre les anciens et les modernes, même s'ils n'étaient pas forcément en opposition jusqu'à l'irruption récente des jeunes sur la scène politique, y compris dans les zones rurales. Évidemment, il serait bien audacieux de vouloir faire, dans ce domaine, passer une ligne de partage très précise. Il n'en est pas moins vrai que la grande masse des Ivoiriens demeure intimement attachée à la vie traditionnelle légèrement saupoudrée de modernisme technique (voitures, transistors, « cellulaires », engrais et médicaments...), tandis qu'une toute petite minorité, trop vite qualifiée d'« élite » et qui a résolument tourné le dos aux « villageois », se complaît, parce que ses revenus le lui permettent, à vivre à la pointe de l'occidentalisation la plus luxueuse et la plus échevelée.

Mentionnons enfin – puisque l'actualité nous y contraint désormais de façon souvent dramatique – les oppositions dangereusement ravivées par les « ivoiritaires » entre « Ivoiriens de souche multiséculaire » et allogènes douteux venus manger leur *atiéké*.

Il est vrai qu'en dépit du chassé-croisé séculaire des migrations et des réactions en chaîne qu'elles ont entraînées un peu selon la théorie des dominos, il n'y a pas eu vraiment de tourbillon mélangeur ni d'osmose entre les genres de vie et les cultures ainsi mis en contact, malgré les perturbations de l'époque samorienne dans tout le Nord, malgré les interférences d'habitat sur le terrain et encore moins malgré l'injection massive d'étrangers depuis cinquante ans. La référence à l'ethnie, bien avant la mauvaise ambiance récente, était déjà quotidienne et les préjugés ethnocentriques n'ont jamais vraiment fléchi. On en a aujourd'hui la preuve. Le but peut-être essentiel du PDCI, parti unique pendant trente ans, semble bien avoir été la fusion de toutes les ethnies au profit d'une réelle et irréversible unité nationale. Peut-être était-ce, en tout cas, le sincère espoir du Vieux quand il déclarait, au VIIIe congrès en 1985 :

« La nation ne se construit pas sur le bout des lèvres. Un autre parti politique en Côte d'Ivoire engendrera le tribalisme. Il y aura recul. Il faut que nous parvenions d'abord à l'unité nationale. Le multipartisme est un luxe dont nous n'avons pas besoin. »

Il était trop tôt en effet pour parler de la multiplication significative des mariages mixtes tant que les courriers du cœur de la presse commençaient, deux fois sur trois, par le même appel désabusé : « Je suis bété, elle est baoulé, mes parents la refusent : aidez-moi ! »

Simone Gbagbo elle-même n'écrit-elle pas, encore en 2007 : « Et pour finir, je me suis mariée à un Bété (...) Je suis fière de faire partie de la tribu des Abouré » ?

La cohésion villageoise n'était pas toujours non plus aussi idyllique qu'on voulait bien le faire croire. Les jalousies y avaient hélas leur place, les déceptions amoureuses ou politiques pouvaient déclencher de solides inimitiés. On cherchera alors à saboter le moulin ou la boutique de celui qui n'a pas su expliquer sa réussite ou faire admettre sa richesse, sinon même en redistribuer un peu aux moments opportuns. « Par sorcellerie », on ira souiller le chantier de la villa qu'il se fait construire jusqu'à ce qu'il décide de l'abandonner ; ou encore on ira incendier sa plantation à la faveur des feux de brousse incontrôlés de la saison sèche. Il est remarquable, en tout cas, qu'en matière politique, partout où c'était nécessaire, les instances du Parti consacraient toujours d'énormes efforts à plaider puis à obtenir la réconciliation des rivaux, par exemple au lendemain des législatives ou des municipales de 1980 et 1985, lesquelles avaient fait beaucoup de battus mauvais joueurs.

N'insistons pas outre mesure. Après tout, c'est là la nature humaine sans coloration ivoirienne particulière. À l'inverse, quelle richesse de couleurs pour toutes les fêtes villageoises ! Compte tenu du décalage des coutumes, des saisons et des calendriers culturels, il y en a toujours une à proximité dans les villages lagunaires du Sud, notamment tout autour d'Abidjan quand ce n'est pas à l'intérieur de ses communes. On peut être certain qu'il s'y passe toujours quelque chose le dimanche, même lorsque le programme des réjouissances traditionnelles n'affiche aucune fête particulière. On peut en effet arriver par hasard... L'église catholique est à une extrémité du village-rue, le temple protestant à l'autre et la maison harriste au milieu. Étant donné que la coexistence pacifique entre les trois confessions n'interdit pas les manifestations d'appartenance, même bruyantes, et pour peu que les messes ne soient pas tout à fait à la même heure, on aura, avec un peu de chance, l'avantage de six joyeux cortèges dans la même matinée, processions multicolores, ou au contraire toute blanche pour les harristes : les mouchoirs tournoient aux bras levés des femmes et l'orphéon villageois soutient, mi-bataillon de choc mi-jazz, la progression saccadée des fidèles sur le sable jaune de la rue centrale.

À plus forte raison quand ce n'est pas un dimanche ordinaire. Il est des fêtes tout à fait spectaculaires parce que sanglantes, comme le « Kipri » des Abidji de Gomon, ou le « Kpélé » des Adioukrou d'Orbaf : le sang coule des blessures volontaires que s'infligent des hommes en transe qui se savent invulnérables et à qui un pansement-miracle garantit – dit-on – une guérison immédiate.

Il en est d'autres plus improvisées et plus joviales...

Pâques en état d'ébrié-té

1983. Abidjanais ou, comme disaient les communiqués radio, éparpillés « sur toute l'étendue du territoire national », les enfants d'Eloka-Até (Eloka-le-Bas), village ébrié situé derrière Bingerville, sont venus ce samedi se retremper aux sources ancestrales à l'occasion du week-end pascal. Toute la famille M. se retrouve autour du « vieux » et de son épouse qui connaissent déjà leurs nombreux arrière-petits-enfants. Les femmes sont encore occupées à la dernière phase de fabrication de l'*atiéké*, qu'on a mouliné le mardi et le mercredi, qu'il fallait encore vanner, affiner et faire cuire du jeudi au vendredi ou au samedi, selon le degré de finesse désiré, en espérant peut-être obtenir la qualité des Adioukrou.

Akwabaa ô ! Les hommes se sont déjà rassemblés pour bavarder autour des premiers petits verres : on attaque dès quatorze heures au gin-campari et ce n'est qu'un début ; gin industriel ou artisanal plus ou moins clandestin, on n'oublie pas d'en verser d'abord à terre quelques gouttes pour la bonne bouche des ancêtres. Les gosses, nus, sont allongés sur le sable. L'assemblée s'augmente à chaque nouvelle arrivée et la table se garnit davantage on ne sait par quels cheminements mystérieux ni par quels financements : bière, rhum mangoustan, suze, pernod... mais la glace est denrée plus rare. L'un des beaux-frères, douanier dans le Nord, a trouvé en route pour un bon prix – quelle aubaine – un énorme lézard, qu'on appelle varan, qui pesait bien ses cinq kilos et qu'on a découpé tel quel avec les griffes et la queue. Cette viande, huileuse et dure, sera servie au dîner, garnie d'*agbodiama* jauni à l'huile de palme. L'épreuve est redoutable mais il faudra l'assumer.

La messe de minuit à l'église d'Eloka-le-Haut toute proche fait aussi partie de la fête. Elle commence vers dix heures du soir, mais bien malin qui pourrait dire quand elle finira. On s'est offert une chorale zaïroise. De plus, l'abbé Macaire, voix grave de circonstance, tient ses ouailles bien en prêche et fait durer le plaisir : il est aussi du pays, personne n'osera critiquer la longueur de son sermon qu'on traduit de l'ébrié au français phrase par phrase. Au-dehors, il fait un peu plus frais mais les moustiques sont aussi de la fête pascale. Quand on arrive à l'*ite* libératoire, on a tant traîné qu'on a renvoyé au lendemain – c'est-à-dire à tout à l'heure – les baptêmes prévus.

Dimanche matin. La nuit a été courte, forcément, mais le petit déjeuner est substantiel : pieds de cochon et *kiravi*. Celui qui y tient vraiment peut toujours dégoter un café au lait pour y tremper son pain, on sait que les citadins ont pris d'autres goûts au contact des Blancs. La fête continue et la messe recommence, sur place cette fois, à l'église du Bas. Tous et toutes de blanc vêtus, les harristes, très disciplinés et bons chanteurs s'accompagnant de maracas locales, sont déjà dans la leur. Avec une demi-heure de décalage, les catholiques remontent toute la rue centrale en cortège sur trois files, précédés de la fanfare : une grosse caisse, deux petites et quatre ou cinq cornets à pistons ; les femmes font tournoyer du bras droit des mouchoirs verts ou oranges, suivies de quelques notables portant le feutre noir de leur patron Houphouët, en short, les jambes poilues sous la toge *kenté* multicolore ou parfois *adinkra* de deuil, vermillon et noire. En passant devant le temple harriste, on baisse un peu le ton des chants et des flonflons pour ne pas déranger les cousins.

La seconde messe mange encore ses trois bonnes heures : l'éloquence bavarde de l'abbé Macaire n'a pas tari depuis la nuit, l'épître et l'évangile sont bilingues mais le prêche est en ébrié seulement, les chants sont irrésistibles, les alléluias interminables et les quinze baptisés piaillent à qui mieux mieux comme dans une consultation de nourrissons. Bien entendu, on nous attend pour déjeuner, non seulement chez l'oncle mais aussi chez l'instituteur et chez le cousin K. Ils ont tous amplement garni de victuailles leurs tables basses, tenu au chaud jusqu'à notre arrivée les bols émaillés de foutou, de sauce graines et d'agouti pimenté. Pas question de leur faire faux bond : triple déjeuner pascal !

Et la fête continue. Pour corser l'affaire, à trois kilomètres de là, les Abouré d'Ebra font leur fête de génération, mais il n'était pas facile d'être en deux endroits à la fois. Tous les enfants d'Ebra, grands patrons et petits prolétaires, diplômés et illettrés, ont repris place pour deux jours dans leur classe d'âge. Fraternellement confondus, le procureur de M. et le manœuvre trinquent ensemble. Les courses de pirogues ont eu lieu le matin, l'animation fléchit déjà un peu l'après-midi et les plus fatigués, étendus au hasard de leur chute, ont entamé une très longue sieste sous les cocotiers du rivage.

Ce soir, il y aura encore à dîner comme pour trente. Les transistors que personne n'écoute crachotent dans la nuit, un chien jappe à la lune, le second jour s'achève... « Hé, cousin ! À chez nous-village, c'est trop chaud même ! On a dansé, on a rigolé, on a bouffé jusqu'àààààààààà... on peut plus même ! » On ne s'est pas dit grand-chose, on n'a même pas cherché à recréer le monde, mais une bonne séquence de convivialité fraternelle pèse plus lourd que dix tonnes de programmes fumeux sur papier glacé. Je vais dire ça en rentrant au PNUD et à l'UNICEF. On verra bien.

Les fêtes encore et les classes d'âge

L'intérêt de la vie villageoise augmente encore de quelques degrés lorsque s'y déroule une fête majeure, unique dans l'année ou dans un cycle multi-annuel, capable de rassembler non seulement tous les enfants du terroir, mais aussi visiteurs et curieux de toute la région, voire du pays tout entier. Par exemple, pour l'intronisation d'un chef de village, d'un chef supérieur ou d'un roi, ou encore pour la consécration (en 1979) de la nouvelle « cour royale » de Moossou après restauration. Nous y sommes passés.

L'apparition des rois et des chefs dans tout le quart du pays de tradition akan constitue toujours un spectacle superbe, surtout lorsqu'elle s'accompagne des grands parasols rouges qu'on fait tournoyer au-dessus de leur auguste personne et du double grand tambour de cérémonie *attoungblan* qui sait (à Moossou en tout cas) battre le langage des morts et qu'on ne confie après formation qu'à un batteur déjà expérimenté. S'il ne ruisselle pas, l'or scintille sur les insignes royaux, les couronnes étoilées de rois mages, les toques de velours noir, les bracelets, les chevillères épaisses, les symboles animaux qui surmontent les sceptres de commandement et même les cabochons des sandales.

Sauf les plus prestigieux, les chefs coutumiers ont pourtant du mal à se maintenir. L'État a conservé les unités politiques traditionnelles historiques, royaumes ou chefferies supérieures souvent glorieuses et porteuses en tout cas de signification socio-religieuse. En revanche, il a décrété après l'indépendance la suppression des chefferies de canton créées artificiellement par la colonisation pour disposer d'interlocuteurs soumis et disponibles, et leurs titulaires auront bientôt tous disparu. Chez les Bété, par exemple, les quatre cantons existants se sont écroulés aussitôt après 1960, laissant quatre notables remâcher leur nostalgie, tandis que Bondoukou-la-noble – on l'a vu – obtenait de garder les siens.

Quand ce n'est pas pour un chef, la fête peut marquer la sortie, la création ou la consécration d'une génération regroupée dans une classe d'âge. Il faut décrire ce système des « classes d'âge » lui aussi caractéristique des groupes akan et dont la persistance en Côte d'Ivoire en fait un élément fondamental de la dynamique socio-économique traditionnelle. Prenons l'exemple, légèrement simplifié, des Ébrié d'Abobo-Té, en banlieue nord du Grand Abidjan : le système, immémorial, consiste à répartir la totalité des vivants de plus de vingt ans en « clans » et en « générations » en fonction de leur date de naissance, les moins de vingt ans restant en attente de classement. Chacun des quatre « clans » – Gnando, Dougbo, Tchagba et Blessué – couvre environ vingt ans et comporte, toujours dans le même ordre, quatre « générations » de quatre à cinq ans chacune : Assoukrou, Agban, Dogba et Djéhou.

Fixée pour l'éternité, la « grille » des âges, mobile et glissante pour accompagner le vieillissement des générations comme une chaîne à godets, supplée assez bien à l'absence de tout état civil écrit et facilite la répartition des responsabilités collectives. Ainsi, si les plus jeunes « classés » sont en 1999 les Gnando Assoukrou, qui ont nécessairement entre 20 et 24 ans, nous savons immédiatement que les Dougbo Assoukrou ont de 40 à 44 ans, les Tchagba Dogba évidemment de 68 à 72 ans environ et enfin, au sommet de la grille (ou au bout de la chaîne, si l'on préfère), les Blessué Djéhou, s'il en reste, de 95 à 100 ans. Chaque sortie de clan nouvellement constitué donne lieu à de joyeuses fêtes où s'exprime la cohésion du groupe, toutes différences sociales se trouvant nivelées et effacées par le seul rapprochement de l'âge. Chaque génération à l'intérieur de son clan se voit confier des tâches sociales, économiques et culturelles (ou même militaires autrefois) précises, adaptées à ses possibilités physiques, qu'elle transmettra solennellement à sa cadette en même temps que les symboles et attributs de ses pouvoirs, notamment les tambours dont la variété est grande, l'usage complexe et strictement réglementé. On ne résiste pas au plaisir d'entendre (et de donner) les noms des principaux d'entre eux, tant ils sont magnifiquement onomatopéiques : le *kpinkpa* et le *tchinguengueni* sont individuels et se répondent mutuellement ; le *goungoussou* n'appartient qu'aux seuls Assoukrou et le *bogoblo* géant, tenu par deux jeunes à la fois, ne sort qu'avec les quatre générations ensemble.

Quelles que soient les variantes locales d'un même principe (par exemple, trois clans de cinq générations chacun au lieu de quatre de quatre), la mobilisation des classes d'âge pour les tâches de développement ou l'organisation de festivités modernes – comme on l'a vu à Bonoua – fait encore appel en maints endroits au dynamisme et à la fonctionnalité propres à ce système multiséculaire.

Et les fêtes continuent... Les fêtes des Sénoufo, des Guéré ou des Dan marquant la fin des périodes d'initiation des jeunes ou des compagnies secrètes ; les fêtes pour l'adoration du fétiche protecteur du village comme chez les Abron de Méti, près de Bondoukou, avec apparition de danseuses-féticheuses comme celles de l'école de Tenguélan ; la célèbre « Abissa » des Nzima de Bassam, qui dure sept jours pleins, confiée au clan des porteurs de maïs parce que c'est à lui que fut autrefois révélée la danse porte-bonheur principale, et qui a eu bien du mal parfois à se défendre contre l'invasion des voyous et des chahuteurs ; et aussi la fête « Ebeb » des Adjoukrou chez qui chaque transmission se fait tous les huit ans.

Il y a aussi les fêtes des ignames, déjà rencontrées sur notre itinéraire en pays anyi et abron, directement liées aux rites agraires et pratiquées même à l'extérieur de l'univers akan. Et encore la fête ébrié *mindi matcha* d'Anonkouakouté (quels fêtards, ces Ébrié !), qui dure également sept jours et au cours de laquelle le propriétaire le plus riche expose tout l'or qu'il a amassé discrètement par son travail, avant d'être proclamé roi en récompense de ses longs efforts de thésaurisation.

L'or et les poids

On voit que l'or est décidément fondamental chez les Akan. Son omniprésence avait beaucoup frappé Maurice Delafosse dès son arrivée en pays baoulé. Les placers exploités localement ont toujours été abondants sur toute la frontière est aux confins du Ghana (et surtout au Ghana même), mais la baisse des rendements à la fin du XIXe siècle a découragé beaucoup d'exploitants qui se sont alors tournés vers le caoutchouc-liane dont l'âge d'or s'est situé entre 1900 et 1914. Chez les Anyi Ndényé – dans

un pays où il n'y a pas de greniers à proprement parler puisque le manioc et les ignames se conservent enterrés –, c'est la quantité d'or possédé qui déterminait la richesse. En fonction de sa richesse en or, on appartenait à l'une des quatre classes sociales existantes, à savoir :
— les riches et les vieux ;
— les pauvres et les jeunes ;
— les fils d'esclaves ;
— les esclaves eux-mêmes.

La logique du système était si impitoyable qu'un appauvri se trouvait aussitôt et très exactement dé-classé.

Toutefois, en plus de l'or lui-même synonyme de richesse et de puissance, en plus des pratiques purement commerciales qui lui sont liées, il y a place pour toute une cosmogonie originale qu'expriment les fameux « poids » akan (donc aussi baoulé) à peser l'or, poids qui n'en sont pas ou, plus exactement, ne sont pas que cela.

Comme l'a très bien montré l'historien Niangoran Bouah, ces « poids » de cuivre ou d'étain sont conservés tous ensemble dans un sac de cuir ou, chez les Anyi Ndényé, dans des petits carrés d'étoffe regroupés dans un bassin de cuivre. Ce sac-patrimoine, appelé *dya*, est lui-même l'un des trois symboles du pouvoir politique akan – on l'a vu – avec le tabouret et l'épée double. Il constitue le trésor de guerre et de paix, le trésor matériel et spirituel, historique, de la communauté et n'est exhibé qu'à jour fixe, comme les deux autres symboles. Les poids eux-mêmes sont les « cailloux-du-trésor », *dya èbwè* : ils illustrent l'inventaire du monde connu, des éléments, des plantes, des objets qui le composent, ainsi que des idées et expériences ayant marqué la vie du groupe. Certaines de ces figurines sont donc effectivement figuratives (un calao, un caïman, un silure...), d'autres sont idéogrammes et par conséquent éléments d'écriture, d'autres encore de véritables poids et les derniers, enfin, simples volumes géométriques. Deux exemples parmi d'autres de poids-proverbes :
— une mare à oiseaux rappelle que l'homme riche est une mare où tous les oiseaux essaient de venir boire ;
— un poulailler évoque le droit d'asile accordé aux fugitifs comme aux poules mises à l'abri.

Et puisque l'argent-monnaie est aussi la clef, merveilleuse ou diabolique, de tout notre univers ici-bas, les poids akan sont bien à leur place depuis qu'une des grandes sociétés de banque ivoiriennes les a pris comme emblèmes sur les lourdes portes de bronze de ses agences.

La bourgeoisie aux champs

Faut-il créditer les fêtes d'une puissance de séduction particulière sur tous ceux qui en manquent ? On l'a vu à propos d'Eloka ébrié : tout membre de l'élite urbaine, en dépit des longues distances quand il s'agit de « nordistes », demeure volontiers lié à son village natal et à la parenté qui y demeure. Les visites y sont aussi fréquentes que possible, les citadins y font construire pour leurs vacances, leurs vieux jours ou leurs vieux parents. Sauf exception rare, ils s'y feront enterrer. Aussi dit-on que, de tout Abidjan, seuls les cimetières ne s'agrandissent pas car on n'y inhume guère que quelques étrangers non africains. On ne dira rien des charniers d'une récente actualité...

L'étroitesse des liens entre la bourgeoisie ivoirienne moderne et ses terroirs d'origine constitue un élément majeur de la redistribution des revenus à l'échelle nationale, de l'aménagement spontané du territoire et du maintien d'une certaine cohésion sociale. L'exemple déjà donné il y a quinze ans mérite d'être rappelé :

> « M. le maire (de Bonoua), qui êtes-vous ?
> – Je suis né le 21 octobre 1925, à Bonoua, un mercredi, je crois. Mon nom est Koua N'Taye Amethier, dit Gbingbê. Mon père, Ahimin Koua, est de la lignée des Houlonvin et ma mère de la lignée des Agoua Eiwévlé. J'appartiens au groupe d'âge des N'Ploussoué Tigba. Je suis "balance". Dans le langage tambouriné, mon surnom est Kotokou-Atchiré-Gbongbonsou etc. qui veut dire : les Kotokou Atchiré sont comme la montagne, craints par toute femme en grossesse. »

Soit. Un bel exemple d'Afrique profonde, accrochée, nostalgique, à ses antiques valeurs, un peu dépassées ? Oui et non : sa réponse n'en est encore qu'à la moitié :

> « Je suis administrateur principal de classe exceptionnelle, docteur en économie du développement, diplômé de l'IHEOM... À la demande du gouvernement, j'ai fait des études pour la gestion des mairies à Paris et ai suivi un stage de six mois à Nantes. En stage à la préfecture des Pyrénées-Orientales, je me suis encore penché sur les questions municipales... Fondateur de la section de la IRDACI de Bonoua et du premier comité PDCI de Cocody, officier de l'ordre national ivoirien, je suis également officier du Mérite agricole, commandeur de l'ordre national du Sénégal... et grand officier du royaume du Maroc. »

Voilà, cette fois, notre homme solidement et fièrement ancré dans la double société complémentaire qui est la sienne[1]. On ne s'étonne plus que Bonoua ait pu prendre depuis vingt ans toutes les initiatives qu'on a signalées en y passant. Ses fils sont tous un peu comme ça, pratiques et enracinés au pays. « L'idée du foyer féminin est partie d'un séminaire tenu ici même » expliquaient en 1979 deux autres membres de l'Arebo, l'association qui a précédé la municipalisation de 1980. « Pas de spéculations d'intellectuels. Le ministre lui-même est du village. Nous sommes ici tous les samedis et tous les dimanches. »

Bien sûr, cette alliance est plus facile à maintenir quand le village natal est à 60 km d'Abidjan plutôt qu'à 600. Mais elle n'est pas le fait des seuls politiciens professionnels. Ou plutôt, elle procède de la même démarche, qui n'enlève rien au dévouement et à la sincérité des intéressés : on rend service en se rendant service ; on se fait valoir, on élargit le champ de son influence, le train de sa maisonnée et la solidité de sa réputation jusqu'à ce que la consécration publique vienne finalement, peut-être, couronner les efforts entrepris. L'essentiel étant que le développement, notamment rural, en profite. C'était assez vrai en Côte d'Ivoire, ce ne l'est pas souvent ailleurs.

---

1. Il sera en outre président du Club des hommes d'affaires franco-ivoiriens (CHAFI).

L'héritage forcé

On est encore bien incapable de mesurer avec toute l'objectivité nécessaire l'impact réel du choc colonial selon les pays et les communautés qui ont eu à le subir. Ce que l'on sait en tout cas c'est que, pour les diverses parties de la Côte d'Ivoire d'aujourd'hui – Sanwi excepté ! – la confrontation a duré au maximum quatre-vingts ans, parfois à peine cinquante (tout l'Ouest n'était pas encore « pacifié » en 1912), c'est-à-dire le temps de la vie d'un homme ou même nettement moins. Deux ou trois générations, ce n'est pas peu, mais ce n'est pas non plus interminable, c'est même très bref à l'échelle de l'histoire. Aussi est-il légitime de s'interroger sérieusement et calmement : si la colonisation a réellement détruit, bousculé, transformé autant qu'on l'en accuse en cinquante ou soixante ans seulement, peut-être faut-il admettre la très grande faiblesse non seulement technique mais aussi politique et sociale des civilisations et des peuples qui n'ont pu soutenir le choc. Et en dégager pour l'avenir des leçons fructueuses, porteuses d'un nouvel élan et d'un nouveau courage. Si l'on répugne à le faire, peut-être alors faut-il convenir que le choc n'a pas changé, n'a pas pu changer grand-chose en si peu de temps. Et cesser alors de le charger de tous les pêchés à la fois, y compris – comme pour l'agneau de la fable – de ceux qui ont manifestement précédé sa naissance.

Le débat peut être posé, ou relancé, à partir de n'importe quel pays africain d'aujourd'hui. La chicote, le mépris, les insultes et la prison, même dix ans, même cinq ans, même une seule fois, c'est trop, et rien ne justifiera jamais, même après coup, la violence ni le racisme, mais tout est venu en vrac à la fois, souvent par les mêmes filières, en tout cas les mêmes institutions sinon les mêmes hommes. Peut-être la relance par l'Euramérique conquérante d'une Afrique historiquement essoufflée était-elle à ce prix ? Serait-il vraiment si oiseux, si scandaleux, d'examiner de très près les mécanismes de cette confrontation complexe et d'en dresser – quel mot ambitieux et redoutable ! – le bilan ? On dirait que l'Afrique, au premier chef concernée, et beaucoup de ceux qui la jugent de loin en prétendant la connaître ont peur de le faire, parce qu'ils savent confusément qu'au bout de cet examen ils vont trouver – comme si c'était original ! – le pire et le meilleur, alors que les préjugés contemporains se complaisent à dénoncer seulement le pire. Bien sûr, l'affaire est délicate parce qu'encore brûlante de ses effets et de ses prolongements, et en cela inachevée, inachevable. On risque assurément plus à l'étudier qu'à revenir vingt siècles après sur le mariage forcé, et lui aussi un peu violateur, des Gaulois et des Romains. Mais l'intérêt d'une telle démarche serait autrement plus considérable pour en tirer les enseignements utiles aux stratégies de développement d'aujourd'hui et même de demain. Relisons bien le discours d'octobre 1999 du président de l'Assemblée nationale.

En attendant, on peut déjà constater, isolément, les greffes réussies ou signaler les rejets patents. Mais que dire de certain sur l'impact des « agressions » culturelles, économiques et politiques contre le secret des âmes ?

Islam et chrétienté

La répartition religieuse de la population ivoirienne (au recensement de 1988, lorsqu'elle était encore de 12,6 millions d'habitants) était la suivante :
– 13 % sans religion ;
– 38,7 % de musulmans (y compris quelques petites zones du pays bété et du centre baoulé). D'autres sources donnent un chiffre nettement plus faible, pas plus de 25 % (?) ;
– 27,5 % de chrétiens, ainsi répartis :
  • 20,8 % de catholiques,
  • 5,3 % de protestants,
  • 1,11 % de harristes,
  • 17 % d'animistes.

L'islam, premier placage (réussi) sur l'Afrique millénaire, est venu du nord-ouest avec les Malinké. Surtout puissant dans le Nord, il est présent partout, et notamment le vendredi, à Treichville, à Adjamé, à Dabou, à Agboville, à Rubino, dont les mosquées sont aussi élégantes et orgueilleuses que celles des savanes septentrionales. Et bientôt aussi en plein quartier du Commerce à Abidjan-Plateau. Mais on dirait qu'il reste politiquement et socialement discret, là où le paysage, humide et forestier, ne lui convient plus guère et aussi longtemps que d'autres milieux ne donnent pas l'impression de vouloir le marginaliser, ce qui n'est peut-être plus tout à fait le cas depuis quelque temps. On est frappé en tout cas de la modération, de la discrétion des instances musulmanes dans la crise actuelle alors que l'islam, malhabilement évoqué par Ouattara lui-même, est surtout injustement mis en cause, dénoncé comme un danger, par des sudistes ivoiritaires parfois agressifs et de mauvaise foi.

Arrivé plusieurs siècles après l'islam (si l'on excepte les tentatives éphémères des XVIIe et XVIIIe siècles) et né – on l'a vu – dans les douleurs, le catholicisme est aujourd'hui en bonne santé dans la moitié sud du pays ainsi que dans le nord sénoufo et lobi. L'Église catholique de Côte d'Ivoire compte actuellement quatre archevêchés, dix diocèses, des séminaires pour la formation de son clergé, et un bon million de fidèles[2]. D'une façon générale, l'État fait bon ménage avec toutes les Églises, et spécialement les catholiques, compte tenu de la personnalité du président Houphouët. En septembre 1982, le sacre de deux nouveaux évêques sur le Stade d'Abidjan a revêtu l'ampleur et la solennité des plus grandes fêtes nationales. Pendant toute sa vie, le Vieux a tenu à donner à son pouvoir un caractère catholique fortement marqué, obtenant déjà à deux reprises la visite du pape Jean-Paul II en 1980 puis en 1985 (pour la cathédrale d'Abidjan). La troisième visite papale – nous l'avons vu – se fit d'autant plus attendre pour la basilique de Yamoussoukro que le clergé ivoirien, Mgr Yago en tête, et une bonne part des fidèles se montraient eux aussi très critiques quant à cette folle entreprise. D'une façon générale, Mgr Yago a toujours eu le cran de s'opposer à Houphouët et se targuait même d'être le seul Ivoirien capable de lui dire non !

L'Église protestante, bien qu'inférieure en nombre et beaucoup plus discrète, est surtout multiple : ici, elle est fractionnée

---

2. Mgr Yago, archevêque et cardinal, figure emblématique du catholicisme ivoirien, est décédé en octobre 1997. Mgr Agré(-man) – on l'a vu – lui a succédé.

en dix Églises qui ont à leur tour favorisé la prolifération d'Églises dérivées comme sur toute la côte depuis la Sierra Leone jusqu'au Congo, alors que le catholicisme demeure monolithique. Dans le contexte parfois douloureux de la colonisation, le télescopage du monde occidental et des réalités traditionnelles – encore insuffisamment apprécié lui aussi – a troublé bien des âmes et provoqué bien des révélations jusqu'à susciter toutes sortes de prophètes jusqu'aux plus étranges.

Le harrisme

Le premier de ces prophètes, le plus solide et le plus créateur, fut William Wade Harris, né vers 1865 à l'ouest du cap Palmas dans ce qui était déjà le Liberia. Né du côté est, il fût devenu sujet français un peu plus tard, mais ce n'eût pas changé grand-chose à son existence : il était Grebo et, comme tout bon Krou, il navigua dans sa jeunesse. De toute façon, il allait avoir affaire un peu plus tard aux autorités françaises. Peut-être, en revanche, n'eût-il pas été aussi marqué par la Bible que des missionnaires américains avaient déjà traduite dans sa langue maternelle.

Jeune marin, Harris observa les sociétés coloniales des grands ports où il faisait escale, et les sectes religieuses rencontrées à Lagos et à Accra contribuèrent beaucoup à son mûrissement mystique. Instituteur influent à son retour au pays, interprète officiel et même élu député des Krou au Parlement de Monrovia, agitateur trois fois emprisonné, c'est en captivité qu'il reçut, en 1910, la visite de l'archange Gabriel. De visionnaire, il allait devenir prophète. Sa seule et unique tournée d'évangélisation en Côte d'Ivoire et en Gold Coast (1913-1915) fut un triomphe : les foules se massaient sur son passage ; sa parole, ardente, convaincante, toujours en anglais, touchait aisément les populations de la Côte des Krou et de la lagune Ébrié, remontant même jusqu'au pays anyi et baoulé. Mais les Français, méfiants en période de guerre et inquiets d'une propagande qui, à leurs yeux, ne pouvait qu'être téléguidée par les protestants, finirent par l'expulser (avril 1915). La graine était pourtant semée, et bien semée. Harris avait converti 120 000 personnes en dix-huit mois et, de toute façon, sa prédication, ignorante des autorités coloniales quelles qu'elles fussent, était plutôt rassurante pour le pouvoir temporel, même étranger : croyance en un Dieu unique, destruction des fétiches (il passait à l'action immédiatement, les missionnaires blancs ne furent donc pas les seuls à brûler les idoles), lutte contre la sorcellerie, obéissance, condamnation du mensonge, du vol, de l'adultère (mais pas de la polygamie), lutte aussi contre l'alcool, tolérance et glorification du baptême. Le prophète, qui ne fit plus jamais d'autre sortie, mourut chez lui, isolé, tranquille, relativement aisé, en 1929.

L'Église qu'il a fondée sans l'avoir expressément voulu n'a été récupérée par personne et c'est bien le signe de sa vitalité comme d'ailleurs l'abondance, surtout dans les années 1980, de la littérature sur le phénomène harriste et le prophète lui-même. Moralement efficace, apolitique, adéquat à l'Afrique, indépendant, le harrisme s'est renforcé après 1945 et couvre aujourd'hui toute la basse côte, du Liberia jusqu'au Ghana, coexistant harmonieusement avec diverses familles chrétiennes plus universalistes. Des temples harristes, il faut admirer l'architecture parfois exubérante (comme à Bonoua ou à Bregbo) avec colonnes torsadées, anges trompettistes, claustra à étoiles et toujours la statue naïve du prédicateur-fondateur : ample robe blanche, turban blanc, barbe poivre et sel, l'allure marchante et décidée, le regard perçant, tenant à la main sa bible, sa gourde et son bâton de pèlerin à croix. Harris veille à l'entrée de ses maisons sur des cérémonies dominicales bien organisées, des processions souriantes elles aussi toutes de blanc vêtues, menées par le « prédicateur » local et ses douze « apôtres ».

Plusieurs prophètes contemporains plutôt pittoresques, ou même farfelus, perpétuent en Côte d'Ivoire la vitalité de l'Église harriste. D'autres expriment plus confusément les aspirations composites de communautés superficiellement touchées par les enseignements chrétiens, ou alors stipendiées par des mouvements extérieurs plus puissants, comme la secte Moon ou encore le christianisme céleste (dont on va reparler).

Premier de ces prophètes d'aujourd'hui, Albert Atcho, qui résidait à Bregbo derrière Bingerville avec sa très nombreuse famille (neuf épouses et une soixantaine d'enfants en 1985) se réclamait du harrisme.

Papa Nouveau, au contraire, prétendait ne pas s'y rattacher. C'est pourtant lui qu'on appelait pour inaugurer (à Tiagba en 1978 ou à Jacqueville en 1985) les temples harristes de la région. Surnommé « le pape de Toukouzou » (nous sommes passés chez lui), l'homme n'était pas commode. Âgé en principe de 83 ans déjà en 1985, illettré, il faisait le signe de la croix de la main gauche et dirigeait à sa seule guise une entreprise toute personnelle et florissante. Ayant toujours incité ses fidèles au travail de la terre et à l'autosuffisance alimentaire, il leur avait fait défricher un immense domaine pour nourrir sa vaste communauté (environ 20 000 personnes). Père de trente enfants (au moins) et presque centenaire, il prônait, logique avec lui-même, le natalisme, ne condamnait pas spécialement l'adultère et affirmait qu'il avait reçu de Dieu à l'origine la mission de libérer les Noirs du système colonial. En tout cas, c'est en présence du président Bédié, venu tout exprès par hélicoptère, qu'il avait fêté le 60e anniversaire de sa « mission » en juillet 1997.

D'autres personnages sont plus douteux, et de moindre envergure, tel Koboua Yao, dit Kokangba (« va-tout-dire »), qu'un préfet de Dabakala au début des années 1980 avait installé avec ses soixante séides au sommet d'une montagne où il ne dérangeait personne. Il y était toujours en 1999. Kokangba, ancien ébéniste athlétique, peu souriant, était « né blanc », mais il avait viré au noir « quand il est devenu le Christ ». Il affirmait avoir passé huit années de sa vie avec des êtres supérieurs qui lui avaient révélé une écriture originale pour transcrire le baoulé. Là-haut sur sa montagne, il tenait prêtes les grandes pirogues qui, le jour venu, devraient lui permettre d'échapper au second déluge dont la terre sera bientôt punie.

Avec le christianisme céleste, on retrouve une communauté bien structurée, moins importante mais aussi sérieuse que le harrisme. Fondé au Nigeria par un Yoruba mi-dahoméen mi-nigérian, Samuel Biléou Josey Oshoffa, décédé en 1985, il est présent aussi au Ghana, au Togo, au Bénin et, bien sûr, en Nigeria. Un « senior évangéliste » dirige la communauté ivoirienne.

De très nombreux groupes religieux, parfois minuscules et éphémères, se sont fondés au cours des dernières années, en fonction des difficultés multiples de la vie quotidienne et du désarroi des citoyens. Et ce d'autant plus aisément qu'en Côte d'Ivoire les sectes sont considérées comme de simples associations parmi d'autres. Certaines d'entre elles sont authentiquement africaines tandis que d'autres sont animées – et parfois exploitées – par des prédicateurs américains ou anglais douteux dont l'Afrique gagnerait sûrement à se passer. Un recensement publié en janvier 1989[3] dénombrait environ 200 sectes et organisations religieuses de toute nature ainsi réparties : 148 dérivées du protestantisme, 29 de l'islam, 14 du catholicisme, plus 7 mouvements syncrétiques et 5 prophètes. À l'époque, 72 seulement avaient été agréées, 4 refusées, 111 étaient encore en examen. On estimait à 10 % des adeptes la proportion des malades mentaux...

Notons aussi que Yamoussoukro a reçu, fin juillet 1999, la convention mondiale des Rose-Croix, avec ses seize « grands maîtres », 4 500 délégués de 42 pays, son « grand conseiller » ivoirien et aussi ses déchirements internes.

Sorciers, féticheurs et marabouts

Une immense gamme de pratiques religieuses accompagne donc la vie sociale et individuelle des milieux fortement ou superficiellement christianisés. Il est encore plus difficile de s'aventurer dans le domaine complexe et souvent secret de la « sorcellerie ». En tout cas, fréquentes sont les allusions des Ivoiriens eux-mêmes à cet univers mystérieux, troublant et à peu après toujours nuisible. En permanence, on chuchote, on dénonce parfois un peu plus fort, on évoque même à la télévision les pratiques douteuses et maléfiques des sorciers villageois et abidjanais dont l'ignorance et l'anachronisme ne les empêchent nullement d'exister ni d'agir, par exemple sur les stades à la veille des grandes rencontres sportives ou des élections[4].

---

3. Revue *Africa*, n° 212, janvier 1989.
4. Voir en bibliographie A. Touré et Y. Konaté, 1990.

Il faut bien évoquer la question, très délicate, des sacrifices humains, notamment d'enfants, qui met évidemment la plupart des Ivoiriens mal à l'aise. Même très réduites, ces pratiques semblent bien persister d'un côté chez les Krou, ivoiriens ou libériens, de l'autre en pays de tradition akan. Souvenons-nous, chez les Baoulé, du geste, glorieux peut-être mais néanmoins infanticide, de la reine Abla Pokou. Pendant longtemps, les Baoulé continuèrent de mettre à mort l'enfant né d'une femme morte en couches, ou le troisième enfant si ses deux aînés étaient de même sexe différent du sien, ou encore le dixième né de la même mère. Aux sacrifices peut-être démographiques s'ajoutaient des sacrifices occasionnels exigeant la mise à mort à des fins propitiatoires d'un enfant pris cette fois hors de la famille. Il y a dix-quinze ans encore, il ne se passait pas une semaine sans que la presse et la radio ne fassent état de disparitions d'enfants apparemment définitives puisqu'on ne mentionnait jamais ni retour ni découverte. Le Ghana et le Togo sont logés à la même enseigne.

De bonnes analyses ont été données de la crédulité populaire, de la superstition, de l'obscurantisme, du charlatanisme et de tous ceux, marabouts, escrocs et sorciers, qui en vivent, par des journalistes clairvoyants et à plus forte raison par les sociologues ivoiriens. Le journaliste Atta Koffi[5] concluait ainsi l'un de ses articles :

> « De grâce, que l'horoscope n'envahisse pas la radio et la télévision. L'obscurantisme n'a pas besoin de ces *media* pour se porter à merveille dans notre pauvre pays. »

Les noms de la semaine

Des élucubrations astrologiques et zodiacales, revenons aux simples calendriers. On les apprécie beaucoup en Côte d'Ivoire et un calendrier perpétuel musulman permettra peut-être un jour

---

5. *Fraternité-Hebdo*, juin 1983.

d'en finir avec la pagaille qui marque chaque année la fixation claire et définitive de la réapparition de la lune en fin de Ramadan.

D'une façon générale, la vie économique, sociale et religieuse demeure très liée au découpage des jours, même si ceux-ci ne sont pas toujours et partout regroupés en sept. Chez les Akan en général, le nom du nouveau-né est donné en fonction du jour de naissance. Ainsi, chez les Baoulé en particulier, la double liste hebdomadaire pour les garçons et les filles est, théoriquement, la suivante :

	Garçons	Filles
Lundi	Kouassi	Akissi
Mardi	Kouadio	Adjoa
Mercredi	Konan	Aménan
Jeudi	Kouakou[6]	Awou
Vendredi	Yao	Aya
Samedi	Koffi	Afoué
Dimanche	Kouamé	Amoin

Un tel système, évidemment limité dans ses combinaisons, multiplie les cas d'homonymie, surtout pour les garçons : innombrables sont en effet les Kouadio Kouadio, Kouassi Kouassi ou Yao Yao[7] lorsque père et fils sont nés le même jour. Mais il est un peu élargi et enrichi par d'autres noms, attribués, ceux-là, en fonction des circonstances ou du rang de la naissance (par exemple huitième de la fratrie, ou bien troisième de même sexe que ses deux aîné(e)s) et combinés en outre aux prénoms chrétiens. En imposant, en principe, le choix d'un nom de famille définitif et transmissible, le Code la famille de 1964 a semé le trouble dans la plupart des sociétés ivoiriennes qui ignoraient cet usage, sauf les Malinké, Peul et Bambara du Nord et du Nord-Est, tous porteurs d'un nom de clan fixe transmis de

---

6. Au Ghana on écrit Kwaku, Kwame, Kojo, etc., et même encore parfois, à l'ancienne, Quaicoo ou Quassie. À l'intérieur du monde akan, il peut y avoir des décalages de jour selon les sous-groupes.

7. Un film de Claude Vermorel, des années 1970 et intitulé *Yao*, raconte la vie d'un jeune garçon baoulé découvrant son village et le monde.

génération en génération[8]. Pour les Ivoiriens akan chrétiens, par exemple, la formule nominale dominante est du type suivant : Kouakou Kouassi Ernest, Yao Nguessan Célestin ou Kouamé Aya Georgette.

Les gens-en-bois

Les époux et épouses de l'au-delà n'ont, eux, de nom que pour leur seul(e) partenaire. Ils s'appellent, en pays baoulé, *blolo bian,* ou *blolo bla,* ou encore *waka sran*, les gens-en-bois[9]. On doit à cette étrange coutume encore vivace l'existence de petites statuettes souvent peintes en rouge vif et représentant des personnages très modernes : monsieur chic en costume-cravate avec attaché-case, dactylo à lunettes devant sa machine à écrire (ou son ordinateur), pilote, policier ou gendarme en uniforme, magistrat en robe, médecin en blouse blanche avec son stéthoscope, etc. En somme, pour l'individu, homme ou femme, qui les commande, le personnage de bois symbolise le partenaire idéal qu'il aurait aimé trouver en mariage, qui existe quelque part, au moins dans les rêves, et qui se superpose parfois à l'époux ou épouse réel(le). Au mari ou à la femme de l'au-delà, on écrit, on parle, on confie ses pensées intimes, on fixe aussi des rendez-vous. Certains couples – dit-on – font même une fois par semaine chambre à part ou lit séparé pour permettre la visite du conjoint-de-bois à son conjoint-de-chair. Les mauvais esprits déplorent d'ailleurs qu'on n'ait pas assez réfléchi aux conséquences juridiques et morales d'éventuelles grossesses-de-bois...

Ce phénomène des plus curieux et son impact sur la psychologie de ceux qui le vivent demeurent mal connus. Il ne faut pas, en tout cas, confondre les gens-en-bois avec ces vulgaires

---

8. Baroan Kipré Edme, *Mutation des noms africains. L'exemple des Bété en Côte d'Ivoire*, NEA, Abidjan, 1986.
9. Un film de Stephen Kurc, sorti en 1982, leur est consacré : *Dialogue avec le sacré. Les Amants de l'au-delà.*

« statues-colons » apparues plus récemment dans les échoppes pour touristes. On se souvient que les jeunes Wobé se fabriquent eux-mêmes leurs masques personnels. De même, les sculpteurs spécialisés des villes façonnent les gens-en-bois au gré de leurs client(e)s. Comme la bergère bourguignonne ou provençale rêvait de son preux chevalier, la petite dactylo de Didiévi épouse en rêve un professeur d'université, et le planteur de cacao étreint en songe la plus aguichante des majorettes de Bonoua ou de Bouaké. Éternel besoin de merveilleux, universalité de l'ivoirité... On a de la peine à trouver parfois ces petits personnages écarlates offerts contre argent au premier passant. Sont-ils faux ou, au contraire, bien réels mais tragiquement délaissés par leurs ingrat(e)s amant(e)s d'ici-bas ? Meurent-ils au moins de mort naturelle ? On a vu, chez les Anyi et les Abron, que les obsèques conservent une importance toute particulière. On imagine mal qu'une personne puisse mourir au loin sans qu'on puisse l'ensevelir décemment avec toute la pompe requise. Ne pas retrouver le cadavre, comme en cas de naufrage ou accident d'avion, ajoute à la catastrophe. Dans beaucoup de sociétés ivoiriennes, on considère encore qu'aucun décès ne doit être admis comme normal, ce qui oblige chaque fois la communauté, chez les Gouro par exemple, à rechercher et à trouver un coupable. De toute façon, les funérailles donnent partout l'occasion de rassemblements sociaux très appréciés. Le Vieux lui-même tenait à assister aux obsèques de ses compagnons les plus proches. En tout cas, la mort est chère à Abidjan, même quand la guerre ne s'en mêle pas, et juteux le marché des pompes funèbres. La Lyonnaise des Eaux vous le confirmera, puisque c'est elle qui le domine.

L'enfant, la femme et le Code

Il est aussi d'autres morts, silencieuses, parfois plus tragiques, qui font le désespoir des éducateurs, des travailleurs sociaux, des hommes et femmes de droit et de religion : celles des couples séparés, déchirés, divorcés qui laissent leurs enfants au hasard d'une co-épouse vengeresse, d'une aïeule désarmée ou encore d'un Village SOS, quand ce n'est pas purement et simplement à la rue. L'argent, la ville, les bas instincts du nomadisme matrimonial, les distorsions de la vie moderne ou les inconvénients des mutations de fonctionnaires mettent souvent à mal, ici comme ailleurs, les notions de vie conjugale et familiale. Ne parlons pas des années de guerre.

Compte tenu des suppressions coutumières d'enfants évoquées plus haut dans certains cas et certaines ethnies, les Ivoiriens apprécient eux aussi une progéniture nombreuse. Se limiter à trois ou quatre enfants quand Dieu peut en donner dix ou quinze à une seule femme apparaît souvent comme une absurdité, voire un crime. Prestige de la descendance et prospérité économique mieux garantie par une abondante main-d'œuvre, tel est le schéma qui avait effectivement sa logique et sa valeur dans les milieux ruraux traditionnels et relativement fermés. Bon nombre de villageois pensent probablement encore comme Dosso Nombo, imam sexagénaire interrogé près de Séguéla en 1978 :

> « Les enfants qu'on envoie à l'école sont des enfants perdus qui refusent d'aller aux champs et quand ils arrivent à Abidjan, c'est pour ne plus jamais revenir au village. »

L'homme était connaisseur : il avouait alors 4 épouses et 65 enfants dont pas un seul n'avait fréquenté l'école, du moins pas à ses frais ni avec son accord !

Les contraintes de la vie urbaine moderne conjuguées à l'élévation générale, parfois rapide, du niveau de vie tempèrent souvent cette attitude fortement nataliste. De toute façon, on aime les enfants en Côte d'Ivoire comme partout en Afrique, même si certaines paternités cavalcadantes frisent ou dépassent allègrement l'irresponsabilité. L'enfant né d'un père étranger, africain ou à plus forte raison blanc, est fréquemment revendiqué par le milieu maternel ivoirien, capable parfois de déployer une énergie farouche pour garder de force ou soustraire aux recherches le petit métis qu'il risquerait de perdre. Les juristes ivoiriens ont fait de leur mieux pour donner au droit civil, surtout au droit de la famille, un contenu nouveau qui ne violente pas trop fort les traditions anciennes. Le Code civil de 1964 a tenté d'instituer – en tout cas proposé – la monogamie, le régime matrimonial de la communauté, le nom de famille héréditaire et la succession patrilinéaire, mais on constate que la majorité des époux continuent de gérer leur ménage sur des bases strictement séparatistes. Parallèlement, les hommes, « polygames dans l'âme » (?), continuent de prendre à leur aise les dames et demoiselles qui leur conviennent au hasard de leurs rencontres. D'ailleurs, il y a certainement des dizaines de proverbes baoulé, sénoufo, gouro, ébrié ou dioula pour reconnaître que les grands principes ne se marient pas plus souvent avec les grands sentiments que les poissons-chats avec les éléphants[10]. Évidemment, l'égalité effective des sexes s'en trouve encore un peu retardée.

« Qui dira la peine des femmes africaines ? » demandait déjà en 1960 le Néerlandais Joris Ivens dans son très beau film *Demain à Nanguila* consacré au Mali. Depuis lors, elles s'en chargent elles-mêmes un peu partout. Pour une ivoirienne citadine aisée, aimée, aidée, combien encore d'épouses-mères-paysannes debout de l'aurore au crépuscule, « petites mères » avant l'âge, écrasées dès l'adolescence sous le poids des tâches ménagères, puis de la maternité et de la conjugalité, jour après jour, avec leurs deux seuls bras quand il leur en faudrait dix, une instruction nulle ou écourtée, une position sociale marginale ? Trop souvent encore, les hommes gèrent leurs femmes comme ils gèrent leurs greniers, leurs réserves d'ignames et leurs capitaux[11], et les violences conjugales ne sont pas inconnues non plus. Les mutilations féminines sont toujours pratiquées par les Dan, les Guéré et les Wobé, les Malinké et les Sénoufo, les Gouro et même certains Baoulé, ce qui, il y a vingt ans, faisait beaucoup de monde : 80 % des musulmanes, certes, mais aussi 37 % des animistes et 32 % des chrétiennes. Elles sont officiellement interdites aujourd'hui, mais le combat sera long et difficile. Il faudra notamment reconvertir (en matrones peut-être) les exciseuses qui en vivent.

---

10. Voir *Ah ! les femmes* et *Ah ! les hommes* d'Isaïe Biton Coulibaly, NEA Abidjan.

11. Voir Claude Meillassoux, *Femmes, greniers et capitaux*, Maspero, Paris, 1979.

Ceci dit, on a quand même vu, notamment chez les Akan, les femmes occuper parfois de hautes fonctions politiques ou sociales. La reine Akoua Boni succéda pendant trente ans à Abla Pokou à la tête des Baoulé de Sakasso. Chez les Anyi, les femmes des classes dirigeantes sont les intimes conseillères des chefs dans chaque lignage. Parlant avec leur cœur et leur ventre, elles transmettent le pouvoir comme elles transmettent la vie ; mères et sœurs de rois, elles sont obligatoirement consultées sur le choix des héritiers de ce pouvoir et sur les généalogies familiales. La promotion de la femme ivoirienne a donc fait malgré tout des progrès considérables. En même temps que la mise sur pied, avec des conseillers israéliens, d'un service civique masculin et féminin en 1963, le PDCI-RCA avait créé en son sein l'Association des femmes ivoiriennes (AFI). Plus tardif, le ministère de la Condition féminine, installé en 1976, n'a jamais reçu qu'une portion congrue des responsabilités gouvernementales mais plusieurs projets de promotion féminine ont été lancés dans les années 1980, notamment chez les Malinké musulmans d'Odienné. La persistance, dans le Sud chrétien, d'exquis prénoms, désuets chez nous depuis longtemps – Adeline, Scholastique, Hubertine, Alexise... – inclinerait au romantisme, mais la condition féminine en général est encore faite de frustrations et de luttes. Quoi qu'il en soit, les femmes ivoiriennes sont aujourd'hui présentes dans tous les domaines de la vie économique et politique moderne : magistrates, professeurs, médecins, députées, préfètes, mairesses, pilotes, chefs d'entreprise, et bien sûr aussi à des postes plus modestes : chefs de village, créatrices de technologies alimentaires ou artisanales, tenancières de maquis, tresseuses, potières, fabricantes d'*atiéké* du pays adioukrou ou de plats émaillés, auxquelles s'ajouteront un peu plus loin les écrivaines et les très nombreuses artistes de la danse et de la chanson. Une « dame de fer » les domine toutes aujourd'hui : Simone Ehivet Gbagbo, pasionaria tropicale, admiratrice inconditionnelle et exaltée du président son époux, dont elle prolonge, amplifie ou même parfois précède les combats politiques, vouant une haine farouche autant à Ouattara et à ses partisans qu'à la « France chiraquienne »[12].

---

12. Voir bibliographie et « Bonnes feuilles ».

Toutes font avancer la société ivoirienne dans son ensemble, malgré le sexisme, l'analphabétisme et les mille pièges de l'argent facile. À ce propos, le plus vieux métier du monde est florissant ici aussi. On avait eu tendance, jusqu'à 1985, à laisser le monopole de la profession aux « toutous » ghanéennes ou à quelques aventurières sénégalaises ou camerounaises quand une thèse sérieuse et inattendue[13] est venue révéler que les filles du pays – 12 % – n'abandonnaient pas le bitume aux seules étrangères. Et puis, de toute façon, à Abidjan, tous les vices alimentent offre et demande. La drogue arrive de l'est, le harcèlement sexuel et la pédophilie sont entrés au Code pénal et la débauche extrême s'offre toujours en spectacle dans les célèbres bouges de la rue Princesse à Yopougon ou d'autres quartiers.

Les maladies de la « valise »

De tous les impacts du choc colonial, le plus ambigu et le plus durable est peut-être l'introduction de l'économie monétaire avec toutes les pratiques qui n'ont pas fini de s'y rattacher. Ce jour-là, il y a trente ans, nous étions à Lakota, en pays dida. Le défunt Office national de la promotion rurale (ONPR) avait rassemblé une vingtaine de personnalités paysannes, femmes en majorité, pour une session d'animation sur le thème des « budgets familiaux ». Budget, économie, gestion... c'étaient là des termes abstraits qui n'avaient trouvé leur traduction en dida que par le terme, plus expressif, de « valise », celle où le planteur range ses billets de banque quand il a vendu son cacao ou son café au moment de la traite et qu'il fourre sous son lit à l'abri des rats, des termites, des tapeurs... et des femmes. Voilà donc cette petite assemblée partie pour toute une journée à réfléchir sur la définition de la valise. Qui travaille pour la valise ? Qui est le chef de la valise ? Qui

---

13. Goli Kouassi, *La prostitution en Afrique. Un cas : Abidjan*, NEA, Abidjan, 1985.

consomme le contenu de la valise ? Et puisqu'il y a – paraît-il – des dépenses de « bonne piste » et de « mauvaise piste », quelles sont les maladies de la valise ? C'était là une occasion magnifique pour les animateurs de mesurer avec leurs ouailles le chemin tordu qui avait mené la société dida d'hier à l'économie monétarisée et mondialisée d'aujourd'hui, depuis les temps anciens où les « manilles » constituaient la seule monnaie enfouie sous le seuil des cases, puis au temps des travaux plus ou moins forcés pour fournir le caoutchouc et les palmistes exigés par les commandants, pour parvenir ensuite au temps, toujours actuel, du café et du cacao avec son interminable course à l'argent qui met en péril les cultures vivrières. Avec, sur tout cela, le sentiment général qu'on ne comprend plus le monde où l'on est désormais obligé de vivre :

> « Pour tout, nous ne savons plus si nous sommes encore dans l'ancien temps ou déjà dans les temps modernes. »

Et les femmes, toujours écartées de la valise, de renchérir :

> « Autrefois, hommes et femmes s'attendaient... Maintenant, l'homme marche à sa guise, dépense comme il veut... »

Mais, après tout, si c'est pour offrir à leurs épouses, en bons maris, les pagnes « poisson à la braise », « samedi soir » ou « Kodjo, laisse-moi dormir » dont, justement, elles rêvaient, peut-être, certains soirs, cessent-elles de les en blâmer.

Les « hauts-de-en-haut » et les autres

L'argent facile et rapide des années ronflantes 1960 et 1970 a tourné la tête à maints responsables vite promus, vite installés dans un luxe encore inimaginable la veille :

> « À Abidjan, la fortune se proclame. Luxe et prodigalité s'imposent au maître de maison, dont les biens, issus d'une

position de pouvoir, se consument à la maintenir... La *high society* sacrifie au règne du fric[14]. »

Toutes les turpitudes sont alors permises. Et si les hommes, dida ou non, ne discutent plus volontiers avec leurs femmes de la gestion de leur argent, ils savent le proposer à d'autres. Le phénomène social des « groteaux » et des « génitaux » demeure d'actualité, même si, à la longue, les petits jeunes pleins d'ardeur mais sans le sou, n'ayant à offrir aux filles qu'amour et « sucreries », ont dû céder du terrain aux quinqua- et sexagénaires « friqués », assidus à la sortie des collèges. Un amusant article de 1981 mérite encore d'être cité :

> « Le champignon, c'est ce végétal chapeauté qui pousse sur les matières en décomposition. Il tire de la pourriture les ressources nécessaires à son épanouissement. Chez les humains, où il existe, il arrive que ce type de rapport soit inverse. Que l'homme méprisable – fumier – cherche à assouvir ses bas instincts en abusant de la candeur d'une fille. Que par le piège de billets de banque, le sénile profite de la juvénile. Le piège : les premiers billets à quadruple zéro dispensés d'une main débonnaire par un monsieur que son âge range sans appel, dans la catégorie des tontons. Tonton le jour, chéri la nuit, s'entend... Jusqu'au jour où le groteau-butineur manifeste le désir de visiter d'autres fleurs à peine écloses[15]... »

Aujourd'hui, frappés par la conjoncture puis plusieurs années incertaines de violences, les « groteaux » se sont faits plus rares, tandis que les « génitaux » les plus défavorisés rejoignaient les caïds des banlieues ou les Jeunes Patriotes survoltés, parfois avec leurs « go » et leurs « gazeuses ».

Houphouët avait trouvé, en octobre 1975, au VIe congrès du PDCI, de magnifiques objurgations contre ses ministres prévaricateurs ou trop cupides :

---

14. Philippe Decraene, *Le Monde*, 22 mars 1978.
15. *Fraternité-Matin*, 20 janvier 1981.

« Je pense à ceux dont je voudrais me convaincre qu'ils sont minoritaires, qui, investis d'une part plus ou moins grande de l'autorité de l'État et assurés et conscients des droits qu'elle leur donne, ne paraissent avoir qu'une conscience très mesurée des obligations qu'elle emporte, allant jusqu'à détourner à leur profit, ou au profit de quelques-uns, les facilités qui en accompagnent l'exercice.

Je pense à ceux pour lesquels l'accession à un poste important dans l'administration ou dans tout autre secteur paraît marquer une fin en soi, et qui résument dès lors leur ambition et leur conscience professionnelle à la consécration sociale d'un titre qu'ils endossent comme un vague uniforme, à ceux qui réduisent leur grandeur et leurs servitudes à leurs intérêts personnels et pour qui le dévouement au bien public est une formule d'autant plus essentielle et souvent exprimée qu'elle leur reste, au niveau du comportement quotidien, parfaitement étrangère. »

Si l'on ignore quelle plume lui avait fourni ces paroles très gaulliennes, c'est bien lui, en tout cas, qui, d'un seul décret, deux ans plus tard, n'hésita pas – nous l'avons vu – à chasser neuf de ses ministres les plus gourmands, dont un certain HKB.

Mais les habitudes étaient prises. Comment alors empêcher Moussa, Koffi ou Célestin, le policier, le manutentionnaire, le greffier, le postier ou le préposé aux cartes grises, au bas de l'échelle, d'imiter les « hauts-de-en-haut », barons de la politique, cadres des sociétés d'État et du secteur privé ?

« Fais, nous fait ! »

Quelle maladie ravageuse et universelle que la corruption, presque acceptée de surcroît, comme la grippe ou les mouches ! On essaie d'en rire, de la dénoncer (en chaire, comme les évêques en 1990), de la pourchasser même. On a baptisé le système d'un nom concis et parfaitement descriptif : « fais, nous fait ! ». À qui se plaindre et sur quelles preuves quand l'affaire est minime ? Douaniers, policiers, gendarmes et autres « corps habillés » sont aussi des « corps à billets », avec une bonne proportion de brebis galeuses. Les bandes dessinées et les caricatures de la presse continuent de les évoquer en permanence. Concomitants, préalables ou postérieurs au service demandé ou rendu, les cadeaux sont incorporés à la dialectique même des relations humaines, les circuits socio-économico-politiques quotidiens fonctionnant en somme comme l'appareil sanguin du corps humain dont le cœur est le chef, aspirant ou refoulant en continu les offres et les dons, ne recevant que pour être en mesure de donner, n'exigeant que pour pouvoir offrir.

L'arrivée de la « conjoncture » vers 1980-1982 n'avait évidemment rien arrangé. Suivirent quelques années plus tard les premières alertes à la pauvreté, confirmant hélas l'impression générale de dizaines de milliers d'humbles et de laissés-pour-compte confrontés chaque jour au lancinant problème de l'argent, contraints d'inventer de nouvelles stratégies de débrouille et de survie. Lamentations du neveu : « J'ai envoyé trois millions à mon oncle pour qu'il m'achète un terrain au village... Il a coupé et il n'a rien fait ! » Sur qui compter ? On coupe, on mange, on détourne, on majore, on emprunte ou on vole. Ou alors, on « fait couloir » pour décrocher une faveur, un passe-droit ou simplement le déblocage d'un dossier. Les mères supplient les directeurs d'école, les minettes supplient les présidents de jurys d'examen ou les sélectionneurs à l'embauche : « Patron ! Pardon ! Il faut m'arranger ! » Que faire, sinon la grève comme en ce mois d'août 2007, quand on est « taximan » à Abidjan et que le nouveau permis de conduire infalsifiable passe brusquement de 60 000... à 250 000 francs ? Que faire pour diminuer un peu les dépenses de nourriture, sinon prendre de temps en temps au déjeuner le « riz couché » qui est resté de la veille au soir, ou même le « riz mort subite » qui trempe dans une sauce de trois jours ?

Même si, par miracle, l'État ivoirien a assuré tout au long des années de crise le paiement régulier de ses fonctionnaires civils et militaires, les sociologues et les journalistes peuvent continuer à dresser la liste des hantises quotidiennes de leurs compatriotes : la paupérisation croissante, la peur de perdre son emploi (quand on en a un), les rentrées scolaires, la crainte d'une longue maladie ou d'un accident, l'insécurité, et enfin le sida. Pour ce qui est du sida, de vigoureuses campagnes ont déjà été menées depuis quinze ans. Parmi les porteurs du virus (800 000 en 1993)[16], les enseignants et les travailleurs agricoles les plus modestes seraient particulièrement nombreux. L'ivoirisation de la Santé publique est très avancée et le réseau des établissements sanitaires n'est pas négligeable : un Institut de cardiologie, 4 CHU, 14 CHR, 51 hôpitaux généraux, selon le président de l'Assemblée en octobre 1999, donc avant la crise qui l'a évidemment mis à mal surtout dans le Nord. Et puis les médecins ont maintes raisons de déplorer le délabrement de nombreuses unités, l'inconscience professionnelle des personnels et la mauvaise qualité des soins : souvent, le malade n'est reçu, soigné et éclairé que s'il apporte lui-même ses draps, ses médicaments et ses ampoules. Mécontents eux-mêmes de leur sort, les médecins ont déclenché en septembre 2007 une grève très dure que le pouvoir ne pouvait tolérer. Rappelons l'introduction par la Banque mondiale, en 1997, d'un plan spécial « anti-pauvreté » de trois ans, légèrement rectifié mais globalement accepté, bien qu'à contrecœur, par les autorités. Actions sanitaires et sociales se conjuguent en permanence, comme par exemple celles des associations qui se consacrent aux enfants de la rue en perdition.

Si quelques planteurs, éleveurs et transporteurs aisés font exception dans le monde rural, il n'en reste pas moins que, pour une population d'environ 18 millions d'habitants, le secteur moderne, public et privé, ne regroupait encore, fin 1998, qu'un demi-million d'emplois. Il en faudrait au moins cinq ou six fois plus. En outre, curieusement, la tradition commerciale est très peu développée dans ce pays, en contraste total avec tous ses voisins orientaux (Ghana, Togo, Bénin et Nigeria) sauf dans le cas des femmes tenancières de maquis. Les relances périodiques des autorités pour inciter les nationaux au commerce n'ont pas eu grand succès et les étrangers, africains ou non, sont donc, en temps normal, prédominants à tous les échelons de ce secteur.

---

16. Voir *Les sciences sociales face au Sida ; cas africains autour de l'exemple ivoirien*, Actes de l'atelier Gidis-CI/ORSTOM, de Bingerville, mars 1993, ORSTOM, Paris.

En revanche, les imaginations sont inépuisables pour inventer mille et une manières de débrouille, dont les petits métiers d'Abidjan nous ont déjà donné une belle panoplie. Depuis quelques années, on a cessé d'ironiser sur cette économie d'abord qualifiée, péjorativement, d'« informelle » et qui est tout simplement, et noblement, « populaire ». Ses limites sont évidentes, ses faiblesses indéniables, mais, face aux écrasantes forces de la mondialisation, elle n'en assure pas moins la survie, vaille que vaille, de millions de pauvres que des statistiques, plus classiques mais aveugles, condamnaient à disparaître[17].

Les frères allogènes

L'homme est là, gauche, indécis, tandis que notre ascenseur s'emplit : cinq, six, sept personnes, il est le dernier, on n'attend plus que lui mais il hésite encore et finit par demander, inquiet : « Ascenseur-là ! eske lui i moyen nous tous ? » Est-il ivoirien ? Peut-être pas, comment savoir ? Avant la guerre, en gros, la moitié des Abidjanais et le tiers des Ivoiriens étaient déjà étrangers ou descendants d'étrangers. Au temps d'Houphouët, cela n'avait pas d'importance. Qui est, ou était, vraiment étranger en Côte d'Ivoire ? Le décompte est devenu de plus en plus difficile à établir. Si l'on ne raisonne pas *a priori* en termes juridiques, on serait d'abord tenté de répondre : pas les voisins immédiats en tout cas, puisque toutes les frontières du pays – on l'a vu – tranchent en deux ou même en trois les groupes et sous-groupes ethniques nationaux. Les Krou et les Guéré sont aussi bien libériens et guinéens, l'univers malinké s'étend aussi en Guinée, en Sierra Leone, en Gambie, au Sénégal et au Mali. Quant aux Ghanéens, ils sont, certes, anglophones et c'est une différence qui peut avoir son poids, mais Ashanti, Fanti ou Nzima, ils n'en sont pas moins les cousins akan assez proches des Baoulé et des Anyi, plus encore des Abron de Bondoukou

---

17. C'est au Bénin qu'ont été menés les premiers travaux sérieux sur la pauvreté et l'économie populaire. Voir aussi en bibliographie Le Pape, 1998.

(leur royaume est plus étendu au-delà qu'en deçà de la frontière) et surtout des Sanwi, dont le trône royal, en vertu de la coutume successorale, a même failli naguère échoir à un colonel de l'armée ghanéenne !

Second cercle un peu plus lointain : bien avant de devenir burkinabé (en 1984), les Voltaïques d'avant les indépendances ont été ivoiriens (sujets français) de 1932 à 1947, pendant les quinze ans où la Haute-Volta, entité « malade » et indigente, fut rayée de la carte coloniale et partagée entre ses trois voisines. La Côte d'Ivoire en reçut alors le plus gros morceau, le Plateau mossi, densément peuplé, justement pour pouvoir approvisionner en main-d'œuvre ses chantiers et ses plantations. C'est d'ailleurs – on s'en souvient – pour un problème de main-d'œuvre importée que commença la lutte du Syndicat agricole africain en 1944 contre les planteurs blancs. Militants politiques de Basse et de Haute-Côte d'Ivoire, réunies en une seule entité, constituaient alors des listes communes. On comprend ainsi que la seule communauté des Burkinabé, forte peut-être de deux millions d'habitants avant les années de troubles, suffisait déjà à donner au phénomène global des étrangers en Côte d'Ivoire son importance, et bientôt sa gravité. En milieu rural d'abord, ils assuraient depuis soixante ans une part majeure des travaux agricoles les plus ingrats, compensant ainsi tant bien que mal l'exode des jeunes Ivoiriens peu désireux de prendre, après l'école, la succession de leurs « vieux », ou découragés par la réduction des terres cultivables, par exemple dans les zones touchées par l'apparition des grands barrages. À la SAPH dans les années 1980, les saigneurs d'hévéas étaient mossi à 90 %, mal préparés à un métier difficile, impitoyable aux retardataires et aux distraits. Dans le Baoulé et ailleurs, les planteurs ivoiriens ont systématiquement favorisé l'installation des Burkinabé sur leurs terres, disposant du même coup, non seulement de précieux travailleurs mais aussi d'une clientèle politique confortable. Dans l'ensemble, ces « allogènes » n'ont jamais été vraiment en mesure de discuter les exigences foncières, économiques et politiques de leurs utilisateurs et ont été maintenus aux échelons inférieurs d'un système complexe mêlant clientélisme et vassalité. Toutefois, certains ont reçu des terres à cultiver et, devenus eux aussi « autochtones », ont pu accélérer leur intégration, d'autant que la politique ivoirienne d'ouverture pratiquée à l'époque leur valut, ainsi qu'aux ressortissants des autres pays francophones, le droit de vote de 1959 à 1995. En ville, les Burkinabé ont vite investi toutes les professions domestiques : cuisiniers, jardiniers et gardiens de jour et de nuit. Ils sont aussi nombreux parmi les laveurs de voitures et les célèbres *faniko*, laveurs et sécheurs de linge de la forêt du Banko[18]. Les relations vite tendues entre Houphouët et Thomas Sankara, son jeune et trop bouillant cadet assassiné en 1987, ne se sont guère améliorées ensuite avec Compaoré, son successeur, longtemps accusé par les Ivoiriens d'abriter et d'armer les rebelles aux régimes Bédié puis Gbagbo. Tout récemment encore, cette tension pesait très lourdement sur la condition quotidienne des Burkinabé de Côte d'Ivoire, chassés de plusieurs régions, souvent incapables de prouver leur nationalité d'origine ou d'emprunt à cause d'un état civil très lacunaire, de cartes d'identité souvent fantaisistes et surtout des campagnes « identitaires » plus ou moins aveugles et violentes, déclenchées par Abidjan contre les partisans de Ouattara et les « nordistes » en général. Le rôle très positif joué par le président Compaoré pour parvenir enfin aux accords ivoiriens nord-sud de 2007 et 2008 a favorisé une nette décrispation de la situation.

Ceci dit, la revendication, éminemment dangereuse, d'« ivoirité » atteint aussi, par ricochet et depuis plusieurs années, d'autres communautés étrangères ou traitées *a priori* comme telles. De tous les « allogènes », les Maliens sont certainement les plus difficiles à distinguer de leurs congénères du Nord-Ouest parfaitement ivoiriens, compte tenu du large usage dans tout le pays de la langue dioula, ce malinké/bamana véhiculaire qui rivalise presque avec le français comme langue d'intercommunication depuis les frontières du Nord jusque sur les marchés d'Abidjan. Comment distinguer les Touré et Coulibaly sénoufo ou malinké maliens de leurs homonymes ivoiriens, si ce n'est (à la rigueur) par l'immatriculation de leurs camions quand ils reviendront massivement au port d'Abidjan ou (s'ils en ont encore) par leurs cartes d'identité ou leurs cartes

---

18. Voir Alain Bonnassieux, *L'autre Abidjan, chronique d'un quartier oublié*, INADES-Karthala, Abidjan-Paris, 1987, consacré aux Burkinabé de Vridi-Canal.

d'électeur, faussées, trafiquées, confisquées ou détruites depuis quinze ans de chasse aux « nordistes » puis de pouvoir rebelle ?

Parmi les proches étrangers aussi, les Guinéens ont longtemps été des exilés politiques de toutes les ethnies qui avaient fui le régime de Sékou Touré, et notamment des Peuls du Fouta-Dialo, chétifs, un peu « jaunes », souvent gargotiers et petits boutiquiers, comme aussi à Freetown, Monrovia ou Dakar. Les camions guinéens à plaque rouge ont réapparu à San Pedro et à Abidjan. Des Libériens, il y a peu à dire : leur pays a failli disparaître au cours d'une longue et atroce guerre civile, la Côte d'Ivoire les a, bon gré mal gré, reçus et hébergés dans les zones frontalières où ils se sont parfois mêlés de la guerre entre Nord et Sud. Les cousins akan du Ghana ne se sont jamais préoccupés de la frontière fixée par Delafosse et l'Anglais Des Vœux (!) en 1902-1903. Nous avons trouvé les grandes pirogues polychromes des pêcheurs fanti et nzima à Sassandra, à Monogaga, à Béréby et au vieux Fresco, puisqu'ils ont poussé sur le littoral vers l'ouest, à l'inverse des Krou. Frustes et athlétiques, grands buveurs, ils demeurent assez marginaux puisque côtiers et nomades, avec leurs femmes, fumeuses du poisson qu'ils prennent. Dès avant l'indépendance, beaucoup de filles ghanéennes ont importé en Côte d'Ivoire la passe à « *two shillings* », d'où le nom peu flatteur de *two two* qui leur est resté. Le délabrement du Ghana dans les années 1970 a provoqué – ce qu'on n'avait jamais vu – un afflux de chômeurs en quête d'emplois agricoles et aussi de gangsters. En 1982, les ressortissants ghanéens ont même signé un « code de bonne conduite » élaboré par leur ambassadeur, promettant aux Ivoiriens de se comporter dignement et de respecter les autorités... même au cours des matchs de football.

Les étrangers de Côte d'Ivoire sont aussi venus de plus loin. Honneur aux anciens : les premiers Sénégalais sont arrivés en même temps que les Français comme tirailleurs, et d'autres les ont suivis comme commerçants, photographes, marabouts, parfois aussi multiplicateurs-de-billets et « faiseurs de malin » en tous genres, aventuriers au verbe facile et piégé. Comme certains Burkinabé, ils ont accédé à de hauts postes officiels sans qu'on ait exigé d'eux le moindre certificat de nationalité. Présents dès les années 1900 dans les vieilles escales de la côte puis à

Treichville, les Fall, les Ndiaye, les Diop et les Thiam ont beaucoup à raconter, comme A.D., restaurateur à Yamoussoukro, né à Tiassalé vers 1910, qui nous confiait avec malice : « Je suis arrivé dans ce pays en 1900, dans le pantalon de mon père ! »

Entreprenantes et débrouillardes elles aussi, comme partout, les Togolaises et les Béninoises sont surtout implantées dans la restauration (crabes farcis, *koliko*, *akoumé*... des délices !) et le commerce des tissus. En outre, les pêcheurs béninois de Grand-Popo et de Houndjohoundji se sont spécialisés dans la pêche au crabe et à la crevette en lagune Ébrié, près de Dabou. Au campement Moïse, j'ai souvent trinqué au gin avec eux et aidé au calfatage des pirogues avec une boule faite de chaux, d'huile de palme et de bourre de coton qui blanchissait en durcissant et pouvait tenir plusieurs mois.

Les Nigérianes – qu'ici on appelle plus volontiers Nago – essentiellement d'ethnie Yoruba, sont omniprésentes dans les boutiques de tissus, de cosmétiques, de produits de beauté et de médicaments plus ou moins frelatés, plus volumineuses et plus visibles que leurs époux qui sont simplement coiffeurs ou banquiers-des-pauvres. Bien en chair, enturbannées, embijoutées, elles sont abonnées à tous les vols de la côtière, transportant entre Abidjan, Dakar, Lagos et les Canaries (zone franche !) – sans souci des excédents de bagage – d'énormes paniers de marchandises, de volumineux bols de poisson en sauce et toutes les senteurs fortes des marchés où se déroule leur vie entière.

Rappelons aussi, pour la petite histoire, qu'Abidjan, avant la guerre, attirait de nombreuses stars africaines de la scène et de la chanson de toutes origines, et a même abrité un certain empereur centrafricain déchu qui acheva d'y dépenser les diamants qui lui restaient au fond des poches...

La plus importante des communautés non africaines est évidemment la française, dont la présence, ambiguë, controversée, atteste la persistance de liens de toute nature entre la Côte d'Ivoire et l'ancienne métropole. Très secoués par les événements de novembre-décembre 2004, les Français, qui étaient 50 000 en 1985 et encore 9 900 à la mi-novembre 2004, dont une forte proportion (presque la moitié) de bi-nationaux franco-ivoiriens ou même tri-nationaux franco-libano-ivoiriens, se seraient maintenus aujourd'hui à 7 000 ou 8 000. Leur nombre exclut évidemment toute monochromie sociopolitique face au pays d'accueil et à leurs partenaires nationaux. Coopérants enseignants ou médecins de la dernière vague, religieux, entrepreneurs petits et moyens, cadres de grosses sociétés solidement implantées avant comme après la crise, exploitants forestiers et planteurs amoureux de leur brousse, militaires du 43e Bima retranchés à proximité de l'aéroport d'Abidjan, tous, Alsaciens, Corses ou Bretons, reconstituaient sans le vouloir une France de toutes les tendances, de toutes les provinces et de toutes les mentalités sur une terre où plus d'un repose aujourd'hui. Le Vieux n'appréciait guère de son temps qu'on dise que les Français installés dans son pays en « tiraient les ficelles », mais deux ambassadeurs de France ont battu à Abidjan les records de longévité diplomatique, ainsi que quelques conseillers à la présidence ou à la Direction des grands travaux. Sereines encore après sa mort, les relations franco-ivoiriennes s'étaient assez bien sorties des turbulences de Noël 1999, mais pas pour longtemps. Les négociations forcées de Marcoussis, la mise en place de l'opération Licorne, les affaires Hélène, Kieffer, Mahé, les morts incertains de Bouaké et les fusillades de l'Hôtel Ivoire à la fin de 2004 les ont rendues exécrables, le couple présidentiel n'ayant pas de mots assez durs pour vilipender la « France chiraquienne » et tous ses représentants, civils et militaires, chargés sur le terrain, à Paris ou à l'ONU, de ses basses besognes. Après l'exode de 2004 et la fin de la guerre, la crise s'est s'atténuée. Les grosses entreprises françaises n'ont pas bougé, les Ivoiriens ont souhaité le retour des petites et des moyennes, et les soixante ans de mariage colonial forcé n'ont pas encore produit tous leurs effets. Les Français d'Abidjan ont concentré leur vie dans quelques quartiers (Zone IV, Deux-Plateaux) ; le centre culturel, ravagé, a été rouvert en mars 2008 et le lycée français en septembre. Même après le départ complet des militaires, quelques Français resteront à Bouaké et à San Pedro. En tout cas, s'il est une profession française qui, désormais, ne mérite pas de survivre, c'est bien celle de ces soi-disant « conseillers en communication », douteux devins des temps modernes, longtemps familiers eux aussi des diverses allées du pouvoir abidjanais mais piteusement démentis par les faits... à moins qu'ils ne soient de nouveau sollicités par les futurs dirigeants du pays. Renforcés récemment par quelques Syriens, Palestiniens et Pakistanais, les Libanais, présents depuis un siècle en Afrique de l'Ouest, gonflent ou dégonflent leurs effectifs en fonction, d'une part, des malheurs de la mère-patrie et, d'autre part, des périodes fastes ou néfastes dans les divers pays de la région. Pour l'essentiel, au nombre de 60 000, ils continuent de faire confiance à la Côte d'Ivoire. Chrétiens ou musulmans, commerçants, industriels, restaurateurs, toujours actifs, ils ont notamment créé à Abidjan deux des plus grands hypermarchés du continent et appliquent leurs qualités millénaires à toutes sortes d'entreprises qui n'existent que lorsqu'ils sont là. Les plus fortunés et les plus cultivés jouent en outre les mécènes sportifs, culturels et même politiques, et l'on ne sait pas toujours, pour eux non plus, quelle est (ou quelles sont) leur(s) nationalité(s). Les relations libano-ivoiriennes ont parfois un profil en dents de scie, dans la mesure où, de temps en temps, certains professionnels de la fraude et de l'arnaque découverts parmi eux infligent à leur communauté une crise de méfiance et d'opprobre... toute passagère car on sait bien qu'ils demeurent indispensables. Enfin, à tous ceux qui précèdent, nous pouvons d'ores et déjà ajouter... les Chinois.

Rappelons, avant de les quitter, que les étrangers en Côte d'Ivoire constituent en gros un tiers de la population globale, proportion qui n'est atteinte ou dépassée que dans très peu de pays au monde. Le recensement de 1998, qui n'est évidemment plus très fiable, les chiffrait à 4 millions : africains à 97,5 %, originaires des pays de la CEDEAO à 96,7 %, voisins immédiats à 86,8 % (les Burkinabé nettement en tête, suivis des Maliens, des Guinéens et des Ghanéens). Décrire la Côte d'Ivoire comme une « CEDEAO en miniature » n'était donc pas absurde, sauf que certains Ivoiriens ont commencé à éprouver le sentiment qu'ils étaient en train de perdre leur pays. Passionnel et culturel, le désastreux concept d'« ivoirité » est apparu trop tard pour être simplement juridique dans une société déjà multiple et mêlée de longue date. Il a peut-être mis en évidence les effets pervers à retardement (ou, si l'on veut, le « legs empoisonné ») d'une politique d'accueil généreuse et peu regardante sur l'origine, à défaut de « nationalité ». Mais il s'est, en même temps, révélé très pernicieux pour l'ensemble de la société ivoirienne. Riche de ses étrangers et, indiscutablement, enrichie par eux depuis un bon demi-siècle, la Côte d'Ivoire n'a pas eu, dans les années 1990, le sursaut nécessaire pour les reconnaître comme des frères déjà parfaitement intégrés ou des voisins aussi intégrables que précieux. Certes, la guerre est résultée surtout d'une rébellion politique et militaire largement ivoiro-ivoirienne visant au renversement du pouvoir mis en place de justesse en 2000. Mais les problèmes directement liés à la présence massive dans le pays d'allogènes prétendus ou véritables ne sont toujours pas complètement résolus, comme l'a montré le cheminement difficile des audiences foraines, seules habilitées à donner, sous contrôle judiciaire, à plusieurs millions de personnes (!) une nationalité certaine et des pièces d'identité définitives.

9

Climbié, mapouka et *Premier gaou*
Culture et loisirs à l'ivoirienne

La langue et les langues

Lakota 1977. Je regarde longuement caracoler les enfants du centre d'animation, six ou sept petits Ivoiriens probablement d'ethnies diverses, entraînés par Moussa, le fils du gardien mossi, rigolard et joufflu, qui mène joyeusement la sarabande. Leur jeu consiste à courir sus aux souris et aux papillons dès qu'on les repère aux quatre coins du parc et l'escouade manœuvre comme un seul homme à ses commandements :

« Voilà souris ! Faut taper lui ! Où ça ? Ici ! Vous n'a qu'à venir ! Voilà papillon ! Où ça ? Ici ! C'est pas vrai ! C'est vrai kè ! On va prendre ! Non, vous n'a qu'à laisser lui seulement ! »

Silencieuse et profonde est mon émotion. Il fait frais – c'est déjà très rare –, les gosses sont tout à leur jeu et moi je suis heureux de les regarder vivre. Tout à coup, j'admire l'infinie variété de la parole humaine, l'extraordinaire plasticité de leurs messages capables de cheminer par les canaux les plus bizarres, sous les formes les plus simplistes. Et puis, comme un clin d'œil malin du hasard, ce petit caporal en sarrau rayé blanc et bleu s'appelle Moussa et c'est justement son français à lui qu'il parle.

On n'en discute plus guère le principe : avant même la langue dioula, véhiculaire pour tous les nordistes mais sans prise sur les ethnies du Sud, la première langue vraiment commune à tous les Ivoiriens peu ou pas scolarisés, c'est bien « le français de Moussa », ce pidgin qui n'a pas encore trouvé son nom définitif mais qui réussira bien un jour à se faire admettre, comme tant d'autres baragouins résistant à l'histoire, dans l'univers des langues respectables. On peut s'amuser d'abord de ce créole simpliste bien éloigné du « français central » de référence, mais l'ironie cède vite à la gêne quand on est forcé de constater qu'il a déjà droit de cité en Côte d'Ivoire et, depuis longtemps, les honneurs de la presse, des bandes dessinées et de la publicité radiotélévisée. C'est là un phénomène unique par son importance en Afrique francophone, dont le seul antécédent notable serait le « petit-nègre » militaire de l'époque coloniale très étroitement calqué sur le bambara des tirailleurs soudanais, et d'ailleurs prolongé en Côte d'Ivoire justement par le dioula. Dans les années 1980, deux comédiens de la radiotélévision, Toto et Dago, accusés par une campagne de presse de diffuser dans leurs sketches ce charabia malséant susceptible de perturber l'esprit des écoliers confrontés au français scolaire, avaient répliqué : « Nous ne sommes pas professeurs de français. Nous ne faisons qu'utiliser notre langue maternelle... » Vieille querelle qui nous renvoie ici encore au gallo-romain, charabia de latin écorché à ses origines mais néanmoins promis à un avenir assez glorieux...

Ceci dit, sans se piquer de beau langage comme on sait le faire au Sénégal, au Bénin ou au Cameroun, les Ivoiriens de l'élite intellectuelle manient aussi bien le français « central » qu'ailleurs en Afrique francophone. Écrivains et artistes vont nous le prouver dans un instant. Mais il faut mentionner aussi l'existence, en milieu urbain abidjanais, d'un argot français d'une étonnante et inépuisable créativité et qui – fait tout nouveau – révèle des échanges permanents avec le sabir black-beur des banlieues de la métropole.

À trente ans d'intervalle, la préface du Plan quinquennal 1976-1980, habile et réaliste, n'en prend que plus de valeur :

> « La diversité des langues, le fait qu'aucun langage et aucune manière d'être ne s'impose de façon indiscutable en Côte d'Ivoire, font qu'il est difficile de définir une identité culturelle

ivoirienne univoque. L'originalité ivoirienne réside dans la richesse et la nature unique de la rencontre des aires culturelles... Il convient donc dans la phase actuelle de fonder la spécificité ivoirienne sur la richesse des diverses "façons d'être ivoirien". Les unes, agissant sur les autres, devraient aboutir à terme à donner naissance à une façon d'être originale. »

Que n'a-t-on médité ces sages paroles avant d'inventer l'« ivoirité » !

L'école

En dépit d'un effort financier, conceptuel et pédagogique considérable et indépendamment même des épreuves de ces dernières années, l'école ivoirienne n'en finit pas de se chercher depuis quarante ans. Comme partout en Afrique, encore souvent boudée par les familles rurales (« tout enfant qui franchit un jour le seuil du CE1 est à terme perdu pour l'agriculture »), elle croule en ville sous l'inflation des effectifs. Les chiffres donnés à l'Assemblée nationale en octobre 1999 indiquaient :
– presque 2 millions d'écoliers à la rentrée dans le primaire ;
– 600 000 collégiens et lycéens ;
– 50 000 étudiants dans 5 universités (dont 12 000 à Abidjan).

Le temps est donc bien loin du programme « Aventure 1946 » où les 148 premiers Ivoiriens, grâce aux efforts du député Houphouët lui-même, débarquaient en France pour y commencer leurs études supérieures. Progressivement constituée à partir de 1956-1960 sur le modèle français, l'Université nationale a été ouverte à la rentrée de 1963. Plus récemment, on a créé et rassemblé à Yamoussoukro plusieurs instituts supérieurs prestigieux très recherchés[1]. Lancée

---

1. L'ENSTP, l'ESCAE, l'ESA, l'ESMG, l'ESI et l'EFCPC ont été regroupées sous le nom d'Institut national polytechnique Houphouët-Boigny (INPHB), auquel sont venus encore s'ajouter le CAFOP (École normale) et même un Institut de formation des cadres du parti PDCI. Dès le début, de nombreux étudiants étrangers se sont rués sur les places offertes.

à grands frais à Bouaké en 1971 avec la coopération française, l'expérience de télévision scolaire, jugée décevante, a été supprimée sans appel au bout de trois ans. Pertinent, le diagnostic formulé en 1985 à Yamoussoukro par les États généraux de l'éducation n'a pas perdu de son actualité :

> « La pédagogie se trouve en porte-à-faux car notre système éducatif oscille toujours entre des objectifs élitistes et des impératifs nés du phénomène de la massification. »

Un gros effort de recentrage des manuels sur les réalités nationales a été fourni par les deux principaux éditeurs locaux : Nouvelles Éditions ivoiriennes (NEI) et CEDA. Pourtant, la situation générale a continué d'empirer, provoquant la mise au point, en septembre 1997, d'un ambitieux Plan de développement éducation-formation (PNDEF) de 214 milliards de francs CFA pour les trois années 1998-2000, visant à une scolarisation de 90 % en 2005 et de 100 % en 2010. La crise en a décidé autrement.

L'Université d'Abidjan – on l'a vu – s'est trouvée étroitement associée depuis les années 1990 aux turbulences politiques du pays. Agitation, répressions musclées, élèves blessés, étudiantes violées, grèves à répétition, psychose du « péril blanc », c'est-à-dire d'une année perdue, sans examens ni sanctions... Toute une ambiance propice à l'émergence de jeunes leaders exaltés qui parfois se sont retrouvés face à face, Jeunes Patriotes loyalistes contre rebelles du Nord. Les images diffusées dans la presse à la rentrée de 1999 faisaient déjà peine à voir : écoles et collèges « tagués », saccagés, souillés par des jeunes qui semblaient ainsi exprimer leur mépris de l'école et leur refus d'étudier.

L'école ivoirienne, dans son ensemble, a souffert pendant toutes les années de guerre, plus particulièrement dans le Nord, vidé d'une bonne partie de ses enseignants. Les autorités de Bouaké ont réussi tant bien que mal à rouvrir une partie des établissements avec certains appuis internationaux. Et si les professeurs d'université ont encore déclenché une grève en juin 2007 pour protester contre leurs conditions de travail, le lundi 17 septembre a marqué enfin dans tout le pays la première rentrée scolaire réunifiée. Il est en tout cas, à cette occasion, une préoccupation – pour ne pas dire un cauchemar – des jeunes parents qui n'est pas près de disparaître : rentrée des classes = sortie d'argent, accompagnée de tous les problèmes de livres, de fournitures et d'inscription (passe-droits, « couloirs » et « gestes » aux directeurs...). Le thème, récurrent, inspire abondamment les journaux, les émissions satiriques et les conversations privées.

Le sport

Pour leur faire un peu oublier les soucis des lundis de rentrée, des diversions moins désagréables s'offrent aux parents et enfants de tous les âges. Comme tous les Africains, les Ivoiriens sont passionnés de football, sport-roi, spectacle à bon marché propice à l'exaltation collective et au défoulement hebdomadaire. Les tournois inter-États ont toujours été vécus dans un grand élan patriotique, comme déjà la Coupe d'Afrique des nations de 1984 qui inspira, le 15 janvier, à Moussa, chef de rubrique à *Fraternité-Matin*, après une double victoire des Éléphants sur le Togo puis la Sierra Leone, le pittoresque billet suivant (précisons que Dengué Wazo était togolais et Monguéhi ivoirien) :

« Dépis équipe nationa i la sicoté compagnons Togolais, vraiment mon confiance i lé véni encore. Quand on dit on va recommencer, Togolais i z'ont contents trop passéqué lèr dit qué si c'é pas là pris jamais nous on moyen gagner là. Mais quand on a zoué dézième fois, wala tous les Dengué Wazo lèr plumes i z'ont tombé dans gazon. Pitit Monguéhi i lé trop fort !
Nénéfants i la zoué encore avec équipe de Sierra Lion. In bit à zéro sec ! I faut lèr va continuer comme ça jusqu'à Codivoire 84. Tous lé Ivoiriens, femmes oh, garçons oh, pitis nenfants oh, i doit courager Nénéfants jusqu'à fatiguer... passéqué je gagné confiance dans nénéfants mainant. »

Houphouët aimait féliciter lui-même les médaillés olympiques à leur retour au pays, et si la violence n'a pas toujours épargné les stades abidjanais (23 morts, 117 blessés et 3 000 rapatriements à l'issue d'un match-revanche contre les Ghanéens en novembre 1993 !), on n'en est que plus heureux de constater que le football ivoirien, « patriotique et unificateur » pendant toutes ces années de crise, a parfaitement survécu aux distorsions d'un pays brisé, et que les Éléphants ont conservé, au Nord comme au Sud, le soutien de leurs fidèles supporters.

C'est évidemment un autre public qui va revenir fréquenter les terrains de golf de la Riviera d'Abidjan et de Yamoussoukro ou la patinoire sur glace de l'Hôtel Ivoire.

La culture

Par rapport au Sénégal de l'ère senghorienne dont la politique culturelle était célèbre et clairement affirmée, la Côte d'Ivoire fit longtemps pâle figure, si l'on entend par culture les préoccupations intellectuelles d'expression plutôt occidentale et moderne. Très rapidement « parvenue » et enrichie au sommet, la société ivoirienne, pendant longtemps, n'a guère manifesté de goût pour les exercices de l'esprit et les spectacles moliéresques. Les Abidjanais le savaient, sans plus, un peu agacés seulement par d'éventuelles références trop appuyées aux aînés sénégalais toujours donnés comme modèles et auxquels ne les rattachait qu'une relation ambiguë du type : « je t'aime-moi non plus – tu m'agaces ». Mais les choses ont changé assez vite. En s'enrichissant, la bourgeoisie en place a affiné ses goûts, commencé à réfléchir à son passé comme à son destin, et rapidement attiré des artistes de tous pays séduits par un environnement matériel et intellectuel de qualité. En même temps, il semble bien que la forte vitalité des communautés traditionnelles peu acculturées et « bien dans leur peau » limite leur consommation de culture moderne, sauf peut-être pour la radio et la chanson.

Quoi qu'il en soit, le ministère de la Culture (moderne ou ancestrale) a été longtemps confié – de 1977 à 1986 – au plus grand des écrivains ivoiriens encore vivant, Bernard Dadié (que nous allons retrouver), puis, de 1994 à 1999, à un autre homme de théâtre, Bernard Zadi Zaourou. Sous leur houlette, la politique suivie a engrangé quelques belles réalisations, comme les Journées culturelles annuelles organisées de 1979 à 1981, le Festival annuel de théâtre scolaire créé en 1982, le Fonds de promotion culturelle, le projet PADEC de recensement et de restauration des sites et monuments remarquables (notamment à Grand-Bassam), et surtout le Marché des arts et du spectacle africains (MASA), biennal, créé à Abidjan en 1993 en accord étroit avec les organes de la Francophonie, et qui a connu, en juillet-août 2007, après quatre ans de silence, sa 7e édition, sous la bannière « Paix en Côte d'Ivoire, MASA 2007 pour 5 villes » (Abidjan, Daloa, Bouaké, Korhogo et Man), avec 23 groupes artistiques venus de 17 pays. Avec une autre caravane artistique baptisée « Sillons de la Paix » partie de Yamoussoukro et qui a visité 19 régions, la culture joue décidément sa part dans un pays apaisé et ressoudé.

La radio, la télévision, la presse

Les « médias de masse[2] » ivoiriens sont parmi les meilleurs d'Afrique francophone, toujours pour une question de relative richesse. Longtemps contrôlées et dirigées, comme la presse, par le PDCI-RDA, parti unique, la radio et la télévision (née en août 1963) ont très tôt disposé d'animateurs et de comédiens de qualité, tel Léonard Groguhet dont les émissions satiriques en ont inspiré bien d'autres depuis trente ans. Et pourtant, le Vieux détestait les « journaleux ». Avec le temps, la radio, comme les téléphones portables appelés ici « cellulaires », a explosé, décuplée par des stations étrangères et de nombreuses radios de

---

2. Comme aimait à dire le président sénégalais Senghor.

proximité, tandis que les titres de la presse, quotidienne ou périodique, se multipliaient, et avec eux la liberté de ton des journalistes. La crise puis la guerre les ont sérieusement mis à mal. Le pouvoir abidjanais ne s'est pas privé de tracasser ou même de tabasser les rédacteurs ou patrons de presse qui lui déplaisaient. Pourtant – c'est encore un miracle de ce pays –, le multipartisme n'ayant jamais été remis en cause dans le Sud, la presse ivoirienne d'aujourd'hui, à côté de quatre chaînes de télévision, deux de radio et 400 000 internautes, est l'une des plus abondantes et des plus libres de tout le continent, la plus libre probablement de toute l'Afrique de l'Ouest en tout cas, autour de *Fraternité-Matin* et *Ivoir' Soir*, les deux quotidiens gouvernementaux. Une dizaine de titres déjà anciens (*Gbich, Le Temps, Nord-Sud, Courrier d'Abidjan, Le Patriote, Soir-Info, L'Inter, Le Jour*...) poursuivent la solide tradition des dessins satiriques, expressifs d'un humour populaire réaffirmé aux pires moments de la crise et inspirateur depuis plusieurs décennies de nombreuses séries de bandes dessinées, dont les personnages, comme le célèbre Zézé ou Aya de Yopougon, demeurent inoubliables. *Gbich*[3] est parmi les périodiques les plus appréciés, avec sa ribambelle de petits « z'héros » : Sergent Deu Togo, Jo'Bleck, Tommy Lapoasse, Cauphy Gombo, Gnamankoudji et Digbeu. Pour la presse comme pour les livres en général, les « librairies par terre » font partie du paysage abidjanais quotidien dans les rues du centre, et les passants peuvent toujours lire les titres des livres exposés même s'ils ne les achètent pas.

La musique, la danse et le théâtre

Dans ce domaine aussi, la créativité ivoirienne surprend par sa richesse. Un ouvrage entier serait nécessaire pour en raconter le développement depuis un demi-siècle, au temps des deux doyens

---

3. *Gbich*, un curieux titre inspiré à ses créateurs par l'onomatopée qui accompagnait les coups de poing assénés par l'acteur Eddie Constantine dans ses films des années 1950 !

Mamadou Doumbia, dioula musulman tranquille maudit par les siens, et Amédée Pierre, « roi du dopé », chef de file des musiciens-chanteurs bété. Héritiers d'une tradition encore vivace de chanteurs villageois inséparables de la mort et des funérailles, les Bété continuent de dominer la profession, avec Ernesto Djédjé, décédé en 1983 et pleuré comme un héros national, François Lougah à la crinière ébouriffée et Bailly Spinto à la voix d'or depuis trente ans. La vie des artistes n'est pas toujours facile, dans un milieu propice aux requins, aux producteurs véreux, aux impresarii indélicats et autres fabricants de cassettes piratées. Mais la vitalité de la musique ivoirienne est stupéfiante. Elle s'exprime notamment par la prolifération, la création continue, quasiment quotidienne, de nouveaux styles dansés auxquels chaque groupe ou chaque artiste (les Bété encore en tête) attache un nom pittoresque plus ou moins éphémère. En 1991-1992, après le *zigblibiti* et le *zigboté*, se télescopaient l'*agnagan*, le *ziguéhi*, le *gbégbé*, le *gnanbouzé* et le *polihet*, déjà bousculés par le *zoblazo* et le *zouglou*, né sur le campus de Yopougon en 1990 et si ravageur à lui tout seul qu'on n'hésitait pas à parler de « zougloumanie » et de « zouglotique », qu'on a fêté officiellement son dixième anniversaire et qu'il est toujours à la mode. Innombrables sont les nouvelles créations, parmi lesquelles la danse du « poulet grippé » et le fameux « coupé-décalé » créé en 2003 par Douk Saga et inspirateur en peu de temps de quelque 150 versions dans le monde entier, dont la toute dernière s'appelle *kpango*. Le *mapouka*, lui, date de 1998-1999 et provient du pays adioukrou (on précise même : du village de Nigui-Saf). Bien accueilli au 4ᵉ MASA de 1999, il avait tout pour séduire ou pour scandaliser, que ce soit sous sa forme « serrée », c'est-à-dire érotique à l'extrême, ou « desserrée », un peu moins provocante. Interdictions et réautorisations se sont plus ou moins succédé sur toutes les télévisions du monde, mais – on s'en doute – le commerce des vidéocassettes n'a jamais périclité.

À cette liste étonnante, il faut encore ajouter, en dernière minute, la *prudencia*, danse philosophique créée pendant l'été 2008 par son « président » et son « gouverneur » (animateur à la télévision), qui veut inciter effectivement les jeunes à la prudence dans tous les actes et secteurs de la vie, et qui inspire même en ce moment les grands couturiers abidjanais !

D'une façon générale, les artistes chanteurs compositeurs ivoiriens demeurent très proches des rythmes et des langues du pays, sans chercher à faire de la chanson française ni se croire obligés d'imiter l'afro-cubain ou les Zaïrois redevenus Congolais. En revanche, le reggae est bien présent, d'abord avec Seydou Traoré, alias Alpha « bandit » dit Blondy, un « rasta » abidjanais raflé un soir dans une « opération coup-de-poing » et qui fit de cette anecdote son premier succès avec *Brigadier Sabali*. Ce Bob Marley africain, aujourd'hui star confirmée sur tous les continents, se définit lui-même comme un « prototype d'idiot », « foulosophe », « obsédé de paix », bouffon parfois grinçant qui n'hésite pas à dire leurs quatre vérités aux politiciens, aux Africains marxistes quand il en rencontre encore, et aux Blancs :

> « Tu sais que tu es condamné à me reconnaître. Tu ne peux pas m'appeler bâtard, je suis le fruit de ta culture. Je suis maintenant une projection de toi. Et tu ne pourrais pas me regarder en face ? Tu me traites de con ? C'est toi qui m'a appris l'Abc... Les Blancs ne doivent pas démissionner. Celui qui m'a conquis et qui m'a mis son verbe sur la langue, il n'a pas intérêt à se tromper, je ne peux le lui permettre. »

C'est aussi la dérive identitaire du pays qui a inspiré un autre chanteur emblématique engagé, lui aussi star du reggae, Tiken Jah Fakoly, impitoyable chantre des paysans et des opprimés, si détesté du pouvoir qu'il a dû longtemps s'exiler au Mali. Longue est la liste des chanteurs et musiciens actuellement à l'affiche dans le pays ou à l'étranger, car les va-et-vient n'ont jamais cessé entre Abidjan et l'Europe, principalement Paris. C'est à Paris, depuis 2003, que le groupe Magic System, héritier lui aussi du *zouglou*, triomphe avec *Premier gaou* et d'autres succès. La Côte d'Ivoire a toujours attiré, parfois jusqu'à la consécration, de nombreux artistes étrangers, comme le Malien Boncana Maïga, le Camerounais Manu Dibango à ses débuts et l'irrésistible Zaïroise Tshala Moana, reine du *mutuashi* dans les années 1980. D'ailleurs, dans le sillage d'Aïcha Koné, de Reine Pélagie, de Rose-Marie Guiraud et de Monique Séka, nombreuses sont les femmes qui continuent de régner sur la chanson ivoirienne, telles Joëlle C. (récemment décédée) et

Antoinette Konan, fortement marquées toutes deux par leur foi chrétienne et leur recherche de l'amour de Dieu et de leurs prochains. Curieusement, le théâtre ivoirien s'est parfois aventuré dans la recherche d'une pédante modernité malaisée à comprendre. En fait, le débat dans les années 1980 se reliait à un débat plus large sur les acquis véritables ou supposés de l'Afrique ancienne. Certains auteurs voulaient à tout prix prouver que toutes les formes d'expression artistiques et littéraires étaient déjà connues autrefois et donc dignes de rivaliser avec toutes les formes européennes correspondantes ! Vain et ridicule combat mené par deux intellectuels presque homonymes qui tenaient alors l'affiche : Georges Niangoran Bouah, apôtre de la « drummologie », ou étude des textes des tambours parlants, finalement admise par l'Université ; et Niangoran Porquet, « grioticien-fondateur, expert griologue » (décédé en 1995), qui s'empêtrait dans les néologismes et voulait prouver à tout prix l'antique « maîtrise nègre du théâtre », au point de s'attirer un jour cette cinglante réplique d'un jeune historien nommé Laurent Gbagbo :

> « Je veux bien que l'Afrique noire ait connu le théâtre avant l'arrivée du colonisateur, mais il faut que les spécialistes en la matière nous le démontrent au lieu de se contenter de nous le crier. »

Le théâtre ivoirien moderne n'en a pas moins ses lettres de noblesse, puisqu'il est né en 1932 avec les élèves ivoiriens de l'École primaire supérieure de Bingerville alors dirigée par un pédagogue de talent, Charles Béart, que toute l'Afrique francophone révère encore aujourd'hui. Amon d'Aby, Bernard Dadié, Germain Coffi-Gadeau et Charles Nokan sont considérés comme les quatre premiers dramaturges (et aussi écrivains) nationaux. La pièce écrite par les deux premiers, *Les Prétendants rivaux*, fut primée à l'Exposition universelle de 1937, et c'est Bernard Dadié qui, par la suite, a enrichi le répertoire moderne de plusieurs autres privilégiant la critique sociale, fustigeant les arrivistes et les malhonnêtes dans *Monsieur Thogo-Gnini, Papassidi maître-escroc, Les Voix dans le vent* et *Mhoi-Ceul*. La seconde génération a rassemblé Kourouma Moussa, Joseph Miézan Bognini, Tiburce Koffi, Sidiki Bakaba, Bernard Zadi Zaourou, déjà nommé, créateur du style « didiga » et virtuose de l'arc musical, entré plus tard en politique, et enfin Koffi Kwahulé, né en 1956, à la fois écrivain et dramaturge.

Il faut faire une place spéciale au Ballet ivoirien, créé en 1975 par le Guinéen Mamadou Condé[4], et, plus encore, à l'Ensemble Kotéba, fondé en 1974 par un autre Guinéen d'origine, Souleymane Koly. La longue et brillante carrière de cette troupe est jalonnée depuis trente ans par toute une série de comédies musicales nourries de la vie abidjanaise quotidienne exprimée en argot franco-ivoiro-dioula : *Didi par-ci, Didi par-là* ; *Les Malheurs de Didi* ; *Faniko* ; *Adama champion* ; *Commandant Jupiter*... Appréciés sur tous les continents, le Kotéba et Souleymane Koly lui-même ont progressivement diversifié leurs créations, touchant également la musique et le cinéma.

Le théâtre dit « de recherche » n'a évidemment jamais connu un succès aussi populaire, qu'il s'agisse du KFK de Zadi Zaourou, de l'éphémère Griotique de Niangoran Porquet, et surtout du Théâtre rituel très sophistiqué de la Camerounaise Wéré Wéré Liking.

Cela dit, Abidjan manque toujours des infrastructures culturelles (salles, scènes et palais) dont elle aurait besoin. L'Institut national des arts (INA) n'a longtemps disposé que de locaux étroits et vétustes, sans aucun théâtre digne de ce nom pendant presque quarante ans. Le grand Palais de la culture, achevé par les Chinois il y a dix ans, n'a pas eu aussitôt le personnel et les crédits nécessaires à son fonctionnement. Il est pratiquement seul aujourd'hui avec le Centre culturel français, temple irremplaçable, incontesté, de la culture ivoirienne et étrangère, stupidement ravagé pendant la crise et qui vient de connaître une éclipse de plus de trois ans.

---

4. Dit « Vieux Condé », aujourd'hui décédé, époux de l'écrivain Maryse Condé.

La littérature et l'édition

C'est Bernard Binlin Dadié, né en 1917, écrivain précoce et militant, qui a donné le plus aux belles-lettres ivoiriennes. Il en est encore aujourd'hui, à 92 ans, le doyen incontesté. On a évoqué plus haut son long passage au ministère de la Culture et son œuvre théâtrale. Citons parmi ses œuvres littéraires majeures : *Le Pagne noir, Climbié, Un Nègre à Paris* et *Patron de New York*. À sa classe d'âge, qui comptait aussi Amon d'Aby, Charles Nokan et Jean Dodo (décédé en 1986 : *Wazzi, Sacrés dieux d'Afrique*), se rattachent aussi les militants de l'époque héroïque du PDCI-RDA, dont l'œuvre est essentiellement faite de souvenirs historiques et politiques : outre Dadié lui-même (*Cahiers de prison*), Coffi Gadeau, Mathieu Ekra, Joseph Anoma, Philippe Yacé, Doudou Guèye (un Sénégalais qui lutta à leurs côtés) et Anzouan Kacou, tandis que la Fondation Houphouët-Boigny mettait au point une volumineuse *Encyclopédie de la Côte d'Ivoire*. À partir des années 1980, on peut même parler d'une littérature politique, pour ne pas dire ministérielle : par vogue ou sur incitation du président et du Parti, de nombreux ministres ou hauts fonctionnaires ont publié des ouvrages politiques, parfois aussi de pur loisir : Paul Akoto-Yao, Laurent Dona-Fologo, Denis Bra Kanon, Lorougnon Guédé, Gaston Ouassénan Koné et Lénissongui Coulibaly, sans oublier le Vieux lui-même (*Mes premiers combats*).

Du côté des romanciers classiques, nous rencontrons : Aké Loba (*Kocoumbo*), Amadou Koné (*Jusqu'au seuil de l'irréel, Les Frasques d'Ebinto, Les Coupeurs de têtes*), Tidiane Dem, et Jeanne de Cavally pour la littérature enfantine, suivis par une génération un peu plus jeune composée d'Anoma Kanié, de Michèle Assamoua, du cinéaste écrivain Timité Bassori, d'Isaïe Biton Coulibaly, chrétien militant, observateur amusé des rapports sociaux et des couples (*Ah ! les hommes ; Ah ! les femmes ; Ma joie en lui ; Les Deux Amis*), et de Jean-Marie Adiaffi (*La Carte d'identité, D'éclairs et de foudre*), lui aussi « foulosophe » étrange et subversif, décédé en 1999. Parmi les plus récents auteurs, en majorité des femmes, citons : Véronique Tadjo, Fatou Keïta (*Rebelle*), Isabelle Boni-Claverie,

Tanella Boni (*Matins de couvre-feu*), Murielle Diallo, Josette Abondio, ainsi qu'Ernest de Saint-Sauveur Foua (dit Foua Bi) et Koffi Kwahulé déjà cité. La « première dame » de Côte d'Ivoire, Simone Ehivet Gbagbo, en février 2007, a ajouté à la double littérature politique et féminine de son pays ses *Paroles d'honneur*, ouvrage à la fois militant et mystique, très enlevé, très combatif, et qui ne peut laisser indifférent.

On a bien du mal à ranger quelque part Ahmadou Kourouma, né en 1927, auteur déroutant, d'abord autodidacte, opposant politique longtemps en exil volontaire et confortable, très mal à l'aise à l'oral mais plébiscité par la critique et qui se disait « surpris par le succès ». Il laisse essentiellement quatre romans étalés sur trente ans (1970-2000) entre *Le Soleil des Indépendances* et *Allah n'est pas obligé*, et est mort à Lyon « en exil », en 2003, fâché avec le président Gbagbo.

La production des universitaires est abondante, qu'il s'agisse d'historiens (Pierre Kipré actuellement ambassadeur à Paris, Christophe Wondji aujourd'hui conseiller à la présidence, Jean-Noël Loucou, Henriette Diabaté, Sékou Bamba, ainsi que Laurent Gbagbo et Niangoran Bouah déjà cités), de philosophes (Niamkey Koffi), de sociologues (Abdou Touré, Harris Memel-Foté, Marcellin Assi, Goli Kouassi), auxquels s'ajoutent des économistes et chefs d'entreprise (J.B. Améthier, Marcel Zadi Kessy). En outre, la Côte d'Ivoire a financé la version française du volume VIII de l'*Histoire de l'Afrique* publiée par l'UNESCO.

Plusieurs étrangers installés dans le pays ont aussi apporté leur contribution à la littérature ivoirienne, tels Gaston Joseph, de la vieille génération coloniale, Pierre du Prey (*Le Pyromane apaisé*) et Fatou Bolli (*Djigbé*). Mais c'est le Malien Amadou Hampâté Bâ, personnage hors série, qui a longtemps symbolisé à lui tout seul dans son pays d'accueil la sagesse africaine d'antan modérément assaisonnée de modernisme. Malicieux et inclassable, le vieux « sage de Marcory », jusqu'à sa disparition en 1991, a toujours eu beaucoup à dire et à raconter. Barbiche en pointe et déjà la main tremblante, il rayonnait particulièrement sur les jeunes, qui s'inspiraient parfois de ses œuvres pour leurs activités théâtrales. *Kaydara, Petit Bodiel, Njeddo Dewal, L'Étrange Destin de Wangrin, Amkoullel l'enfant peul, Oui mon commandant !, Jésus vu par un musulman*, et d'autres livres encore ont composé un univers fantastique et merveilleux, épicé d'un humour délicieux mais féroce à l'endroit du monde colonial.

Sur un marché fragilisé par la « conjoncture », la pauvreté ambiante et, de plus, les exigences insupportables de la Banque mondiale, les deux principales maisons d'édition, le CEDA et les Nouvelles Éditions ivoiriennes (NEI) – démembrement des NEA africaines – s'efforcent de maintenir leur production, en s'appuyant avant tout sur les ouvrages scolaires et scientifiques. En revanche, les dessinateurs-caricaturistes, favorisés par l'explosion de la presse satirique et humoristique, alimentent de nombreuses bandes dessinées, au service parfois de campagnes d'intérêt général (comme, par exemple, la prévention du sida). Naguère, nul n'osait manquer un album signé Sah bi Djé (dit Jess Sah Bi, devenu aujourd'hui prédicateur) ou Lacombe, le créateur et « papa » de l'incontournable Zézé. D'ailleurs, dessinateurs ou pas, les humoristes ivoiriens sont nombreux aussi sur scène, à la radio et à la télévision, tels Adama Dahico, Jimmy Danger (série « Faut pas fâcher »), Didier Bléou, Digbeu « cravate », Adjé Daniel, Patson « beau gosse », ou Bamba Bakary, parmi bien d'autres animateurs également tentés par le théâtre et le cinéma, et parfois installés en France, comme Joseph Andjou, ou en Suisse, comme Innocent Naki.

Moins populaires que les B.D., les arts plastiques et graphiques sont restés longtemps timides. Samir Zarour, mécène ivoiro-libanais, a longtemps présidé ce secteur, entouré de Grobli Zirignon, peintre et psychothérapeute, Yacouba Touré, peintre et sculpteur, Yao Célestin, céramiste, le doyen Frédéric Bruly Bouabré, inventeur d'un alphabet de petits cailloux, et Christian Lattier (1925-1978), le « sculpteur aux mains nues ». N'oublions pas, dans la foulée, les créateurs de mode comme Chris Seydou qui s'est beaucoup inspiré des pagnes baoulé korhogo et bogolan traditionnels, Alain Niava et Ciss Saint-Moïse.

Le cinéma

La Côte d'Ivoire commence, depuis une vingtaine d'années, à avoir le cinéma qu'elle mérite, dans un milieu difficile, voire impitoyable pour les jeunes productions nationales, et pendant très longtemps étroitement dépendant d'aides et de subventions étrangères, essentiellement françaises. Il faut rendre d'abord hommage à l'œuvre partiellement ivoirienne, audacieuse et novatrice de Jean Rouch pour plusieurs chefs-d'œuvre de son « cinéma-vérité », dont *Moi, un Noir* et *La Pyramide humaine*. On notera aussi l'attrait des paysages ivoiriens pour plusieurs films français des années 1970 et 1980, comme *Le Gentleman de Cocody* (avec Jean Marais), *La Victoire en chantant* tourné en 1976 dans les brousses de Korhogo (avec, parmi les comédiennes, l'épouse de Souleymane Koly), et aussi *L'Aventure ambiguë*, d'après l'œuvre du Sénégalais Cheikh Hamidou Kane. 1964 marque l'arrivée des pionniers du cinéma proprement ivoirien, Timité Bassori et Désiré Ecaré (*Concerto pour un exil* et *À nous deux France*), confrontés à de multiples difficultés. Henri Duparc et Gnon Mballa prennent la suite jusqu'à l'apparition de Jean-Louis Koula (Adja-Tio) et surtout de Sidiki Bakaba, rentré de France en 1979 avec *Bako*, ou le drame – déjà – de l'immigration clandestine des Africains en Europe par l'Espagne. Double succès en 1983 de Yéo Kozoloa avec *Pétanqui* et de Moussa Dosso avec *Dalokan*. Comme dans la chanson, les thèmes nordistes traités en versions originales bamana ou dioula (très interchangeables) présentent l'avantage de séduire un vaste public indifféremment ivoirien, malien, burkinabé, guinéen ou même sénégalais et gambien, d'où le succès, en Côte d'Ivoire même, du Malien Souleymane Cissé avec sa très belle trilogie *Baara – Finye – Den Muso* (Le Travail, Le Vent, La Fille), capable de contribuer à l'intégration culturelle de la sous-région. En 1985, la reprise du cinéma ivoirien s'affirme avec *Comédie exotique*, premier long métrage de Kitia Touré qui s'appuie sur le *poro* sénoufo et égratigne les africanistes européens, et *Visages de femmes* de Désiré Ecaré qui fait, après dix ans de silence, un retour fracassant : son film, longtemps différé, consacre à la cause féminine un plaidoyer parfois malhabile et mal cousu mais d'une vérité si nue et si dérangeante qu'il fut d'abord interdit, puis – comme le *mapouka* – expurgé et réadmis dans le pays.

Suivent à partir de 1987 : *Les Guérisseurs* et *Tanoë des lagunes* de Sidiki (devenu Sijiri) Bakaba ; *Bal Poussière* (comédie « afrodisiaque » !) et *Le 6ᵉ Doigt* d'Henri Duparc (décédé en 2006 à Paris) ; *Outrages* de Jean-Louis Koula ; *Bouka* puis *Ablakan* de Roger Gnoan Mbala ; *Djéli* de Fadika Kramo-Lanciné, ainsi que de nombreuses séries pour la télévision. Bakaba, devenu directeur du Palais de la culture d'Abidjan (avec son école de formation d'acteurs), prépare un film sur Toussaint Louverture. Parmi les dernières productions, *Un homme pour deux sœurs* de Marie-Louise Asseu est sorti en février 2007. Il faut aussi mentionner le succès de *Bronx-Barbès* d'Éliane de Latour, qui a fait un triomphe auprès des jeunes marginalisés d'Abidjan ravis de s'y reconnaître.

De nombreux comédiens et comédiennes s'illustrent aujourd'hui, tant dans les longs métrages que dans les séries télévisées, telle Akissi Delta, analphabète, héroïne, avec plusieurs autres, du téléfilm *Ma Famille*. Sans parvenir à éliminer pour autant les films étrangers de basse qualité qui prônent la violence, le crime et le sexe à l'occidentale, le milieu du cinéma ivoirien est donc assez foisonnant et la coopération française lui maintient son appui technique et financier.

Finale au Musée

Bohumil Holas, l'ethnologue tchèque taciturne et mal aimé qui régna longtemps sur le Musée d'Abidjan, ne communiquait guère. Son institution, encore peu connue, avait besoin de se moderniser et tout visiteur, en début ou en fin de séjour selon son gré, est assuré d'y trouver la révélation, ou la confirmation, de l'étonnante richesse des cultures ivoiriennes. Infinie variété des formes esthétiques et des matériaux, subtile complexité des systèmes de numérotation et de mémorisation... Même sous la poussière ou dans l'ombre d'un recoin triste, le Musée a accumulé les témoignages d'expériences collectives multiséculaires, les preuves d'une sagesse capitalisée en symboles qu'on n'aurait jamais fini d'énumérer : nœuds philosophiques et poulies de tisserands baoulé, boîtes à souris pour divination, tambours qui ont parlé et parlent encore aux « drummologues », poissons-chats à barbiche familiers des pièces de 100 francs de la Banque centrale. Et des masques, des masques par centaines, venus des quatre horizons du pays, effrayants ou rigolards, hideusement sombres ou éclatants de couleurs vives, parfois mi-anthropo mi-zoomorphes, comme pour bousculer les catégories trop rigides de la création et toutes les réconcilier dans une joyeuse et moqueuse mixité. Et puis encore un bonhomme, morne et mal peigné, venu de chez les Gouro, une ingénue yakouba aux yeux creux et pourtant prête au baiser, des calaos, des caïmans et des ancêtres sénoufo bifaces, un phacochère guéré grimaçant, des citrouilles cornues du Baoulé... Et enfin – je ne les ai pas débusqués tout de suite mais j'étais sûr d'en trouver –, huit ou dix « époux de l'au-delà » noirs et rubiconds, tout frémissants encore des rêves de leurs géniteurs et qui, depuis leur vitrine, les yeux écarquillés en ovales, essayaient de comprendre, abasourdis, la stupéfiante métamorphose, en l'espace de quatre générations, de leur pays si fécond, si multiple et assez fort aussi pour triompher bientôt de ses derniers malheurs.

Paris – Abidjan, 1986-1999-2009

Annexes

Bonnes feuilles

« C'est demain l'an 2000 »

Une page de notre histoire se tourne à chaque lever du soleil et lorsqu'un oiseau sur un arbre chante pour nous saluer. Le dialogue ? Il sait que le lien est rompu mais il chante quand même. Il sait aussi que nous nous bousculerons tout à l'heure dans nos rues, dans les queues ; aux feux rouges, nous nous regarderons avec des yeux de rivaux dans la quête du pain quotidien ; peuples assujettis aux soucis planifiés pour qu'ils soient mieux rivés aux locomotives des maîtres du moment. Entrerons-nous en automates dans le nouveau siècle avec nos vieux habits, nos draps sales, nos rictus de boxeurs assoiffés de victoire, nos coups-de-poing américains qui envoient tout rival au tapis ? Bravo !

Chez nous, le bois, le phosphate, le diamant, l'or, j'en passe, et c'est encore et toujours les famines, l'insécurité, la chasse à l'homme, le jour, la nuit, des villages encerclés, pillés, brûlés, l'errance pire que les errances coloniales ; les militaires de cette époque-là faisaient sonner le clairon pour les heures de repos, heures de lucidité qui permettaient aux fuyards de souffler et aux mères d'allaiter leurs enfants.

Vingt siècles après Jésus-Christ, plusieurs centaines d'années après Mahomet et c'est encore le mépris, les sujétions, les traites sous toutes les formes ; peuples esclaves, peuples consommateurs, trop souvent cobayes, décimés pour la gloire, pour la domination d'une caste, d'un clan, d'une langue, d'une culture qui se voudrait « référence ».

Nous avions rêvé d'une Afrique debout, se propulsant sur la scène de l'histoire après avoir déchiré la tunique taillée à une mesquine mesure, et nous voici avec une Afrique se tortillant encore dans les buissons épineux de l'ère coloniale, une Afrique infantilisée qui se croit condamnée par on ne sait quel Dieu, pour on ne sait quelle faute ; donner à l'Afrique un autre visage que celui de six millions de réfugiés... Une Afrique, Afrique ! Et nous voici avec une Afrique de mercenaires.

Bernard DADIÉ
14 août 1999
(article publié dans *Le Jour*, n° 1414 du 21 octobre)

Revendiquons notre pays !

Il faut que les fils du pays et les étrangers qui y séjournent vivent dans un respect réciproque, et surtout, dans le respect scrupuleux des lois et des règles de notre pays.

C'est pourquoi nous devons, par la prière, briser les paroles de ceux qui veulent la suppression de notre Constitution et qui veulent nous imposer un « roi » venu d'ailleurs.

Revendiquons notre pays, disons à Dieu, qui nous voulons comme « roi ».

Ce n'est ni l'ONU, encore moins la communauté internationale, qui fera pour nous ce choix.

Seuls, les Ivoiriens se donneront le dirigeant qu'ils veulent et leur choix sera celui de Dieu. (...)

Nous en sommes à ce jour à 20 résolutions des Nations unies sur la Côte d'Ivoire. La toute dernière est baptisée la 1721. (...)

Je propose à la Côte d'Ivoire et au monde entier d'utiliser, comme socle de réunification et de sortie de crise, ma résolution à moi. Comme par un heureux hasard, elle est également affectée du nombre 17.21, signe de Dieu, afin que tous les cœurs et tous les esprits soient apaisés ! Cette résolution est tirée de la Bible, de l'Évangile de Jean au chapitre 17 verset 21. « *Que tous soient un.* » C'est un commandement de Dieu, personne ne doit s'y déroger (*sic*). Nous devons donc nous unir pour sortir notre pays de la crise, afin d'offrir plus de bien-être à nos populations. Et travailler avec comme objectifs ultimes, l'unité retrouvée, le peuple réconcilié, le pays réunifié, la souveraineté reconstituée, la Nation ivoirienne refondée.

Simone E. GBAGBO
(*Paroles d'honneur*, p. 423-424)

Brèves de maquis

– Cimetière, y a pas couloir !
– Aujourd'hui, pour une paire de fesses, on te tue cadeau !
– Avant de savoir, est-ce que tu savais déjà ?
– Premier gaou n'est pas gaou, c'est deuxième gaou qui est niata oh[1] !
– Celui qui n'a pas montré son dos au soleil ne pourra jamais montrer son ventre à la lune.
– Faut pas taper moustique qui assis sur tes testicules. Faut faire doucement avec lui.
– Un petit pompier n'a pas peur d'une femme de feu (parole du « foulosophe » Asalto Gawz).

---

1. Aphorisme et refrain fétiche du groupe Magic System, difficile à traduire, et qui signifie à peu près : naïf, ignare ou crédule, si tu t'es fait posséder une première fois, tu es pardonnable, mais pas la seconde !

Repères chronologiques

Xe siècle	Installation des Sénoufo.
à partir du XVIe siècle	Installation des Mandé du sud et des Bété.
XVII/XVIIIe siècles	Arrivée des Anyi et des Baoulé.
1637, 1687, puis 1701-1704	Quelques Français à Assinie.
vers 1750	Sacrifice de la reine Abla Pokou des Baoulé.
1843/1844	Traités franco-sanwi, premiers du genre sur la Côte.
1863	Verdier s'installe à Assinie.
1881	Première plantation de café à Elima.
mars 1893	La Côte d'Ivoire colonie française, chef-lieu Grand-Bassam ; Binger premier gouverneur.
1895-1898	Fin de la lutte contre Samory Touré.
octobre 1895	Débarquement des premiers missionnaires (s.m.a.) ; la préfecture apostolique des Missions africaines de Lyon deviendra vicariat en 1911.
1899-1903	Peste et fièvre jaune à Grand-Bassam, abandon partiel de la ville, installation de l'administration à Bingerville (nov. 1900).

ANNEXES 287

janvier 1904	Début des travaux du chemin de fer à Abidjan ; tentative infructueuse pour percer le cordon littoral à Port-Bouët.
octobre 1905	Naissance (officielle) de Dia (Félix) Houphouët (Boigny).
29 avril/1er mai 1908	Séjour du ministre des Colonies « à la Côte d'Afrique » et en Côte d'Ivoire.
1908-1915	Politique de la « manière forte » du gouverneur Angoulvent, fin (brutale) de la « pacification ».
1913-1915	Prédications de Wadé Harris tout au long de la côte.
1925-1940	Houphouët médecin de brousse.
1932	Suppression de la Haute-Volta dont la majeure partie devient « Haute-Côte d'Ivoire » jusqu'à sa reconstitution en 1947.
août 1933	Abidjan capitale, transfert effectif en 1934.
juillet 1937	Création par les planteurs européens du Syndicat agricole de Côte d'Ivoire.
1940	Houphouët quitte la médecine, devient chef coutumier et planteur.
juillet 1944	Création du Syndicat agricole africain (SAA). Houphouët en est président.
oct./nov. 1945	Houphouët député pour la première fois.
1946	Création du PDCI, section ivoirienne du Rassemblement démocratique africain

	(RDA) après le congrès constitutif de Bamako. Loi « Houphouët-Boigny » abolissant le travail forcé.
1949	2ᵉ congrès du PDCI-RDA, arrestation des dirigeants et jugement, marche des femmes sur la prison de Bassam, début d'une vague de répression dans tout le pays.
1950	Poursuite de la répression. Houphouët échappe à l'arrestation (26 janvier) et prononce le désapparentement du PDCI-RDA du PCF.
juillet 1950	Ouverture du canal de Vridi : Abidjan port de mer.
1956-1957	Autonomie, régime de la « loi-cadre » Defferre, installation d'un Conseil de gouvernement.
sept. 1958	Référendum : la CI vote à 99 % pour la Communauté ; « pogrom » contre les Togolais et les Dahoméens.
4 déc. 1958	Proclamation de la République : Houphouët Premier ministre.
1959	Discours d'Adzopé (mai) ; formation du Conseil de l'Entente avec le Niger, la Haute-Volta et le Dahomey.
7 août 1960	Indépendance de la Côte d'Ivoire. Houphouët président, sera réélu tous les cinq ans en 1965, 1970, 1975, 1980, 1985 et 1990, en même temps que l'Assemblée nationale.

avril 1961	Accords de coopération avec la France.
1962	Jeux de l'Amitié à Abidjan.
1963	Adhésion de la Côte d'Ivoire à l'OUA (mai) ; ouverture de l'Université (oct.).
1965	Adhésion à l'OCAM ; 4ᵉ congrès du PDCI-RDA et élections.
1970	Adhésion à la CEAO ; 5ᵉ congrès et élections.
1972	Inauguration du barrage de Kossou et du port de San Pedro.
mai 1975	Adhésion à la CEDEAO ; 6ᵉ congrès, triple élection.
1977	« L'esprit du 20 juillet » : 9 ministres limogés, remise en ordre sévère, appel à une seconde génération politique. Découverte de pétrole en Côte d'Ivoire (oct.).
1980	Renouveau démocratique : 7ᵉ congrès et élections ; 10 communes pour le Grand Abidjan.
1981-1983	Crise internationale et « conjoncture » nationale : banditisme, sécheresse, feux de brousse. Yamoussoukro devient théoriquement capitale.
mars 1984	Le sport-roi : Coupe d'Afrique des nations de football à Abidjan et à Bouaké.
10 août 1985	(Seconde) visite du pape Jean-Paul II, inauguration de la cathédrale d'Abidjan.

sept./oct./nov. 1985	8ᵉ congrès-marathon ; triple élection ; Bureau politique, Comité directeur et Assemblée nationale élargis ; 97 municipalités nouvelles.
fin 1986-1987-1988	Effondrement des prix du café et du cacao. Début de relations orageuses avec les bailleurs de fonds, les acheteurs et les créanciers.
1990	Réforme constitutionnelle : plan de relance d'Alassane Ouattara Premier ministre (nov.) ; avènement du multipartisme, 9ᵉ congrès et premières élections ouvertes (oct.) ; XVIᵉ sommet de La Baule (juin) ; 3ᵉ visite du pape, pour la basilique de Yamoussoukro.
1991	1ᵉʳ congrès extraordinaire (avr.) ; intensification des épreuves de force avec les partis d'opposition et l'Université et malaise dans l'armée (mai-juin-juillet). Rupture avec la Banque mondiale et le FMI.
1992	Émeutes et violences sur les campus, procès politiques. Début des privatisations.
1993	Crise du café et du cacao, crise universitaire, poursuite des privatisations. Traité OHADA (17 oct.).
7 déc. 1993	Houphouët décède à 88 ans. Henri Konan Bédié lui succède.
1994	Funérailles grandioses d'Houphouët (fév.) ; 2ᵉ congrès extraordinaire du PDCI-RDA, Bédié confirmé (30 avril).

Dévaluation du franc CFA (11 janv.). Reprise avec le FMI et la Banque mondiale (janv./fév.). Nouvelle loi électorale (13 déc.).

1995   Élections à trois degrés (oct./nov./déc.). Agitation politique et « marche du siècle » avec 300 000 personnes (27 mai). Vrai faux putsch militaire (oct.) ? Nouveau Code des investissements (3 août).

1996   Élections municipales (13 fév.). Le PDCI a 50 ans et tient son 10e congrès (fin oct.).

1997   Remaniement de la Constitution et du Code électoral (8 août). Toujours l'agitation universitaire, les privatisations et le bras de fer avec la Banque mondiale.

1998   Conseil des ministres exceptionnel à San Pedro (2 avr.). Nouvelle réforme constitutionnelle (30 juin). Émeutes à Abidjan (sept.) mais accord avec le FMI (16 oct.). Loi foncière 98-750 (23 déc.).

1999   Funérailles de Philippe Yacé (janv.) et de Guy Nairay ; liquidation et transformation de la Caisse de stabilisation (21 janv.). Violente agitation universitaire (avril-mai). Vote d'une nouvelle Constitution (23 juillet). Scandale des 18 milliards détournés (juillet/août). Sommet du G7 à Cologne : la dette de la CI est allégée de 800 millions de dollars (18 juin). Aggravation de la crise avec le RDR de Ouattara (à partir de juillet), querelle de l'ivoirité, rebondissements quotidiens dans l'affaire de son certificat de nationalité (oct.) ; émeute à Abidjan (27 oct.), procès du RDR et condamnations (nov.) ; mandat d'arrêt contre Ouattara. Coup d'État à Noël : le général Robert Gueï aux commandes. Bédié en exil.

2000   Gueï président de fait pendant dix mois. Élections présidentielles (22 oct.) : Gueï tente un coup d'État électoral. Laurent Gbagbo impose sa victoire et, difficilement élu, prête serment (26 oct.). Charnier découvert à Yopougon (27 oct.). Élections législatives (10 déc.).

2001   Tentative de putsch (7-8 janv.). Élections municipales (mars). Reprises progressives des aides extérieures. Forum de Réconciliation nationale (9 oct.-18 déc.).

2002   Rencontre des chefs à Yamoussoukro (janv.). Procès des putschistes de janv. 2001 (mai-juin). Le certificat de nationalité d'ADO enfin délivré (28 juin). Élections régionales (juillet). Gouvernement d'ouverture éphémère (5 août). Assassinat de diverses personnalités, dont Balla Keïta (août).
Rébellion des militaires à Abidjan, Bouaké, Korhogo (19 sept.).
Le pays coupé en deux. Opération française « Licorne » (27 sept.).
Deux autres mouvements rebelles se joignent au MPCI (fin nov.).

ANNEXES 293

2003

Négociations de Marcoussis (15-23 janv.) et accords.
Sommet France-Afrique et réunion NEPAD à Paris (fév.).
Accord d'Accra (8 mars).
Gouvernement de transition de Seydou Diarra (13 mars).
Fin officielle de la guerre (4 juillet).
Affaire « IB », arrestations en France et en Côte d'Ivoire (fin août/début sept.).
Meurtre du journaliste Jean Hélène à Abidjan (21 oct.) et procès de son meurtrier.
Sommet d'Accra (nov.).

2004

Opération Licorne : déploiement des militaires français dans le Nord (janv.).
Gbagbo à Paris (5-6 fév.).
Affaire Bolloré et retrait des ministres PDCI (mars-avr.).
Carnage à Abidjan (25-29 mars) : rapport officiel des Nations unies : 120 morts, 274 blessés, peut-être davantage.
Le gouvernement est réduit de 41 à 15 ministres (début avr.).
Arrivée des casques bleus (mai-juillet).
Disparition du journaliste Kieffer (mai).
Destitution ou immobilisation des ministres rebelles (mai).
Bolloré, majeur dans la région avec 8 000 salariés, se retire des secteurs café et cacao mais se bat pour conserver le terminal du port d'Abidjan.
Sommet d'Accra (29-30 juillet).
Regain de crise à la mi-novembre : bombardement ivoirien des positions françaises à Bouaké ; représailles immédiates, l'aviation ivoirienne détruite ; violences contre les Français à Abidjan,

et répression par les militaires français (4-9 nov.) ; exode de 8 300 civils français, ainsi que d'autres européens et libanais (10-18 nov.).
Manifestations pro- et anti-Gbagbo à Paris (11 et 21 nov.).
Sanctions votées par l'ONU (15 nov.) mais reportées à janvier.

2005 Accord de paix à Pretoria (6 avr.).
Création d'une CN-DDR pour le désarmement (avril).
Tueries à Duékoué entre Guéré et Dioula (mai et juin).
Accord de désarmement à Yamoussoukro (14 mai).
Renforcement de l'ONUCI (24 juin).
Trois officiers supérieurs agressés après dîner à l'ambassade de France (28 juin).
Sommet de la CEDEAO à Abuja (30 sept.).
Résolution 1633 du Conseil de sécurité : Gbagbo prolongé d'un an sous contrôle d'un GTI et d'un Premier ministre aux larges pouvoirs : Ch. K. Banny nommé (5 déc.) forme son gouvernement (28 déc.).

2006 Attaque contre le camp d'Akuédo et rafales contre le Premier ministre (2 et 3 janv.) ; regain de violences à Abidjan (mi-janv.) notamment contre l'ONUCI ; sanctions des Nations unies.
Sommet de Yamoussoukro (28 fév.).
Affaire du *Probo Koala* (août).
Huis clos serré à New York (20 sept.).
Sommet raté à Ouagadougou (26 sept.).
Sommet d'Abuja (6-10 oct.) ; réunion de l'Union africaine à Addis-Abeba (17 oct.).
Élections encore impossibles en 2006.
Résolution 1721 de l'ONU (1er nov.) :

Gbagbo encore prolongé d'un an ; pouvoirs renforcés du Premier ministre mais le « tandem » est bloqué.

2007 Sixième accord de paix à Ouagadougou (4 mars) : G. Soro nommé Premier ministre (28 mars) ; gouvernement d'union (7 avr.) ; premiers démantèlements de la « zone de confiance » et premières réductions des forces de l'ONUCI (avr.).
Attentat manqué contre Soro à l'aéroport de Bouaké (29 juin).
Gbagbo à la 62ᵉ Assemblée générale des Nations unies (sept.).
L'ONU s'inquiète des retards en matière de désarmement, d'intégration Nord-Sud, de régularisation des sans-papiers et de respect des droits de l'homme. Elle maintient les sanctions (oct.) pour an.
L'affaire Kieffer rebondit (oct.).
Début effectif des audiences foraines (oct.-déc.).

2008 Procès contre « IB » (janv.).
Les élections en juin ? en novembre ?
La SAGEM choisie pour les c.i.d. et les cartes d'électeurs (13 janv.).
Les « barons du cacao » en justice (juin).
Novembre : officiel ! les élections sont encore repoussées... *sine die*.
Renouvellement de l'accord de paix de Ouagadougou (22 déc.).

2009 Décret sur la réforme de la filière café-cacao (27 fév.).
Drame au stade Houphouët-Boigny d'Abidjan lors du match Côte d'Ivoire-Malawi (29 mars) : 19 morts. Deuil national de trois jours.

Petit glossaire franco-ivoirien ou franco-ivoiro-nouchi
(toutes origines confondues)

Chaque épreuve, chaque crise suscite en permanence de nouvelles trouvailles de vocabulaire, abondantes, pétulantes, même si celles de ces dernières années ne sont pas toujours très drôles...

Pour la vie quotidienne

RADIO-TREICHVILLE ou RADIO-TROTTOIR : la rumeur publique, le bouche-à-oreille.

WOUYA-WOUYA : de mauvaise qualité (des piles wouya-wouya).

C'EST QUOI MÊME ? : qu'est-ce que c'est ?

JUSQU'ÀÀÀÀÀ FATIGUER : terriblement, énormément, à l'excès, interminablement.

FAIRE COULOIR : négocier, intriguer en coulisses pour obtenir un droit... ou un passe-droit (partout possible... sauf au cimetière).

YAKO ! : à l'origine : bravo ! félicitations, mais le mot a viré de sens pour signifier aujourd'hui le contraire : mon pauvre vieux ! je te plains, pas de chance (commisération amicale).

PAPIERS DE BLANCS : diplômes, certificats, attestations, toute la paperasse administrative moderne inaccessible ou incompréhensible pour les analphabètes et les petites gens.

AKWABAA, ou JAMO JAMO, ou ATUM ATUM, ou I NI TIÉ ! : salut et bienvenue (selon les langues et les régions).

CONJONCTURE : le mauvais sort économique qui déclenche licenciements, galère, expulsions et chômage pour les CONJONCTURÉS qui peuvent être aussi COMPRESSÉS ou DÉFLATÉS ou encore DÉGUERPIS (si on les a chassés de chez eux).

ARRANGER (quelqu'un) : régler son problème, lui accorder ce qu'il demande, au besoin par la triche, la combine ou le passe-droit.

SCIENCER EN PRO : analyser attentivement une situation avant d'agir.

GÉRER (une fille, une femme) : contrôler, exploiter, entretenir.

DJ : les plongeurs-laveurs d'assiettes (en Europe), parce qu'ils font les mêmes gestes que les disc-jockeys.

PANATIK : sans le sou, fauché.

CELLULAIRE : téléphone portable.

MOYEN : verbe à tout faire qui signifie pouvoir, être capable de, parvenir à, suffire (on a vu : « ascenseur-là, eske i moyen nous tous ? »).

COULOIR : lieu de rencontre, de négociations et donc d'arrangement possible (partout et toujours, sauf face à la mort...).

Pour le voyage

GBAKA : petit bus collectif, autrefois camionnette Renault.

S'EN FOUT LA MORT : aujourd'hui presque toujours une Toyota.

WORO-WORO (trente francs-trente francs) : taxi local, limité à une seule commune.

CAMION : voiture particulière.

ESSENCERIE : station-service.

GARAGE : gare routière.

Pour les contacts sociaux

Les HAUTS-DE-EN-HAUT : les gens du sommet, l'élite bourgeoise, administrative ou politique. Se confond presque avec les GRANDS TYPES, tous patrons de quelque chose et donc intéressants à approcher ou à fréquenter.

Les GROTEAUX (ou GROTTOS ?) et les GÉNITAUX : amants de portefeuille et amants de cœur, tous deux en perte de vitesse parce que moins FRIQUÉS ou moins tendres (à cause de la conjoncture).

Jeu d'AWALÉ : une sorte de jacquet commun (sous des noms différents) à tous les pays de la région avec sa planche à 12 alvéoles et 48 billes ou graines.

GAOU et NIATA : voir les « Brèves de maquis ».

Les GO : filles, copines, nanas, gonzesses...

GOMBO : cadeau, bakchich (pour enrichir la sauce...).

KPO : le fric (en baoulé).

Pour la gastronomie

ALOKO : banane plantain débitée en petits cubes et rissolée qui se déguste à toute heure dans les ALOKODROMES.

ATIÉKÉ : couscous de manioc en vrac, de qualité moyenne entre l'AGBODIAMA encore grossier et l'AYITÉ extra-fin qu'on ne trouve qu'en famille (voir chap. 5).

ATOUKOU : le même couscous, mais en galettes rondes et molles.

VIANDE DE BROUSSE : tous les gibiers, gros ou petits, tués à la chasse plus ou moins légalement. Le plus recherché demeure l'agouti, ou aulacode, longtemps protégé par une loi que tous violaient allègrement et aujourd'hui élevé dans des fermes spécialisées. On apprécie aussi le porc-épic, la biche et même le singe ou le varan. Mais tout le monde ne mange pas de tout selon les ethnies et les régions.

KEDJENOU (en baoulé : remuer dedans) : poulet, pintade ou autre viande cuite à l'étouffée dans un chaudron de terre obturé par des feuilles parfumées et servie brûlante.

PEPE SOUPE : soupe très épicée au poivre (*pepper* au Ghana) et au piment.

CAPITAINE : poisson passe-partout, le meilleur à braiser, paraît-il.

MACHOIRON : « poisson-ministre », car il est plus rare et plus cher.

RIZ COUCHÉ : resté de la veille.

SAUCE GRAINES : très rouge à l'huile de palme.

SAUCE FEUILLES et SAUCE CLAIRE : plus légères, aux aubergines et à bien d'autres légumes.

Et pour arroser le tout

KOUTOUKOU : alcool de palme local, du raide, appelé au Ghana AKPETESHIE.

GRAMOXONE : le mot (qui a vieilli) désignait un engrais utilisé dans les plantations de café-cacao et, par dérision, le gros-qui-tache vendu bon marché dans les maquis.

DOLO en pays mandé ou PITO dans le Nord-Ghana : bière de mil d'un brun violacé légèrement acide qui draine les flâneurs et les travailleurs à la pause dans les DOLO-BARS et PITO BARS.

SUCRERIES : toutes les boissons sucrées du type Fanta, Sprite, Coca ou Pepsi.

NIAMAKODJI : un joli mot de pur dioula pour désigner du pur jus de gingembre.

EAU SODECI : l'eau du robinet vendue par la société du même nom.

FLAGUETTE : petite bière « Flag », 25 cl.

Sélection bibliographique et iconographique

Sauf exceptions, uniquement des ouvrages ou documents publiés après 1986 (date de la 1re éd.).

Présentation d'ensemble, géographie, nature, environnement

- *Découverte aérienne de la Côte d'Ivoire*, Photivoire/ Université d'Abidjan, 1974 (ouvrage vieilli, bien sûr, mais superbe, irremplaçable).
- *Côte d'Ivoire*, guide d'information du ministère de la Coopération, Paris, 1996.

Archéologie, histoire

- Louise Delafosse : *Maurice Delafosse, le Berrichon conquis par l'Afrique*, Société française d'histoire d'outre-mer et Académie des sciences d'outre-mer, Paris, 1976, préface de F. Houphouët-Boigny.

Politique

- Simone E. Gbagbo : *Paroles d'honneur*, Laffont/Ramsay, 2007.
- Christian Bouquet : *Géopolitique de la Côte d'Ivoire*, Armand Colin, Paris, 2005.
- Charles B. Donwahi : *La foi et l'action, itinéraire d'un humaniste*, Éd. De mémoire d'homme (Clio Média), Paris, 1997 (par l'ex-président de l'Assemblée nationale).
- Henri Konan Bédié : *Les chemins de ma Vie*, Plon, Paris, 1999.
- Samba Diarra : *Les faux complots d'Houphouët-Boigny*, Karthala, Paris, 1997.
- Tessy D. Bakary Akin : *La démocratie par le haut en Côte d'Ivoire*, L'Harmattan, Paris, 1992.
- François-Régis Mahieu : *La Côte d'Ivoire de la déstabilisation à la refondation*, L'Harmattan, Paris, 2002.
- Revue *Afrique contemporaine*, n° 206, été 2003.
- Revue *Géopolitique africaine*, n° de janvier 2003.

- Revue *Politique africaine*, n° 78 de juillet 2000 et n° 89 de mars 2003, Karthala, Paris.
- M. Le Pape et C. Vidal (dir.) : *Côte d'Ivoire, l'année terrible 1999-2000*, Karthala, Paris, 2002.
- Amadou Koné : *Houphouët-Boigny et la crise ivoirienne*, Karthala, Paris, 2003.
- Venance Konan : *Chronique de 12 années sèches*, Fraternité-Matin, Abidjan, 2007.

Économie

- B. Contamin & H. Memel-Foté : *Le modèle ivoirien en question. Crise, ajustement, recomposition*, Orstom/Karthala, Paris, 1997.
- B. Contamin & Y.A. Fauré : *La bataille des entreprises publiques en Côte d'Ivoire*, Orstom/Karthala, Paris, 1990.
- R. Godeau : *Le franc CFA. Pourquoi la dévaluation a tout changé*, Sépia, St-Maur-des-Fossés, 1995.

Sociologie, ethnologie, linguistique, religion, vie quotidienne

- Pierre Trichet : *Côte d'Ivoire, les premiers pas d'une Église*, 4 tomes, Éditions La Nouvelle, Abidjan, 1994-1995-1996 (l'auteur, missionnaire s.m.a., est historien et archiviste de la cathédrale d'Abidjan).
- Marc Le Pape : *L'énergie sociale à Abidjan*, Karthala, Paris, 1998.
- Amadou Hampâté Bâ : *Kaydara*, NEI, Abidjan, 1993.
- A. Touré & Y. Konaté : *Sacrifices dans la ville*, Douga, Abidjan/Sépia, St-Maur, 1990.

Art, littérature et spectacles

- Y. Konaté : *Alpha Blondy, reggae et société en Côte d'Ivoire*, Karthala, Paris, 1987.
- N. Vincileoni : *L'œuvre de Bernard Dadié*, Classiques africains, Paris, 1987.
- « Littérature de Côte d'Ivoire », *Notre Librairie*, n° 86 et 87, CLEF, Paris, 1987.

- Amadou Koné : *Les Coupeurs de têtes*, CEDA, Abidjan/Sépia, Paris-St-Maur, 1997.
- Ernest de St Sauveur Foua : *Le sentier des rêves maudits*, CEDA, Abidjan/Sépia, 1985.
- Y. Konaté : *Christian Lattier, le sculpteur aux mains nues*, Sépia, St-Maur, 1993.

Tourisme

- Henriette Diabaté & Léonard Kodjo (avec Sékou Bamba) : *Notre Abidjan*, Mairie d'Abidjan/Ivoire-Média, 1991.
- Cartes : Michelin 741 (Afrique de l'Ouest au 1/4 000 000) Michelin 747 (Côte d'Ivoire au 1/800 000) IGN (Côte d'Ivoire au 1/1 000 000).

Iconographie *(pour les amateurs d'images)*

- De nombreux albums de B.D. (par exemple *Les Aventures de Géhipépé*, aux Éditions Les Classiques ivoiriens).
- Sur les tourniquets d'Abidjan, de très belles cartes postales modernes d'éditeurs :
  — français : Ascani (« Masques »), MCEI/Salipaci (ex-Librairie de France), Panorama, ASA/Assiny ;
  — allemand : Uwe Ommer (« Akwaba ») ;
  — suisse : Photographica AG ;
  — et ivoirien : Étienne Nangbo (« Images de chez nous »).
- Cédérom « La Côte d'Ivoire sur CD-ROM », gouvernement de Côte d'Ivoire/Premier ministre & CNTIG, tiré à 20 000 exemplaires en versions française et anglaise, mais en 1998 ; disponible autrefois à Paris à l'Ambassade et à la Délégation ivoirienne auprès de l'UNESCO.
- Tous les films de Jean Rouch consacrés à la Côte d'Ivoire...
- Et celui du sociologue suisse Benoît Scheuer intitulé *La Fournaise identitaire*.

Et aussi des cartes postales anciennes à foison. Entre 1900 et la fin des années 1950, 95 éditeurs différents ont laissé quelque 4 000 cartes (de petit format, noir et blanc) toujours intéressantes, parfois d'une exceptionnelle valeur historique et documentaire. Fortier, déjà cité, en a signé à lui seul 240, à l'occasion de ses deux séjours de 1908 et 1909. Rappelons que la première exposition de cartes postales anciennes, conçue et préparée par l'auteur en collaboration avec l'historien Sékou Bamba pour le ministère des Affaires culturelles, a été présentée à Abidjan puis à Bouaké en décembre 1980/ janvier 1981 dans le cadre des 2e Journées culturelles. L'Inventaire général raisonné de ces 4 000 cartes, achevé en 1994 et présenté aux autorités, n'a pu être publié avant les événements.

Fiche signalétique

RÉPUBLIQUE DE CÔTE D'IVOIRE
Autonome le 4 décembre 1958
Indépendante le 7 août 1960
Régime présidentiel avec Assemblée nationale et Conseil économique et social (pas de Sénat pour l'instant)

1re République
    Présidents : Félix HOUPHOUËT-BOIGNY (1960-1993)
    Henri Konan BÉDIÉ (1993-1999)
2e République
    Général Robert GUEÏ, « chef de l'État » (1999-2000)
    Laurent GBAGBO, président (depuis oct. 2000)
    Premiers ministres
    Alassane Dramane OUATTARA (1990-1993)
    Daniel Kablan DUNCAN (1993-1999)
    Pascal Affi NGUESSAN (oct. 2000-2003)
    Seydou DIARRA, « gouvernement de transition » (mars 2003-2005)
    Charles Konan BANNY (déc. 2005-mars 2007)
    Guillaume SORO (mars 2007)

...

- 322 463 km^2
- 19 régions, 80 départements, 386 sous-préfectures et près de 1 000 communes
- 520 km de littoral
- Forêt pérenne, forêt non pérenne, savane arborée soudanienne
- 10 parcs nationaux et réserves de faune
- Dans la moitié sud, fortes pluies en mai-juin puis septembre-octobre
- Principaux cours d'eau : Cavally, Sassandra, Bandama, Comoé
- Lacs de barrage et système lagunaire navigable
- Température stable, 27/32 °C (à Abidjan)
- Taux d'humidité : entre 60 et 95 % (à Abidjan également)

...

- Environ 18,5 millions d'habitants (le recensement de nov./déc. 1998, incomplet et retardé, donnait 15 446 000 habitants ; il n'est plus fiable aujourd'hui) dont au moins 4 millions d'étrangers ou d'origine étrangère.
- Densité : 57 hab. /km^2
- Taux de croissance : 4,3 % par an
- « 60 ethnies » appartenant à 4 grands groupes ethnolinguistiques : Akan, Voltaïques, Mandé, Krou + tous les « allogènes », essentiellement Burkinabé et Maliens
- Population rurale : 49 %, urbaine : 51 % ; moins de 15 ans : 46 %
- Espérance de vie : 56 ans
- Les moins de 25 ans représentent 70 % de la population
- Indice de développement humain (IDH) : 139e rang (valeur 0,236)
- 1 médecin pour 17 000 habitants

• • •

- Le français est la langue officielle
- Français local et dioula, principales langues nationales véhiculaires
- Taux brut de scolarisation : 68 % (58 % pour les filles)
- Taux d'alphabétisation des adultes : 43 % (40 % pour les femmes)

• • •

- ABIDJAN, capitale économique, probablement entre 3,5 et 4 millions d'habitants
- YAMOUSSOUKRO, capitale politique théorique : 160 000 à 180 000 hab.
- BOUAKÉ, 600 000 hab. au moins (capitale provisoire du Nord rebelle entre 2000 et 2007)
- DALOA, KORHOGO, MAN...

• • •

- Monnaie : le franc CFA (XOF), commun à 6 pays d'Afrique de l'Ouest et 6 d'Afrique centrale. 100 FCFA équivalaient à 1 FRF ; 1 euro équivaut donc aujourd'hui à 656 FCFA

- PIB : 8 milliards 730 millions de dollars, soit environ 6 milliards 715 millions d'euros, soit, par habitant, entre 400 000 et 450 000 FCFA (un peu moins de 700 euros)

- Budget 2009 : 2 464 milliards de francs CFA, soit plus de 3 milliards d'euros.

- Fonction publique : 115 000 fonctionnaires et agents (avant la guerre), en cours de redéploiement dans l'ensemble du pays

•••

Ambassade et consulat à Paris
102, avenue Raymond Poincaré, 75116 PARIS
Tél. : 01 53 64 62 62
Fax : 01 45 00 47 97

Visa obligatoire

Délégation permanente de Côte d'Ivoire auprès de l'UNESCO
Maison de l'UNESCO
1, rue Miollis, 75732 PARIS Cedex 15
Tél. : 01 45 68 33 31

Sites Internet utiles :
— cotedivoirepr.ci
— identification.gouv.ci
— tourismeci.org
— abidjan.net
— ambafrance-ci.org
— nouchi.com

Table des cartes

Les principales villes de Côte d'Ivoire 14

Les peuples ivoiriens dans l'Ouest africain 16

Les populations ivoiriennes 18

Table des matières

Prologue 5

Quelques points de repère 7

1. **Au royaume d'Assinie. Les peuples et leur histoire** 15
   Les peuples de Côte d'Ivoire 17
   La colonisation française 24
   Vers l'indépendance 32

2. **Le « Vieux » en son Conseil. F. Houphouët-Boigny et la Côte d'Ivoire** 39
   Médecin, planteur, président 40
   Le Vieux en son Conseil 43

3. **Le dauphin au pouvoir. Henri Konan Bédié et l'« ivoirité »** 49
   La « machine Bédié » 49
   En quête d'« ivoirité » 52
   Le coup d'État de Noël 57

4. **Le pays brisé. La IIe République** 63
   Les dix mois du général (décembre 1999-octobre 2000) 63
   Un historien aux commandes (octobre 2000) 67
   Un nouveau Code rural 71
   La rébellion de septembre 73
   Les jeunes au pouvoir 75
   Conclave forcé à Marcoussis (janvier 2003) 76

    Reports de convalescence (2004-2005) 81
    Le tandem de la dernière chance (2005-2007) 92
    « La guerre est finie ! » (mars 2007) 95

5. **Le « miracle », les Éléphants, la crise. Économie et développement** 101
    Le pari tenu 101
    Symphonie en C majeurs 103
    Économie rentière et capitalisme d'État 104
    Le temps de la « conjoncture » (1979-1984) 108
    Café et cacao en crise (à partir de 1987) 110
    Les mille jours de Ouattara (1990-1993) 113
    La dévaluation et les défis de l'Éléphant (1994-1996) . 116
    Second inventaire avant crise (1998-1999) 123
    « L'homme qui a faim n'est pas un homme libre » 129
    Une économie sur béquilles (2000-2007) 132
    « Et pourtant, elle tourne » 144

6. **Abidjan, quand on dit ton nom...**
    La « perle des lagunes » 153
    « Manhattan » sous les palmes 154
    « Taximan n'est pas gentil » 160
    Opérations coups-de-poing 164
    « Sotrabus est là » 166
    Abidjan et ses villages 167

7. **Randonnées ivoiriennes. Le pays ressoudé** 177
    Si l'on vous « donne » la route 177
    Le vieux Sud-Est et l'histoire 179
    L'Est, le Nord-Est et les ignames 185
    Les lagunes et le littoral 188
    L'Ouest et les masques 196
    Le Centre, le Baoulé et le Bandama 205
    Un « village » nommé Yamoussoukro 206
    Bouaké, capitale rebelle 212
    Le Grand Nord, le sucre et le *poro* 215

TABLE DES MATIÈRES

8. Les Ivoiriens et les autres. Photos et fautes d'identité 225
    Clivages et fusions 225
    Pâques en état d'ébrié-té 228
    Les fêtes encore et les classes d'âge 231
    L'or et les poids 233
    La bourgeoisie aux champs 235
    L'héritage forcé 237
    Islam et chrétienté 238
    Le harrisme 240
    Sorciers, féticheurs et marabouts 243
    Les noms de la semaine 244
    Les gens-en-bois 246
    L'enfant, la femme et le Code 247
    Les maladies de la « valise » 251
    Les « hauts-de-en-haut » et les autres 252
    « Fais, nous fait ! » 254
    Les frères allogènes 257

9. *Climbié*, *mapouka* et *Premier gaou*.
    Culture et loisirs à l'ivoirienne 265
    La langue et les langues 265
    L'école 267
    Le sport 269
    La culture 270
    La radio, la télévision, la presse 271
    La musique, la danse et le théâtre 272
    La littérature et l'édition 277
    Le cinéma 280
    Finale au Musée 281

Annexes 283
    Bonnes feuilles 283
    Repères chronologiques 286
    Petit glossaire franco-ivoirien ou franco-ivoiro-nouchi 296
    Sélection bibliographique et iconographique 300
    Fiche signalétique 304
    Table des cartes 307

Achevé d'imprimer en juillet 2009
sur les presses de la Nouvelle Imprimerie Laballery
58500 Clamecy
Dépôt légal : juillet 2009
Numéro d'impression : 907152

Imprimé en France

La Nouvelle Imprimerie Laballery est titulaire de la marque Imprim'Vert®